A EDUCAÇÃO DO CAMPO COMO PROCESSO DE DISPUTA NO CONTEXTO DO CAPITAL

Editora Appris Ltda.
1.ª Edição - Copyright© 2023 dos autores
Direitos de Edição Reservados à Editora Appris Ltda.

Nenhuma parte desta obra poderá ser utilizada indevidamente, sem estar de acordo com a Lei nº 9.610/98. Se incorreções forem encontradas, serão de exclusiva responsabilidade de seus organizadores. Foi realizado o Depósito Legal na Fundação Biblioteca Nacional, de acordo com as Leis nos 10.994, de 14/12/2004, e 12.192, de 14/01/2010.

Catalogação na Fonte
Elaborado por: Josefina A. S. Guedes
Bibliotecária CRB 9/870

E244e 2023	A educação do campo como processo de disputa no contexto do capital [recurso eletrônico] / Arlete Ramos dos Santos, Ricardo Alexandre Castro, Júlia Maria da Silva Oliveira, Igor Tairone Ramos dos Santos (orgs.). – 1. ed. – Curitiba : Appris, 2023. 250 p. ; 23 cm. – (Educação tecnologias e transdisciplinaridade). Inclui referências. ISBN 978-65-250-4369-2 1. Educação rural. 2. Movimentos sociais. 3. Política pública. I. Santos, Arlete Ramos dos. II. Castro, Ricardo Alexandre. III. Oliveira, Júlia Maria da Silva IV. Santos Igor Tairone Ramos dos. V. Título. VI. Série. CDD – 370.91734

Livro de acordo com a normalização técnica da ABNT

Editora e Livraria Appris Ltda.
Av. Manoel Ribas, 2265 – Mercês
Curitiba/PR – CEP: 80810-002
Tel. (41) 3156 - 4731
www.editoraappris.com.br

Printed in Brazil
Impresso no Brasil

Arlete Ramos dos Santos
Ricardo Alexandre Castro
Júlia Maria da Silva Oliveira
Igor Tairone Ramos dos Santos
(org.)

A EDUCAÇÃO DO CAMPO COMO PROCESSO DE DISPUTA NO CONTEXTO DO CAPITAL

FICHA TÉCNICA

EDITORIAL	Augusto V. de A. Coelho
	Sara C. de Andrade Coelho
COMITÊ EDITORIAL	Marli Caetano
	Andréa Barbosa Gouveia - UFPR
	Edmeire C. Pereira - UFPR
	Iraneide da Silva - UFC
	Jacques de Lima Ferreira - UP
SUPERVISOR DA PRODUÇÃO	Renata Cristina Lopes Miccelli
ASSESSORIA EDITORIAL	Nicolas da Silva Alves
REVISÃO	Mateus Soares de Almeida
PRODUÇÃO EDITORIAL	Nicolas da Silva Alves
DIAGRAMAÇÃO	Jhonny Alves dos Reis
CAPA	Eneo Lage
REVISÃO DE PROVA	William Rodrigues

COMITÊ CIENTÍFICO DA COLEÇÃO EDUCAÇÃO, TECNOLOGIAS E TRANSDISCIPLINARIDADE

DIREÇÃO CIENTÍFICA Dr.ª Marilda A. Behrens (PUCPR) — Dr.ª Patrícia L. Torres (PUCPR)

CONSULTORES

- Dr.ª Ademilde Silveira Sartori (Udesc)
- Dr. Ángel H. Facundo (Univ. Externado de Colômbia)
- Dr.ª Ariana Maria de Almeida Matos Cosme (Universidade do Porto/Portugal)
- Dr. Artieres Estevão Romeiro (Universidade Técnica Particular de Loja-Equador)
- Dr. Bento Duarte da Silva (Universidade do Minho/Portugal)
- Dr. Claudio Rama (Univ. de la Empresa-Uruguai)
- Dr.ª Cristiane de Oliveira Busato Smith (Arizona State University /EUA)
- Dr.ª Dulce Márcia Cruz (Ufsc)
- Dr.ª Edméa Santos (Uerj)
- Dr.ª Eliane Schlemmer (Unisinos)
- Dr.ª Ercilia Maria Angeli Teixeira de Paula (UEM)
- Dr.ª Evelise Maria Labatut Portilho (PUCPR)
- Dr.ª Evelyn de Almeida Orlando (PUCPR)
- Dr. Francisco Antonio Pereira Fialho (Ufsc)
- Dr.ª Fabiane Oliveira (PUCPR)
- Dr.ª Iara Cordeiro de Melo Franco (PUC Minas)
- Dr. João Augusto Mattar Neto (PUC-SP)
- Dr. José Manuel Moran Costas (Universidade Anhembi Morumbi)
- Dr.ª Lúcia Amante (Univ. Aberta-Portugal)
- Dr.ª Lucia Maria Martins Giraffa (PUCRS)
- Dr. Marco Antonio da Silva (Uerj)
- Dr.ª Maria Altina da Silva Ramos (Universidade do Minho-Portugal)
- Dr.ª Maria Joana Mader Joaquim (HC-UFPR)
- Dr. Reginaldo Rodrigues da Costa (PUCPR)
- Dr. Ricardo Antunes de Sá (UFPR)
- Dr.ª Romilda Teodora Ens (PUCPR)
- Dr. Rui Trindade (Univ. do Porto-Portugal)
- Dr.ª Sonia Ana Charchut Leszczynski (UTFPR)
- Dr.ª Vani Moreira Kenski (USP)

PREFÁCIO

As discussões e as articulações sobre a temática Educação do Campo tiveram início nos anos de 1998 com a participação ativa dos movimentos sociais de luta pela terra, sobretudo, o Movimento dos Trabalhadores Sem-Terra (MST). Esse movimento em defesa da Educação do Campo ficou conhecido como Articulação Nacional por uma Educação do Campo e defende um projeto de educação baseado nas experiências gestadas e realizadas especialmente no âmbito do MST e propõe criticar a realidade da situação educacional do povo brasileiro que trabalha e vive no e do campo.

Trata-se de uma concepção de educação que se opõe à proposta instrumentalizadora da educação rural e se insere na perspectiva da formação humana *omnilateral*, buscando contemplar todas as dimensões do ser humano e, assim, possibilitar uma formação que contribui significativamente para a emancipação dos sujeitos. É verdade que é utópico depositar todas as esperanças na Educação do Campo como redentora do indivíduo e da sociedade, no entanto, parafraseando Freire, não podemos prescindir da sua contribuição, sobretudo como mecanismo para mobilizar os sujeitos do campo em torno do seu processo de conscientização.

Os tensionamentos desse movimento com o Estado resultaram em significativos avanços para os camponeses. Para exemplificar, podemos citar a publicação da Resolução CNE/CEB n.º 1 de abril de 2002, a Resolução CNE/CEB n.º 02 de abril de 2008 e o Decreto n.º 5352 de 2010, como também a ampliação do acesso à educação pelos filhos/as dos/as trabalhadores/as do campo. Em 2004, 93,6%[1] das crianças do campo com idade entre 06 e 14 estavam frequentando a escola a nível de ensino fundamental, já em 2017 o percentual entre essa população do campo era de 97,6%[2].

Se por um lado presenciamos os avanços citados, os quais aconteceram especialmente nos governos do Partido dos Trabalhadores-PT, por outro ainda existem muitos problemas que continuam afetando a educação para os povos do campo e que têm se intensificado após o golpe que culminou no impeachment da ex-presidente Dilma Rousseff, em

---

[1] Dados do *Relatório Educação Para Todos 2000-2015*. Disponível em: https://www.nepedeees.ufscar.br/navegacao-lateral/textos/232699por.pdf. Acesso: 10 fev. 2022.

[2] Dados do *Resumo Técnico: Censo da Educação Básica 2018*. Disponível em: https://download.inep.gov.br/educacao_basica/censo_escolar/resumos_tecnicos/resumo_tecnico_censo_educacao_basica_2018.pdf. Acesso em: 10 fev. 2022.

2016. Desde esse período, temos presenciado uma política de desmonte da Educação do Campo. Entre essas ações que desfavorecem a educação dos povos do campo, podemos citar a extinção da Coordenação Geral de Educação do Campo e Cidadania por meio do Decreto n.º 10252 de 21 de janeiro de 2020.

Somando-se a essas ações de desmonte que afetaram negativamente a garantia do direito à educação aos povos do campo, temos ainda os impactos gerados nos últimos dois anos pela pandemia de COVID-19. Uma das medidas tomadas para impedir a circulação do vírus SARS-19, causador dessa doença, foi o distanciamento social, que exigiu a suspensão de atividades presenciais, que culminou no fechamento temporário das unidades de ensino. Para continuar assegurando o direito à educação, as instituições de ensino se viram obrigadas a construírem novas estratégias pedagógicas. Em muitas realidades, o ensino remoto foi adotado como alternativa. No entanto, esse novo jeito de ensinar exige que tanto os docentes quanto os discentes disponham de equipamentos, como computador, tablet ou celular, e internet para a realização das aulas.

Para muitos estudantes camponeses, essa alternativa não foi possível ser adotada, pois, de acordo com os dados do Comitê Gestor de internet no Brasil, em 2020 apenas 65% dos domicílios no campo possuíam internet e apenas 17% possuíam computador.

O exposto nos ajuda a perceber que, embora a educação para os povos do campo tenha tido expressivas conquistas, as desigualdades que ainda afetam essa população denunciam que muito ainda precisa ser feito para saldar a dívida histórica que o Brasil possui com os camponeses.

Este livro traz uma significativa contribuição para os debates em torno da temática Educação do Campo, mostrando inclusive os determinantes históricos e políticos que têm condicionado a construção de uma política efetiva para assegurar educação de qualidade social aos camponeses. A obra aborda também a importante participação dos Movimentos Sociais de Luta pela Terra na construção dessa concepção e modalidade de educação.

Esta obra se inicia com o texto "As lutas do campo popular e o *rapport* pedagógico-político em tempos de retrocesso no contexto global", de Lia Pinheiro Barbosa. A autora tece reflexões em torno dos acontecimentos políticos que marcam as duas primeiras décadas do século XXI, destacando o retorno da extrema direita ao poder na América Latina. Apresenta ainda os sentidos que a democracia deveria assumir nos debates travados por diversos segmentos da sociedade, especialmente no Brasil, pós-independência e pós-abolicionismo.

No texto "Fechamento das escolas no campo como política de governo no estado do Pará: da mitigação de direitos aos enfrentamentos necessários", Renilton Cruz e Salomão Muffarej Hage analisam o processo e os impactos do fechamento de escolas do território do campo de comunidades ribeirinhas, quilombolas e extrativistas no estado do Pará. Os autores colocam em relevo, associada à luta contra o fechamento de escolas do campo no estado do Pará, a participação ativa do Fórum Paraense e dos Fóruns Regionais de Educação do Campo e demais parceiros em defesa da permanência das escolas públicas nesses territórios.

Já Cristina Xavier e Ramofly Bicalho, no texto "Movimentos Sociais de Luta pela Terra: A Educação do Campo como instrumento de resgate da memória coletiva", trazem os resultados de uma pesquisa sobre os movimentos de luta pela terra no município de Japeri, no estado do Rio de Janeiro, que existiram no período de 1940 a 1970. Os autores buscaram analisar como a escola, por meio de suas práticas pedagógicas, na perspectiva da Educação do Campo, pôde se constituir como possibilidade de resgate da memória coletiva. Os resultados apontam que o trabalho nas escolas apresenta dificuldades quanto à comunidade escolar entender e promover ações pedagógicas que contemplem a memória da região e as lutas pela terra.

No texto "Diversidade e Educação do Campo: problematizando a Base Nacional Comum Curricular", Maria Antônia de Souza apresenta como a Educação do Campo aparece na BNCC deslocada da dimensão da diversidade, pois os sujeitos da luta e resistência não estão nesse documento. A autora ressalta que esses sujeitos também não estão em tantos outros materiais pedagógicos construídos para uma sociedade e um campo que não existem na realidade. Destaca ainda a necessidade de questionar, nas escolas, esse documento como estratégia para evitar processos de opressão. Finaliza apresentando algumas possibilidades de trabalhar a Educação do Campo na perspectiva da diversidade, problematizando de forma coletiva a BNCC e suas ausências.

Por meio do texto "Movimentos Sociais do Campo: lutas, conflitos e resistência", as autoras Rosilda Costa Fernandes e Arlete Ramos dos Santos tecem uma discussão sobre os movimentos sociais do campo, seu processo histórico no cenário econômico e político e seu processo de organização e articulação em prol das reivindicações por políticas públicas para os espaços rurais. Elas mostram, em linhas gerais, que a disputa entre movimentos sociais do campo e o Estado, pautada pelas contradições do capitalismo, de modo geral, fortalece a hegemonia ruralista daqueles que detêm o latifúndio.

Já o texto "O fechamento das escolas do campo nas redes municipais de ensino: da singularidade de Iguaí/BA à totalidade do Brasil", de Vanessa Costa dos Santos, Eliane Nascimento dos Santos, Maria Júlia da Silva Oliveira e Luciene Rocha da Silva, analisa o processo de fechamento das escolas do campo no município de Iguaí, no estado da Bahia, e sua relação com as políticas públicas delineadas para os sujeitos do campo. As autoras mostram ainda que as ações de fechamento de unidades de ensino giram em torno de decisões autoritárias, com a finalidade de manter os interesses capitalistas.

Por meio do artigo "Reflexões sobre a Educação do Campo e os Movimentos Sociais", as autoras Ana Débora Costa do Nascimento Mascarenhas, Arlete Ramos dos Santos e Geysa Novais Viana Matias apresentam o resultado de uma atividade do Grupo de Pesquisa Movimentos Sociais, Diversidade e Educação do Campo (GEPEMDEC). As pesquisadoras analisaram o papel do movimento social em defesa de um projeto de Educação do Campo voltado para a valorização do sujeito, de sua cultura e de seu modo de vida. Elas destacam que nesse processo a participação do MST foi fundamental, especialmente como espaço de construção de uma pedagogia diferenciada, centrada na valorização dos sujeitos do campo e de sua cultura.

Em "A Educação do Campo como uma política pública constituída: conquistas e retrocessos", as autoras Rosimeiry Souza Santana, Jaqueline Braga Morais Cajaíba e Rosilda Costa Fernandes tecem considerações sobre as políticas educacionais para o campo. Na oportunidade, trazem reflexões sobre o processo de fechamento das escolas no campo no município de Vitória da Conquista, no estado da Bahia, como medida para a redução de despesas. Por fim, consideram que a atual conjuntura aponta para a necessidade de maior articulação da classe trabalhadora por meio do MS para construírem uma estratégia de enfrentamento ao esfacelamento das políticas para os sujeitos do campo.

O texto "Apontamentos sobre os impactos do COVID-19 na Licenciatura em Educação do Campo CFP-UFRB", de Alex Verdério e Janaine Zdebski da Silva, é uma pesquisa realizada pela Rede Latino Americana de Estudos e Pesquisas Marxistas em Educação do Campo. Nesse trabalho, os pesquisadores constataram o agravamento das dificuldades financeiras e sua implicação nas condições de saúde dos estudantes e ressaltam que essa situação tem aprofundado o processo de exclusão educacional dos povos trabalhadores do campo, das águas e das florestas.

No texto "A diversidade das lutas camponesas e das ações dos movimentos socioterritoriais: contribuições e olhares a partir do DATALUTA", os autores João Paulo de Almeida Lopes, Janaina Francisca de Souza Campos Vinha, Naiara Diniz Mota e Gabriela Soares Antunes tecem reflexões sobre o processo de lutas territoriais a partir da experiência do projeto de extensão institucional DATALUTA. Os autores evidenciaram que, por meio desse projeto, foi possível levar para o espaço acadêmico a reflexão e a discussão e promover a política de reforma agrária.

Geovânio Lima Batista e Maria do Socorro Silva, no texto "O projeto de desenvolvimento sustentável do semiárido e a luta pelo acesso ao ensino superior no Cariri paraibano: a centralidade da Educação do Campo", apresentam como se constituíram as políticas educacionais do campo no Território do Cariri Ocidental Paraibano, no período de 2003 a 2013. Mostram ainda a diversidade de entidades que fizeram da Educação do Campo a articulação entre práticas educacionais e de organização em conjunto com os camponeses desse território.

No artigo "Movimentos Sociais Populares do Campo e a luta pela educação: a longa marcha do campesinato brasileiro", Weliton José da Cunha de Souza, Dileno Dustan Lucas de Souza, Guilherme Goretti Rodrigues e Ruan Debian trazem considerações sobre alguns momentos históricos dos Movimentos Sociais Populares do Campo (MSPC) na constituição do projeto de Educação do Campo, destacando os vários sentidos que essa concepção educacional recebeu tanto no âmbito político como nos espaços das lutas sociais. Colocam em relevo o fato de que, ao lutarem por terra e educação, os MSPC mobilizaram e radicalizaram um outro projeto de sociedade pautado em valores como a solidariedade, a coletividade e a partilha.

Um outro texto de extrema importância para compreender a relação entre Educação do Campo e luta pela terra é "Interferências do Matopiba nos assentamentos em Buriticupu, MA: reflexões sobre a (des)construção da Reforma Agrária e suas implicações para educação", de Flávio Pereira de Oliveira, Márcia Alves da Silva e Saulo Barros da Costa. Os autores mostram as contradições do capital materializado na lógica produtiva do

MATOPIBA em áreas de assentamentos. Destacam ainda a desigualdade nos investimentos de políticas de fortalecimento da agricultura familiar e daquelas voltadas para o agronegócio. Consideram que a "construção" de um outro projeto de sociedade, menos desigual, exige repensar e redesenhar a estrutura fundiária brasileira por meio de uma efetiva política de Reforma Agrária.

Encerrando a obra com o artigo "Disputa por uma Educação do Campo: uma análise da trajetória do Programa Nacional de Educação na Reforma Agrária", Hete Teixeira, Tatyanne Gomes Marques, Lisângela Silva Lima e Ricardo Alexandre Castro apresentam a trajetória do Programa Nacional de Educação em áreas de Reforma Agrária (Pronera), como política de Educação do Campo, desde sua gênese, focando no desenvolvimento em uma perspectiva histórica. Os autores denunciam os impactos negativos das políticas adotadas pelos presidentes que assumiram a liderança do Brasil após o impeachment da ex-presidenta Dilma Rousseff.

Até aqui foi apresentado o conteúdo do livro e suas implicações no debate sobre a Educação do Campo, enfatizando sua contribuição para pensar um projeto de educação comprometido com a emancipação dos sujeitos do campo. O livro organizado por Arlete Ramos dos Santos, Ricardo Alexandre Castro, Júlia Maria da Silva Oliveira e Cláudio Pinto Nunes nos instiga a pensar reflexivamente sobre os determinantes que influenciam os avanços e os retrocessos na educação dos povos do campo. Assim convido-os/as a se deleitarem com uma rica leitura desta obra fruto de pesquisas e reflexões que inspiram a luta e a resistência.

Também agradecemos a todos/as que contribuíram para esta publicação, especialmente aos/às autores/as que disponibilizaram os seus artigos para esta obra. Esperamos que este livro venha a ser um importante instrumento para reflexão sobre a Educação do Campo no Brasil.

Dr.ª Edna Souza Moreira
Uneb, Bom Jesus da Lapa-BA.
Verão. Fevereiro de 2022.

SUMÁRIO

AS LUTAS DO CAMPO POPULAR E O *RAPPORT*
PEDAGÓGICO-POLÍTICO EM TEMPOS DE RETROCESSO
NO CONTEXTO GLOBAL 13
Lia Pinheiro Barbosa

FECHAMENTO DAS ESCOLAS NO CAMPO COMO POLÍTICA
DE GOVERNO NO ESTADO DO PARÁ: DA MITIGAÇÃO
DE DIREITOS AOS ENFRENTAMENTOS NECESSÁRIOS 39
Renilton Cruz, Salomão Mufarrej Hage

MOVIMENTOS SOCIAIS DE LUTA PELA TERRA:
A EDUCAÇÃO DO CAMPO COMO INSTRUMENTO
DE RESGATE DA MEMÓRIA COLETIVA 59
Cristina Xavier, Ramofly Bicalho

DIVERSIDADE E EDUCAÇÃO DO CAMPO:
PROBLEMATIZANDO A BASE NACIONAL
COMUM CURRICULAR 69
Maria Antônia de Souza

MOVIMENTOS SOCIAIS DO CAMPO:
LUTAS, CONFLITOS E RESISTÊNCIA..................................... 85
Rosilda Costa Fernandes, Arlete Ramos dos Santos

O FECHAMENTO DE ESCOLAS DO CAMPO NAS REDES
MUNICIPAIS DE ENSINO: DA SINGULARIDADE DE IGUAÍ/BA
À TOTALIDADE DO BRASIL 101
Vanessa Costa dos Santos, Eliane Nascimento dos Santos, Julia Maria da Silva Oliveira, Luciene
Rocha da Silva

REFLEXÕES SOBRE A EDUCAÇÃO DO CAMPO
E OS MOVIMENTOS SOCIAIS 115
Ana Débora Costa do Nascimento Mascarenhas, Geysa Novais Viana Matias, Arlete Ramos dos Santos

A EDUCAÇÃO DO CAMPO COMO UMA POLÍTICA PÚBLICA CONSTITUÍDA: CONQUISTAS E RETROCESSOS.........................127

Rosimeiry Souza Santana, Jaqueline Braga Morais Cajaiba, Rosilda Costa Fernandes, Arlete Ramos dos Santos

APONTAMENTOS SOBRE OS IMPACTOS DO COVID-19 NA LICENCIATURA EM EDUCAÇÃO DO CAMPO CFP-UFRB.........149

Alex Verdério, Janaine Zdebski da Silva

A DIVERSIDADE DAS LUTAS CAMPONESAS E DAS AÇÕES DOS MOVIMENTOS SOCIOTERRITORIAIS NA PANDEMIA: CONTRIBUIÇÕES E OLHARES A PARTIR DO DATALUTA............167

João Paulo de Almeida Lopes, Janaina Francisca de Souza Campos Vinha, Naiara Diniz Mota, Gabriela Soares Antunes

O PROJETO DE DESENVOLVIMENTO SUSTENTÁVEL DO SEMIÁRIDO E A LUTA PELO ACESSO AO ENSINO SUPERIOR NO CARIRI PARAIBANO: A CENTRALIDADE DA EDUCAÇÃO DO CAMPO.....................................183

Geovânio Lima Batista, Maria do Socorro Silva

MOVIMENTOS SOCIAIS POPULARES DO CAMPO E A LUTA PELA EDUCAÇÃO: A LONGA MARCHA DO CAMPESINATO BRASILEIRO.....................................207

Welliton José Cunha de Souza, Dileno Dustan Lucas de Souza, Guilherme Goretti Rodrigues, Wanderley Ruan Gomes Debian

INTERFERÊNCIAS DO MATOPIBA NOS ASSENTAMENTOS EM BURITICUPU-MA: REFLEXÕES SOBRE A (DES)CONSTRUÇÃO DA REFORMA AGRÁRIA E SUAS IMPLICAÇÕES PARA A EDUCAÇÃO.....................223

Flávio Pereira de Oliveira, Márcia Alves da Silva, Saulo Barros da Costa

DISPUTA POR UMA EDUCAÇÃO DO CAMPO: UMA ANÁLISE DA TRAJETÓRIA DO PROGRAMA NACIONAL DE EDUCAÇÃO NA REFORMA AGRÁRIA.................................237

Hete Teixeira Leal, Tatyanne Gomes Marques, Lisângela Silva Lima, Ricardo Alexandre Castro

AS LUTAS DO CAMPO POPULAR E O *RAPPORT* PEDAGÓGICO-POLÍTICO EM TEMPOS DE RETROCESSO NO CONTEXTO GLOBAL

Lia Pinheiro Barbosa[3]

À guisa de introdução

O presente capítulo é fruto de reflexões acerca de uma sucessão de acontecimentos políticos que marcam as duas primeiras décadas do século XXI, relacionados à ascensão de governos de extrema direita e de uma reação popular, espontânea[4] e/ou organizada, em um contexto em que as ruas foram ocupadas por protestos populares massivos. A chegada desses governos ao poder, com forte apelo fascista, de discurso autoritário, conservador, de ode às ditaduras militares e afeitos a métodos de silenciamento popular, coloca-nos questões profundas relacionadas a um debate teórico e político que, ao parecer, ainda não se findou: o significado do avanço desses governos na disputa dos sentidos da democracia e os desafios postos à construção de um projeto político popular.

A democracia, como projeto político popular, constituiu-se em uma problemática central, ao longo do século XX, em escala global. Nas nascentes repúblicas da América Latina, a conformação do Estado-nação foi acompanhada por um amplo debate em torno dos sentidos que a democracia deveria assumir em um contexto pós-abolicionista e pós-independência. Nas revoluções socialistas asiáticas, latino-americanas e caribenhas, a luta anticapitalista e anti-imperialista se configurava como possibilidade de abertura ao exercício do poder popular; nas revoluções em África, a libertação nacional da condição de colônia se contrapunha à persistência de uma ordem colonial. No contexto geopolítico internacional, o século XX

---

[3] Docente da Universidade Estadual do Ceará (Uece) no Programa de Pós-Graduação em Sociologia (PPGS), no Mestrado Acadêmico Intercampi em Educação e Ensino (Maie) e na Faculdade de Educação de Crateús (Faec). Bolsista de Produtividade PQ2/CNPq. Pesquisadora da Rede Latino-Americana de Pesquisa em Educação do Campo, Cidade e Movimentos Sociais (Rede PECC-MS) e do Conselho Latino-Americano em Ciências Sociais (Clacso). Líder do Grupo de Pesquisa Pensamento Social e Epistemologias do Conhecimento na América Latina e Caribe (CNPq). Correio eletrônico: lia.barbosa@uece.br.

[4] No sentido atribuído por Gramsci, do espontaneísmo de uma reação popular que não está articulada, organicamente, por um movimento popular ou por um partido revolucionário.

também albergou duas grandes guerras mundiais, o fascismo e o nazismo, a consolidação do imperialismo dos Estados Unidos no assento da Guerra Fria e a instauração de governos ditatoriais militares.

O findar do século XX propulsionou outros ciclos de luta popular, em estreito vínculo com a memória histórica das resistências, tais como: a insurreição armada de um exército indígena, o Exército Zapatista de Libertação Nacional (EZLN), a gênese de movimentos sociais transnacionais e globais, como a Via Campesina Internacional, e os contextos de guerras e rebeliões na defesa territorial e dos bens comuns. Essas lutas expressam um posicionamento político de confronto a uma concepção de democracia restrita a determinados grupos políticos e ao exercício do poder pela via única do Estado, em que a dinâmica de participação popular se restringe ao processo eleitoral em si, ou seja, de fazer-se presente em dia de eleição, porém sem participar, efetivamente, na definição do programa político do partido ou da coligação partidária eleita.

Por outro lado, muitas dessas lutas estão fundamentadas na própria concepção de democracia e dos processos de participação, dentro de um contexto comunitário e popular, recuperado de paradigmas de pensamento e de *práxis* política, como as formas de organização de governos autônomos existentes milenarmente ou as proposições de governos plurinacionais, em que se reivindica o reconhecimento de uma diversidade de nações multiculturais em um mesmo território e do caráter pluriverso que se atribui à política em seus territórios. O sul global constitui um território amplo em que se expressam e se tecem esses diferentes matizes de compreensão do processo político.

Nessa direção, o fim do período secular foi um momento de inflexão, de revisão histórica, em que se coloca em movimento o real concreto da história mundial, e o campo popular se reposiciona a partir de uma profunda análise crítica dos fatos políticos e das determinações históricas das contradições vivenciadas na transição ao novo milênio. Essa análise fez estremecer os conceitos políticos universais instaurados secularmente, abrindo um debate público em torno de sua validez (talvez) universal: a democracia seria universalmente válida? Os direitos humanos seriam, de fato, universais? A liberdade seria um princípio e uma prática universalmente reconhecida? É possível um horizonte democrático na persistência das históricas relações de exploração, dominação e opressão?

Nos umbrais do século XXI, a disputa hegemônica segue seu curso no sentido atribuído por Gramsci (1975), em que se questiona a dimensão da dominação, ao mesmo tempo que é ávida a busca de um consenso que permita construir uma direção política vinculada a uma concepção comum de democracia e de outro projeto societário. Certamente, trata-se de uma disputa hegemônica com bifurcações, convergências e divergências no confronto das estatalidades e no chamado às autonomias, por exemplo.

O fato é que o corrente milênio se inicia com um cenário político de acirramentos pela consolidação democrática e sua ampliação, seja por meio de eleições diretas que derivaram em governos eleitos da esquerda progressista; seja na conformação de projetos autônomos em territórios indígenas. Entretanto, mesmo depois de um século de disputa dos sentidos da democracia e de seus ensaios com a participação do povo, terminamos a primeira década do século XXI com um arrebato desse processo que requereu um longo caminho de construção de consensos. O que se observa, a partir da segunda década do vigente século, no contexto global, é a ascensão de governos de extrema direita e um retrocesso democrático, configurando uma crise orgânica e uma crise da democracia.

Nas próximas linhas, abordarei algumas determinações históricas que matizam a natureza da crise orgânica, isto é, da hegemonia e da crise democrática e suas clivagens entre sociedade política e sociedade civil. Para tanto, adentrarei na interpretação dessas determinações históricas a partir da natureza das lutas do campo popular em nossa história recente, ou seja, da acepção dos sentidos da democracia aferida na perspectiva popular.

Crise e conflito

Na teoria crítica latino-americana, a ideia de crise é apreendida como método de interpretação propício à análise tanto dos sintomas como da natureza da decomposição política e social (FALS-BORDA, 1970; TOR-RES-RIVAS, 1979, 1981). A crise, como fenômeno histórico, revela as antinomias que afetam a ordem social, em sua organização interna, no conjunto de normas sociais e em suas instituições políticas, nutrindo-se de determinadas problemáticas que não podem ser resolvidas sem tocarmos nas contradições mais profundas de nossa formação sócio-histórica.

Para analisar a natureza da crise, ensina-nos René Zavaleta (2009) que é fundamental identificar o "momento constitutivo", compreendido como o tempo social de cristalização da natureza das relações que moldarão a "forma primordial", isto é, as bases das estruturas, formas e conteúdo que determinam a produção e reprodução da vida social e política. A "forma primordial" constitui o modo como cada história nacional concretizou o processo de organização das diversas estruturas e formas de governo, bem como a natureza das relações estabelecidas entre o Estado e a sociedade civil. Nesse sentido, a "forma primordial" é uma chave analítica para interpretar a conformação do poder, do domínio e de suas expressões socioculturais, políticas e econômicas em contextos nacionais e regionais.

No caso das sociedades latino-americanas e caribenhas, o "momento constitutivo" se caracteriza pela instauração de regimes coloniais e escravocratas que modelaram a natureza das instituições sociais e das forças políticas, bem como a base material e ideológica das relações sociais de produção e do terreno das subjetividades. A "forma primordial" dos processos de dominação e exploração assentam-se em uma dimensão étnico-racial e de classe, que permanece e se reproduz à medida que se consolida nossa integração dependente e subordinada ao capitalismo em escala global.

É válido salientar que o "momento constitutivo" e a "forma primordial" se instituem como um *rapport* pedagógico-político (GRAMSCI, 2011), isto é, uma relação pedagógica, que visa, em definitivo, a atribuir um caráter universal à conformação de uma unidade cultural-social e a uma concepção de mundo comum. Essa relação pedagógica se enraíza na totalidade social, em suas instituições e em cada indivíduo em relação aos demais. Trata-se, portanto, da base sociocultural e política da hegemonia, o que nos leva a inferir que toda hegemonia é, em si mesma, um *rapport* pedagógico-político (GRAMSCI, 2011).

Essa unidade cultural-social que se aspira consolidar coaduna-se com a análise de Zavaleta (2009) em relação à totalização homogeneizadora do capitalismo, isto é, do processo social que conduz à apreensão político-ideológica da racionalidade do capital na esfera das instituições sociais e da própria sociedade. Não obstante, a depender da natureza do "momento constitutivo", essa totalização é afetada por diferentes ordens do domínio instituído, as quais interferem nas formas de configuração do capitalismo, especialmente na dinâmica das suas forças políticas e de seu projeto político-ideológico.

Ora, se o "momento constitutivo" e a "forma primordial" se instituem na imposição de uma ordem colonial e escravocrata e em um processo histórico de integração ao capitalismo de forma dependente e subordinada, a hegemonia, como *rapport* pedagógico-político, é exercida por instituições sociais e forças políticas atreladas a um domínio colonial, patriarcal, capitalista, racista e imperialista. Dito de outro modo: a totalização do capitalismo herda parte significativa das relações sociais instituídas nesse "momento constitutivo" e que são próprias de uma sociedade colonial e de reprodução do colonialismo interno (GONZÁLEZ-CASANOVA, 1969). No sul global, tais relações se cristalizaram nas instituições sociais e políticas, bem como nas dinâmicas internas da sociedade durante mais de cinco séculos, e o *rapport* pedagógico-político ora se instituiu pela via ditatorial-coercitiva exercida pela "sociedade política", ora ocorreu a partir da disputa hegemônica pela via do consenso e da direção política, articulada pela "sociedade civil".

Entretanto, há de se dizer que, quando um novo padrão social se instaura e busca arrebentar de forma violenta e quase que irreversível outras formas de organização social, não há como negar que se estabelece um nexo indissociável entre o "momento constitutivo", a "forma primordial" e a eclosão da crise, como um indício de decomposição social. Isso porque as disparidades próprias de uma hierarquização social e de exercício de poder, instituídas em um novo ordenamento social, a propósito do regime colonial e do capitalismo, fazem emergir contradições e antagonismos inaceitáveis pelos grupos subalternos.

Nesse sentido, o conflito se torna uma reação às estruturas de dominação, exploração e opressão e propicia um desvelamento das raízes mais profundas que sustentam essas estruturas. O conflito é uma resposta às problemáticas irresolutas da história social e política. Por essa razão, tanto a crise como o conflito constituem fenômenos recorrentes na teoria social crítica e na *práxis* política, sobretudo para pensar horizontes para sua superação que nos permitem consolidar um processo democrático e popular.

Retomar o debate em torno da crise e do conflito é fundamental, notadamente para adentrar nas lutas sociais hodiernas no contexto global, a fim de compreendê-las na perspectiva da hegemonia e seus desdobramentos no *rapport* pedagógico-político. Nessa direção, a crise também se relaciona à crise de hegemonia da classe dominante, portanto, está associada a uma crise de autoridade e de direção política do Estado, em que a classe dominante perde o consenso, mas não perde a autoridade (GRAMSCI, 1975). Ao analisar a crise orgânica do Estado no contexto italiano, Gramsci adverte sobre o iminente risco de que um vazio de direção política possa propiciar uma crise ideológica profunda, de perda da representatividade, favorável à emergência de setores conservadores vinculados ao fascismo.

As diferentes lutas e levantes populares em curso manifestam uma resposta à crise orgânica e à crise democrática que vivenciamos em nossa história presente, e constituem uma nova etapa na disputa hegemônica em escala global. Essas lutas colocam no centro do debate político e público as determinações históricas em torno dos antagonismos e da natureza das relações de dominação, exploração e poder em contextos nacionais e entre países centrais e periféricos.

As lutas sociais empreendidas no final do século XX demarcaram um câmbio de época na confrontação do Estado capitalista neoliberal e de um padrão de desenvolvimento baseado no capitalismo por espoliação (HARVEY, 2004). Uma parte do campo popular se articulou em prol do apoio às eleições de governos progressistas, com o anseio de consolidar uma redemocratização após os duros anos sob regimes ditatoriais militares; esse campo também visava a um avanço na esfera dos direitos e na resolução de problemáticas estruturais relacionadas à questão agrária, à questão territorial, à exclusão social.

Entretanto, passadas as duas primeiras décadas do século XX, constatamos o caráter efêmero desse "respiro democrático" e, o mais preocupante, o aprofundamento da crise orgânica e da crise democrática em escala global, com um vertiginoso crescimento de uma ideologia fascista. O incremento das medidas neoliberais, inclusive na agenda política dos governos progressistas, e de um capitalismo que se expande como uma *Hidra,* a *Hidra Capitalista*, ao lado da (re)ascensão da extrema direita constituem obstáculos concretos a um exercício pleno da participação popular. Evocar a *Hidra de Lerna* e suas múltiplas cabeças revela esse processo em seu sentido estético, com a obra *Hidra Global*, do artista mexicano Maurício Gomez Morín que ilustrou a capa do livro do Exército Zapatista de Libertação Nacional, *El Pensamiento Crítico Frente a la Hidra Capitalista* (EZLN, 2015).

Nessa direção, cabe-nos perguntar, em diálogo com o campo popular: quais seriam os grandes retrocessos que nossa sociedade enfrenta dentro do processo histórico de desenvolvimento do capitalismo, no século XXI? Não há como aprofundar os vários retrocessos neste escrito, porém a Hidra Capitalista deixa não só um rastro profundo de contradições nos âmbitos da dialética capital-trabalho e de direção político-ideológica do Estado, mas também impactos na nossa existência, no conflito capital-natureza, capital-vida. O câmbio climático e a destruição de biomas, fauna e flora, decorrente das queimadas, do desflorestamento e dos crimes ambientais, são expressão de um modelo de desenvolvimento que agrava esse conflito capital-natureza em sua face biocida.

Ademais, o retorno de uma ideologia de extrema direita coloca em movimento não só os riscos de uma (re)ascensão do fascismo, conforme analisou Gramsci, mas de uma crise atrelada à não resolução de problemáticas inerentes à formação sócio-histórica de uma parte expressiva de países do sul global; problemáticas essas relacionadas às heranças do colonialismo e à forma de integração ao capitalismo global, em que persiste o caráter dependente e subordinado.

A metáfora da Hidra Capitalista nos aponta as persistências de um paradigma civilizatório que se sustenta na reafirmação do *rapport* pedagógico-político de uma hegemonia do capital e de determinações históricas que são apreendidas no "momento constitutivo" de cada contexto nacional. Há uma dialética que articula ambas no cerne da reprodução ampliada do capital e que estão no centro dos conflitos e das manifestações políticas articuladas pelo campo popular.

A disputa hegemônica na transição dos séculos

À luz de Gramsci (1975), a hegemonia corresponde não só à capacidade de exercer o domínio, mas também à habilidade de gerar consenso acerca de uma concepção de mundo comum. Quando há uma disputa hegemônica, as forças políticas dominantes colocam em movimento suas instituições político-ideológicas com o fito de gerar (ou impor) um consenso social em torno do seu projeto político e manter o domínio sobre o conjunto da sociedade.

O amplo sul global constitui uma região em que as relações de poder e dominação não se deram unicamente pela dialética da exploração vinculada ao sistema produtivo e à integração dependente e subordinada ao capitalismo mundial, embora seja um pilar estruturante central. Em muitos países, a dominação igualmente tem seu braço colonial, patriarcal e racista, resultado das determinações históricas dos regimes coloniais instituídos, e, em suas dinâmicas nacionais, reproduzem o colonialismo interno no âmbito das relações de poder, dominação e exploração (GONZÁLEZ-CASANOVA, 1969).

Essa marca de origem faz com que a natureza da disputa hegemônica tenha múltiplas facetas, em que se justapõem domínios de natureza colonial, capitalista, patriarcal e imperialista, a depender das articulações estabelecidas em um plano nacional, regional e internacional/global. No exercício dessa hegemonia pluriforme, a estrutura ideológica da classe dominante terá por finalidade manter a organização material que lhe permita defender e desenvolver sua base teórica e ideológica (GRAMSCI, 2011). Nessa direção, é possível que essa base ideológica articule tanto elementos de uma racionalidade moderna capitalista como outros próprios de uma sociedade colonial e escravista, ou ambos. Tudo dependerá do movimento das forças políticas e do projeto que desejam consolidar e implementar.

Nos umbrais do século XXI, a disputa hegemônica se revela em duas perspectivas: 1) a crença no triunfo do capitalismo como paradigma societário e o exercício do domínio em um viés imperialista; 2) a apreensão da hegemonia como capacidade de gerar consensos acerca de outra concepção societária, construída a partir do campo popular, com vistas à consolidação de um projeto democrático pautado em outras bases, de caráter distinto e antagônico àquelas que sustentaram um período de autoritarismo militar, como o vivenciado na América do Sul com o advento dos regimes ditatoriais, ou ainda, de democracias esvaziadas do povo, como em distintos países. Nessa segunda perspectiva, encontramos uma derivação da disputa hegemônica entre aqueles que buscam construir consensos na ruptura com as relações de poder erigidas nas estatalidades, apostando na autonomia como projeto político.

Nessas expressões da disputa hegemônica, há de se pôr atenção à hegemonia imperialista e suas reconfigurações, uma vez que é determinante no *rapport* pedagógico-político não só na geopolítica internacional, mas também nos contextos nacionais, sobretudo no que diz respeito à instabilidade provocada na governabilidade e às interferências direta no processo democrático, conforme analisaremos a seguir.

No século XX, os Estados Unidos consolidaram uma hegemonia imperialista, em que os militares, o empresariado e o Estado modelaram o sujeito hegemônico (CECEÑA, 2003). Ao final desse mesmo século, com a queda do Muro de Berlim e o descenso da Guerra Fria e do discurso de polarização entre o bloco capitalista e o socialista, os Estados Unidos buscavam consolidar sua hegemonia política e econômica em escala global. Conforme Ana Esther Ceceña (2005), nesse cenário, é elaborado, por parte do exército estadunidense, o chamado "Novo Mapa do Pentágono", que subdivide o mundo em zonas de atenção prioritária sobre as quais os Estados Unidos podem intervir em casos de "ingovernabilidade" ou descumprimento das "regras da democracia". No mapa, essas áreas correspondem a uma parte do Oriente Médio, da Ásia, África e América Latina.

Ceceña (2005) alerta que essas zonas de atenção prioritária coincidem por serem regiões de maior concentração planetária de recursos naturais estratégicos, com áreas intensivas em biodiversidade, jazidas de petróleo e gás, além de lençóis freáticos e de presença de metais para usos essenciais. Do mesmo modo, constituem regiões com forte arraigo cultural e de insubordinação política. Em realidade, essas regiões do mundo, localizadas no sul global, constituem territórios em que não se concretizou a totalização homogeneizadora do Estado (ZAVALETA, 2009), portanto, há dificuldades históricas de concretização do *rapport* pedagógico-político nos termos aqui analisados. Em sua base social, são sociedades heterogêneas, com pensamento social próprio, cosmovisões e outras formas de organização social e política em seus territórios.

A criação desse "Novo Mapa do Pentágono" é parte constitutiva de uma estratégia política de Estado com o propósito de consolidar uma "dominação de espectro completo" (CECEÑA, 2005) nas regiões que ainda se caracterizam por uma construção social não capitalista. Conforme analisa Ceceña (2005, p. 49), a estratégia de dominação do espectro completo possui três mecanismos estratégicos, quais sejam: "[...] a superioridade tecnológica, o reordenamento territorial e a universalização de normatividades reprodutoras das relações de poder".

Em que pese o avanço do imperialismo dos Estados Unidos, o início do século XXI apresenta uma nova configuração da hegemonia imperialista e de sua territorialização também no sul global, articulada pela China. Esse país se torna uma das maiores potências políticas, tecnológicas e econômicas, com expansão não só no continente asiático, mas na América Latina e África, beneficiado pelos pactos bilaterais e pelo papel exercido pelos Estados nacionais para a abertura de novos mercados ao capital chinês, sobretudo aqueles vinculados à extração mineral. Um bom exemplo dessa expansão econômica é a conformação do BRICS.

Portanto, há uma reconfiguração da disputa hegemônica de caráter imperialista entre potências — Estados Unidos e China — que entram em confronto pela direção e pelo domínio político-econômico. No âmbito dessa disputa, a adesão dos governos é um aspecto importante, desse modo, a contenda pela instauração de um alinhamento político a partir da desestabilização da democracia em países não alinhados constitui um eixo central.

Sendo assim, a dissensão hegemônica entre Estados Unidos e China se intensifica na primeira década do século XXI, tanto no âmbito global, dentro de uma lógica imperialista, de disputa de mercados e de direção política, bem como nos contextos nacionais, sobretudo por parte dos Estados Unidos, no sentido de arrebentar os governos de caráter progressistas e instituir, em seu lugar, outros que estão alinhados à sua política.

Nessa direção, a guerra híbrida (KORYBKO, 2018) constituiu a principal estratégia imperialista dos Estados Unidos, colocando em movimento as táticas da dominação de espectro total para o impulso das revoluções coloridas e dos golpes políticos em diferentes países. É válido destacar que esse conceito (o de guerra híbrida) se diferencia da natureza das guerras convencionais, tal qual aquelas vivenciadas no século XX, a exemplo das duas grandes guerras ou da Guerra Fria. No caso das denominadas "revoluções coloridas", o termo empregado se refere às manifestações políticas de oposição aos governos que assumiram uma posição de refutação à política imperialista dos Estados Unidos (KORYBKO, 2018).

Como se trata de uma guerra pela instauração de uma hegemonia imperialista, seu caráter híbrido responde à combinação de diferentes mecanismos de intervenção. Alguns são de caráter direto, por exemplo, a ocupação militar sob a justificativa da ingovernabilidade ou de restauração democrática; outros invisíveis, de interferência indireta na disputa eleitoral e no espectro ideológico, que ganha forma nas disputas eleitorais, sobretudo dentro dos meios digitais. Entra em cena uma série de ações que passam a ter notoriedade com palavras outrora desconhecidas para muitos de nós, como as *fakenews* e sua difusão por mídias digitais, e o *lawfare*, que significa impedimento jurídico do exercício (ou da possibilidade) da governabilidade.

O estopim da guerra híbrida na América Latina ocorreu com o golpe político em Honduras, em 2009, com a queda do governo de Manuel Zelaya. Em escala global se expressa com a intervenção política dos Estados Unidos na Líbia e o assassinato de Muammar Gaddafi, em 2011. É válido destacar que a intervenção política no Afeganistão também constituiu uma ação imperialista dos Estados Unidos.

A partir de 2013 e 2014, a guerra híbrida se amplia, tendo como um dos principais êxitos o golpe político-parlamentar no Brasil, com o impedimento da presidenta Dilma Roussef, do Partido dos Trabalhadores (PT) em 2016, e a aplicação do *lawfare,* que culminou com a prisão do ex-presidente Luís Inácio Lula da Silva (PT) e a impossibilidade de sua candidatura nas eleições presidenciais em 2018, ocasião em que Jair Bolsonaro foi eleito. Na sequência, em 2019, há o golpe político na Bolívia, pela não aceitação da reeleição de Evo Morales, e a ascensão ao poder de Jeanine Áñez Chávez. Em escala global, a segunda década do século XXI desponta com a intensificação das estratégias da guerra híbrida e inaugura o giro à extrema direita, seja pela via do voto eleitoral ou pela via do golpe político parlamentário ou militar.

No panorama da geopolítica global, temos as seguintes eleições e golpes políticos: nas Américas: Estados Unidos – Donald Trump (2016, Partido Republicano); Brasil – Jair Messias Bolsonaro (2018 – Partido Social Liberal)[5]; Bolívia – golpe político em 2019 e ascensão de Jeanine Áñez Chávez; Chile – com um segundo turno disputado entre a extrema direita (José Antonio Kast – Partido Republicano) e a esquerda (Gabriel Boric – Coligação Partido Comunista e Frente Ampla), houve a vitória de Boric, em 2021; na Europa – Hungria – primeiro-ministro Víktor Orban (2010 - Fidesz); Polônia – Mateusz Morawiecki (PiS). A Áustria é governada, desde dezembro de 2017, pelo chanceler federal Sebastian Kurz, da legenda conservadora ÖVP, aliada ao populista de direita do Partido da Liberdade da Áustria (FPÖ) do vice-chanceler Heinz-Christian Strache; na Euro-Ásia: Turquia – Tayyip Erdoğan (2014); na Ásia: Índia – primeiro-ministro Narendra Modi (2014); Filipinas – Rodrigo Duterte (2016); Mianmar – golpe político contra o presidente eleito, Win Myint, e a conselheira de Estado, Aung Saa Suu Kyi (2021), e ascensão ao poder do General Min Aung Hlaing; Tailândia – monarquia exercida pelo rei Maha Vajiralongkorn.

Ascensão da extrema direita conservadora

A ascensão da extrema direita, na maioria desses países supracitados, é o resultado exitoso da guerra híbrida e do realinhamento político com os Estados Unidos. A base ideológica desses governos se conforma pelos seguintes fundamentos: a) base ideológica colonial-racista-patriarcal; b) base ideológica fascista; e c) base ideológica articulada aos fundamentalismos religiosos, de forte teor patriarcal, tanto nas religiões monoteístas, como o cristianismo e o islamismo, quanto nas politeístas, como o budismo.

Esses governos se caracterizam, ainda, por um aprofundamento das medidas neoliberais estruturantes, notadamente a retomada da privatização das empresas estatais; a mudança radical das legislações trabalhistas e a retirada compulsória dos direitos laborais, com a precarização do trabalho, a uberização e o incremento da massa de desempregados no mundo; uma decomposição ou destituição do que é público em privado, isto é, políticas

---

[5] Após ser eleito, Bolsonaro saiu do PSL e passou a exercer sua gestão sem filiação partidária.

que não se destinam à coletividade, mas a um determinado grupo político, econômico e religioso; a extinção de políticas sociais ou redução orçamentária dessas, sobretudo daquelas relacionadas ao meio ambiente, à reforma agrária, à questão territorial e educacional.

Embora tenhamos, durante os governos progressistas, avanços em algumas políticas de redistribuição de renda que contribuíram para a redução da linha da miséria social, como o caso do Programa Fome Zero e do Bolsa Família, nos governos do PT no Brasil, a política neodesenvolvimentista adotada aprofundou contradições, sobretudo no âmbito da financeirização da economia e do capitalismo por espoliação. A não resolução de problemas históricos relacionados à questão agrária e territorial, aprofundada por uma política de conciliação de classes, provocou ambiguidades nos programas políticos desses governos que foram questionadas pelo campo popular (BARBOSA, 2020), ao mesmo tempo que abriu um fosso entre a direção política e a representação partidária que favoreceu a entrada em cena de um discurso de extrema direita.

O novo ciclo do capitalismo por espoliação, caracterizado pelo neoextrativismo, fortalece-se no sul global, justamente por ser uma ampla região com potencial energético, considerada estratégica aos grandes interesses do capital transnacional, pelas riquezas hídricas, minerais, eólicas, entre outras, ideais para a geração de *commodities*. Nessa direção, a presença de governos aliados garante a adesão e a regulação necessárias à intensificação de um modelo econômico em que se combina o incremento das medidas neoliberais, da militarização aguda dos territórios e da ingerência direta na política de estrangeirização das terras aos interesses dos megaempreendimentos vinculados ao capital financeiro e transnacional. Nesse contexto, há uma transmutação do poder, em que os Estados nacionais diminuem gradativamente o controle político-econômico, cedendo lugar aos fundos de inversão vinculados ao capital financeiro e transnacional.

A emergência de governos de extrema direita igualmente reflete a presença de setores da sociedade civil caracterizados por uma ideologia fascista, ou seja, há um processo de protofascismo ou de facistização de nossas sociedades (COUTINHO, 2021). A atuação desses setores se expressa tanto nas redes sociais, conectados diretamente aos grupos neonazistas, com a difusão de *fakenews,* como no espaço público, no qual se reforça uma narrativa pública baseada na supremacia branca e nos ataques diretos à democracia. O conteúdo discursivo desses grupos agrega os seguintes elementos: discursos antidemocráticos, de ode às ditaduras, de pedidos de intervenção militar e de negação de direitos; discursos racistas, misóginos, antifeministas e de LGB-TQIfobia; xenofobia e atitude violenta e de afronta às populações migrantes; discurso negacionista e anticientificista; discursos de intolerância religiosa e de ataque às espiritualidades africanas e afrodiaspóricas.

Conforme podemos observar, os discursos emanados desses setores revelam uma profunda crise orgânica da democracia, nos termos analisados anteriormente. Entretanto, a depender dos contextos nacionais, pode haver uma combinação ou sobreposição da base ideológica da classe dominante vinculada a esses grupos. Em outros termos, em alguns casos a adesão ao chamado político desses setores é o resultado do predomínio da base ideológica colonial-racista (BARBOSA, 2021); em outros, haverá a articulação entre a base ideológica fascista e a base ideológica dos fundamentalismos religiosos e de teor patriarcal.

O fato é que os governos de extrema direita recebem apoio direto desses setores e conseguem fazer ecoar as bases ideológicas que lhes dão sustentação, em uma simbiose dos seus fundamentos, conforme descrito anteriormente, o que conduz a um esvaziamento dos sentidos da democracia e abre caminho para um fazer político violento, autoritário, sem participação popular.

No ciclo de lutas da segunda década do século XXI, as ruas são ocupadas de forma espontânea ou organizada, em uma contestação ao aprofundamento das medidas neoliberais e em reivindicação por uma democracia institucional. Com o cenário da pandemia de COVID-19, é notório a agudização das desigualdades sociais vivenciadas historicamente, porém agravadas numericamente com a miséria, a pobreza, a fome e o desemprego, além da violência militar e paramilitar no campo ou na cidade. As migrações forçadas são uma realidade diante da agudização da crise estrutural do capital em escala global.

Vejamos os casos emblemáticos das lutas sociais recentes e a quais contradições históricas respondem[6].

As lutas populares do século XXI e suas vertentes políticas

Conforme analisado no início deste escrito, a ideia de crise como método de interpretação nos propicia a análise tanto dos sintomas como da natureza da decomposição política e social. A crise atual constitui uma crise de hegemonia, portanto, uma crise orgânica, que reverbera em uma crise democrática e no esvaziamento dos sentidos da democracia em escala global. A decomposição social e política em curso deve ser lida e interpretada como resultado de um

---

[6] Devido às limitações de espaço, faço uma síntese das ações desenvolvidas pelo campo popular nesses países.

processo histórico associado à natureza das relações de dominação, exploração e opressão pertencentes à ordem dos colonialismos vigentes e do aprofundamento das contradições inerentes às lógicas de exploração do capital na sua face de integração subordinada e dependente em escala global (AMIN; GONZÁLEZ-CASANOVA, 2013; AMIN; GONZÁLEZ-CASANOVA, 2017).

O ciclo de lutas empreendidas a partir de 2019 nos proporciona um panorama não só do descontentamento popular em relação às medidas neoliberais, mas que aponta elementos indicadores da natureza da crise em dois sentidos: de uma crise associada às problemáticas irresolutas de momentos constitutivos de uma ordem colonial; de uma crise de direção e de construção de consenso que conduz à perda do sentido de representação política, sobretudo por parte das esquerdas progressistas. Entre as lutas sociais de nossa história recente, destacam-se aquelas realizadas nos seguintes países da América Latina e da Ásia: Bolívia, Equador, Chile, Colômbia, Brasil, Índia, Mianmar e Tailândia.

Bolívia

A Bolívia sofreu um golpe político cívico-militar em 2019 em resposta à não aceitação do processo eleitoral que culminou na reeleição de Evo Morales, pelo Movimento al Socialismo (MAS). O golpe foi articulado por forças políticas vinculadas às oligarquias agrárias e à direita conservadora. O discurso de posse da autoproclamada presidenta interina, Jeanine Áñez Chávez, esteve profundamente marcado por uma simbologia própria de uma base ideológica colonial-racista e de fundamentalismo religioso: com uma bíblia na mão, a interina proferiu um discurso marcadamente colonial e racista contra os povos originários da Bolívia.

A *Whipalla*[7], colocada no palácio presidencial durante a primeira eleição de Evo Morales, foi retirada e substituída pela bíblia. Ademais, os setores apoiadores do golpe realizaram atos públicos em que a *Whipalla* foi queimada, uma expressão de ódio e rechaço aos símbolos da cultura e da filosofia andina, reveladores de uma herança colonial e de persistência do colonialismo interno nesse país.

Em que pese a violência militar empreendida contra a reação popular ao golpe, é válido destacar que as ruas foram amplamente ocupadas pelos

---

[7] A *Whipalla* é uma bandeira quadrangular de sete cores, originalmente usada pelos povos andinos, e presente na Bolívia e em algumas regiões do Peru, do Equador, da Colômbia, no norte do Chile e da Argentina e no Paraguai. Com a outorga da Constituição boliviana, em 2008, durante o governo de Evo Morales, a bandeira foi reconhecida como símbolo nacional e foi instalada no Palácio Presidencial.

diferentes movimentos indígenas, sindicais e dos setores populares bolivianos. Nas imagens difundidas em diferentes meios de comunicação, era possível identificar a disputa dos símbolos de uma luta social que, em realidade, é de um longo tempo histórico e que se apresenta como uma luta de enfrentamento não só da ação imperialista que orquestrou o golpe político cívico-militar nesse país em aliança com a oligarquia agrária nacional, mas de confrontação a uma ordem colonial e racista.

Equador

Em 2019, o país foi cenário de uma ampla luta popular e de convocação a uma greve geral, articulada pela Confederação Nacional de Indígenas do Equador (CONAIE), Movimento Indígena e Camponês de Cotopaxi, organizações sindicais, como o Sindicato de Trabalhadores de Transportes, a Frente Unida de Trabalhadores, o Coletivo Unitário Nacional de Trabalhadores, além de outras organizações populares e de juventudes. A greve geral era uma resposta popular contra o *paquetazo,* pacote de medidas neoliberais, implementado por decreto pelo então presidente, Lenin Moreno, em atendimento à agenda econômica do Fundo Monetário Internacional (FMI).

O estopim das manifestações foi o Decreto Presidencial 883, que retirava o subsídio público aos combustíveis, resultando no expressivo aumento dos preços da gasolina e do diesel. Os massivos protestos se intensificaram e duraram onze dias. Somaram-se à greve as organizações feministas e dos estudantes da Federação de Estudantes Secundaristas (Fese), da Universidade Central do Equador, a maior universidade pública do país, bem como os partidos de oposição. Além de se contraporem ao Decreto 883, os manifestantes eram contrários à extração mineral e de petróleo nos territórios indígenas.

A reação do governo foi repressiva, com a publicação do Decreto 884, que estabeleceu o estado de exceção, permitindo às Forças Armadas que se integrassem às forças de segurança em ações conjuntas com a polícia. Ademais, o Decreto 888 determinou o toque de recolher em todo o país, das 8 da noite às 5 da manhã. A sede do governo foi transferida para Guayaquil. A violência contra os manifestantes se intensificou nas ruas, com a presença de tanques militares, cavalaria policial, disparo de bombas lacrimogêneas e balas de borracha, que resultaram em mortes e prisões de manifestantes[8].

---

[8] O protesto indígena popular que parou o Equador. Disponível em: https://apublica. org/2019/10/o-protesto-indigena-popular-que-parou-o-equador/.

Chile

No país que representa a porta de entrada das políticas neoliberais na América Latina, no mesmo ano de 2019, observa-se uma ampla rebelião popular de descontentamento com as consequências econômicas e sociais da política neoliberal, quais sejam: privatização de direitos básicos e de recursos naturais, salários baixos, endividamento social em decorrência da privatização da saúde e da educação, desemprego, problema de moradia.

As ruas foram ocupadas de forma multitudinária, com a exigência de realização de uma Assembleia Constituinte Livre e Soberana para revogar a Constituição, em vigor desde a ditadura militar de Augusto Pinochet. Participaram da rebelião popular o movimento estudantil, docentes, sindicatos, partidos de esquerda, organizações camponesas e indígenas, juventudes, movimentos feministas, setores populares e o movimento Mapuche.

A repressão contra as manifestações foi sumamente violenta, com morte, prisão e tortura de manifestantes. Um marco na ação repressora dos carabineiros foi a estratégia de mutilação, que consistia em disparar balas de borracha que tinham por alvo atingir um dos olhos do manifestante, que perderia a visão completa ou parcial de um dos olhos, ou ficaria com traumas oculares. O Instituto Nacional de Direitos Humanos (INDH) apresentou um informe das cifras relacionadas à repressão e à violência policial durante as manifestações[9]. No início de 2020, a Comissão de Segurança do Senado aprovou a Lei Antiprotesto, que criminaliza a luta social no país.

Colômbia

A Colômbia também participa do ciclo de lutas populares latino-americanas. A indignação do campo popular vem de um acúmulo histórico durante a implementação das medidas neoliberais, do incremento da militarização e da violência no país durante os anos de governo do ex-presidente de direita, Álvaro Uribe Vélez. O atual presidente, Iván Duque, representa uma continuidade da política uribista.

O estopim das manifestações foram: reforma tributária, laboral e educativa; não cumprimento dos Acordos de Paz com as FARC; intensificação da violência e da militarização do país, com o assassinato de lideranças

---

[9] REBELIÓN POPULAR EN CHILE. *Un nuevo informe deja en evidencia la brutal represión a cuatro meses de la rebelión en Chile.* Disponível em: https://www.laizquierdadiario.com/Un-nuevo-informe-deja-en-evidencia-la-brutal-represion-a-cuatro-meses-de-la-rebelion-en-Chile.

de organizações populares. A primeira grande ação foi o chamado à greve geral, em 2019, denominada de "Paro Nacional #21N"[10] feito pelas centrais sindicais e que teve a adesão de organizações populares, de movimentos indígenas, camponeses e afrocolombianos, notadamente do Consejo Regional Indígena del Cauca (CRIC) e das organizações-membro da CLOC-Via Campesina, do movimento estudantil e magisterial, de organizações feministas, de artistas, entre outros. No mesmo ano foram realizadas outras marchas e protestos nas ruas.

Importante destacar que, no contexto político latino-americano, a Colômbia sempre foi um país aliado dos Estados Unidos e de sua política de intervenção imperialista. A crise democrática é presente nesse país sul-americano, caracterizado por ser um Estado autoritário, militarizado e de permanente conflito com os setores populares.

Embora a Colômbia seja um país com expressiva resistência indígena, camponesa e de organizações populares, o protesto social de ocupação massiva das ruas não era tão comum. Entretanto, o descontentamento social com a austeridade das medidas neoliberais e o incremento da violência conduziu à adesão ao chamado ao Paro Nacional. Além do fechamento das estradas, das marchas e dos atos políticos em diferentes cidades colombianas, os panelaços se tornaram outra expressão desse descontentamento.

O Estado respondeu de forma repressora, com a violência ostensiva das forças de segurança nacional para a contenção dos protestos, bombas de gás lacrimogênio, prisões e mortes de manifestantes. As organizações populares mantiveram o calendário do Paro Nacional nos anos subsequentes, 2020 e 2021, com o intuito de preservar o processo de mobilização e ação política da base popular no país.

Brasil

Dentro do cenário latino-americano, o Brasil é o país com maior incremento das medidas neoliberais nos últimos anos. Desde 2018, o país voltou para o Mapa da Fome, com a aprovação da Reforma da Previdência e de uma série de leis diretamente relacionadas com a estrangeirização de terras, a liberação de agrotóxicos, com a regulação de megaempreendimentos vinculados ao capitalismo por espoliação, sobretudo da extração

---

[10] Colombia: Convocan paro nacional contra gobierno de Iván Duque para el 21 de noviembre. Disponível em: https://elcomercio.pe/mundo/latinoamerica/colombia-convocan-paro-nacional-contra-gobierno-de-ivan-duque-para-el-21-de-noviembre-noticia/.

mineral, hídrica e eólica — o que tem intensificado a violência e os conflitos socioterritoriais (BARBOSA, 2020). O país também passa por um excessivo aumento dos preços dos combustíveis e do gás de cozinha, além dos serviços básicos, como a energia elétrica e a água. A taxa de desemprego se ampliou, tal qual a das populações em situação de rua e a da violência urbana.

Com a ascensão da extrema direita, o país passa por um retrocesso democrático, de perdas de direitos e de um desmantelamento sistemático da institucionalidade pública. Os setores apoiadores de Jair Bolsonaro, em suas manifestações políticas, conclamam à intervenção militar e ao fechamento do Congresso Nacional e do Supremo Tribunal Federal, respaldados pelo discurso antidemocrático do presidente, eleito à base de um discurso público de ódio, aporofobia, misoginia, racismo e LGBTQIfobia. O aumento da violência, da criminalização das lutas sociais e do assassinato de lideranças populares em territórios indígenas e camponeses reflete a intensificação dos conflitos socioterritoriais na atual gestão, decorrentes da disputa territorial com o agronegócio e outros conglomerados vinculados ao capital transnacional e ao capitalismo por espoliação (BARBOSA, 2020, 2021).

No cenário pandêmico, o discurso negacionista e contra a ciência foi a tônica da péssima condução, por parte do governo federal, dos protocolos sanitários e da imunização, conduzindo o país aos piores índices de contágio e morte pela COVID-19, alcançando o quantitativo de quase cinco mil mortos por dia. Embora o campo popular tenha realizado atos políticos, não conseguiu convocar manifestações multitudinárias, como as realizadas na Bolívia, Equador, Chile e Colômbia. Em realidade, no ciclo da luta popular, observamos maior expressão entre os movimentos indígenas da Articulação dos Povos Indígenas do Brasil (Apib), que realizaram o Acampamento Terra Livre, em 2021, de forma presencial, no qual reivindicaram a demarcação de terras indígenas e posicionaram-se contra o Marco Temporal.

O Movimento de Mulheres Indígenas realizou a 1ª e a 2ª Marcha Nacional das Mulheres Indígenas, em Brasília, em 2019 e 2020, com os lemas "Território, Nosso Corpo, Nosso Espírito" (2019) e "Mulheres originárias: reflorestando mentes para a cura da Terra" (2021), respectivamente. Participaram das duas marchas mulheres de mais de 130 povos indígenas. A Marcha das Margaridas, realizada presencialmente em 2019, contou com a participação de aproximadamente 150 mil camponesas e constituiu-se em uma das maiores ações contra a Reforma da Previdência e em defesa de direitos durante o governo de Bolsonaro.

Em 2021, com o avanço da imunização contra o Sars-Cov-2, houve uma maior presença popular em protestos organizados por centrais sindicais, partidos de esquerda e movimentos sociais. A principal consigna política, "Vacina no braço, comida no prato e fora Bolsonaro", sintetiza a reivindicação popular em torno de um processo democrático. É válido destacar que a Via Campesina Brasil tem realizado importantes ações de solidariedade e doação de alimentos durante a pandemia, além de uma série de atividades políticas realizadas em suas redes sociais, em razão do cenário de isolamento social imposto pela COVID-19.

Índia

Outro processo do ciclo das lutas populares recentes é observado na Índia com o chamado à greve geral, convocado pelo Samyukt Kisan Morcha (SKM), uma coalisão de dezenas de sindicatos agrícolas. Os agricultores realizaram uma série de bloqueios e manifestações que duraram meses, em resposta às três leis aprovadas pelo presidente Modi, em setembro de 2020, que flexibilizam as regras que regem a venda, o preço e o armazenamento de produtos agrícolas no país[11]. Em conjunto, essas leis removeram várias das regras que protegiam os agricultores indianos de um mercado livre sem restrições, o que, segundo as autoridades, tornará o setor mais eficiente, ao mesmo tempo que permitirá aos indianos aumentarem sua renda. A denúncia do aumento dos preços, o incremento do desemprego e a crise sanitária com a pandemia de COVID-19 foram fatores que mobilizaram, também, a greve geral.

Mianmar

O país localizado no sudoeste asiático viveu mais de 50 anos sob ditadura militar. A partir de 2011, ingressou em uma fase democrática, com sistemáticas eleições para a composição política do parlamento. Em 2020, o principal partido civil, a Liga Nacional pela Democracia (NDL, na sigla em inglês), venceu 83% dos cargos em disputa, incluindo a eleição presidencial de Htin Kyaw (NDL), primeiro presidente civil após 54 anos de governos militares. O resultado eleitoral representava um passo importante no processo de redemocratização do país.

---

[11] Ver: QUÉ provocó la 'mayor' protesta de la historia que ya lleva varios meses en India. Disponível em: https://www.bbc.com/mundo/noticias-internacional-55859284.

Entretanto, os militares acusaram o processo de fraude eleitoral[12] e se recusaram a aceitar o resultado, implementando um golpe político-militar[13]. Líderes do NDL foram presos, incluindo Aung San Suu Kyi, vencedora do Prêmio Nobel da Paz em 1991 e uma das principais líderes políticas em defesa da democracia no país. O governo militar instituído impôs a polêmica Lei de Segurança Cibernética aos provedores de serviço de internet e estabeleceu a censura nos meios de comunicação.

A tomada do poder via golpe militar foi recebida com protestos públicos generalizados contra o golpe e em defesa da democracia, que foram reprimidos com força letal. Em resposta, surgiu a oposição armada ao domínio militar, e vários especialistas da ONU advertiram que a nação do sudeste asiático corre o risco de cair em uma guerra civil que, em realidade, já é um fato, desde que o país se tornou independente, em 1948[14]. Outrossim, o incremento da violência militar tem provocado um intenso fluxo migratório para a Tailândia.

Tailândia

A Tailândia é um país marcado por uma cultura política golpista. Em menos de um século, o país já sofreu 13 golpes de Estado bem-sucedidos, além de outros nove que não vingaram. Em 2014, ocorreu o mais recente deles, liderado pelas Forças Armadas Reais da Tailândia, em particular pelo general Prayuth Chan-Ocha, comandante do Exército Real Tailandês, que derrocou o governo interino do primeiro-ministro Niwatthamrong Boonsongpaisan.

O país possui uma Monarquia, porém o governo é conduzido pelo primeiro-ministro do parlamento. Após o golpe de Estado, o exército estabeleceu uma junta militar responsável pela direção política do país, denominada Conselho Nacional para a Manutenção da Paz e da Ordem (NCPO). Essa junta revogou parcialmente a Constituição de 2007, declarou lei marcial, proibiu reuniões políticas, prendeu ativistas antigolpe e políticos de oposição, além de estabelecer o controle dos meios de comunicação e

---

[12] Myanmar election body charges Suu Kyi with electoral fraud. Disponível em: https://apnews.com/article/aung-san-suu-kyi-myanmar-asia-state-elections-general-elections-f58eb6ee7f2303f01d7c752b233d26e5.

[13] Conheça a cronologia de Mianmar, um país sob forte controle militar por décadas. Disponível em: https://oglobo.globo.com/mundo/conheca-cronologia-de-mianmar-um-pais-sob-forte-controle-militar-por-decadas-24864273.

[14] UN Security Council expresses concern over Myanmar crisis. Disponível em: https://apnews.com/article/coronavirus-pandemic-business-aung-san-suu-kyi-myanmar-united-nations-security-council-d16f2b4dd0c-33910c48320460bd7010d.

impor a censura na internet[15]. Desde então, o país passa por uma intensa crise política e são constantes os protestos sociais nas ruas, os quais foram intensificados em 2021.

Nas últimas décadas, o país vivencia as consequências de um aprofundamento das medidas neoliberais no país. A capital, Bangkok, tem sofrido um *boom* imobiliário e a especulação tem provocado um sistemático deslocamento social interno dos setores populares na cidade, em consequência de uma acentuada gentrificação urbana.

O capitalismo por espoliação constitui um dos pilares da política desenvolvimentista no país, fortemente influenciada pela hegemonia imperialista da China, que incrementa sua inserção neoextrativista na região de Mekong, no sudeste asiático, onde se localiza o longo rio de mesmo nome que circunda as fronteiras de seis países: Tailândia, China, Camboja, Vietnã, Mianmar e Laos. A região de Mekong tem grande potencial hídrico e de recursos minerais tais como ouro, cobre, prata, zinco, petróleo e gás natural[16]. Ademais, essa região é uma das principais vias de trânsito fluvial de fluxos comerciais entre Ásia, Oriente Médio e Europa, uma vez que conecta os oceanos Índico e Pacífico. A China tem interesses estratégicos nessa região e almeja consolidar sua hegemonia por meio de alianças bilaterais.

A região de Mekong é marcada historicamente por processos intensos de resistência territorial articulados por organizações de pescadores, ribeirinhos, povos originários e camponeses, que possuem formas próprias de organização da vida comunitária, em coexistência com esse território e com o rio Mekong.

Para o caso específico dessa região, os impactos ocasionados pelo extrativismo chinês, sobretudo de barragens, são perceptíveis, notadamente em termos da privação ou redução do acesso à água nos territórios que dependem do rio Mekong. Em outras partes do país, populações camponesas e de povos originários também enfrentam o avanço dos parques nacionais que constituem outra permanente ameaça na desterritorialização desses povos.

Diante desse cenário político-econômico interno e suas contradições, as ruas foram ocupadas de forma espontânea e organizada em defesa da democracia, contra o golpe político e as medidas neoliberais. No primeiro

---

[15] Seis meses de crise política culminam em golpe militar na Tailândia. Disponível em: https://www.publico.pt/2014/05/22/mundo/noticia/exercito-assume-poder-na-tailandia-1636982#/0.

[16] Mekong River Commission. Disponível em: https://www.mrcmekong.org/about/mekong-basin//natural-resources/.

caso, uma juventude expressiva, que se diz não vinculada a partidos políticos, coletivos ou movimentos populares, realiza protestos e enfrentamentos com a polícia, motivada pela desestruturação econômica e suas reverberações no aprofundamento do empobrecimento. A maioria desses jovens está desempregada e não vislumbra um futuro, digamos, promissor para seus anseios, em termos de inserção no mercado de trabalho ou de acesso a direitos.

As ruas também foram ocupadas por outras organizações como o movimento estudantil, os sindicatos, docentes, ativistas sociais, artistas, movimentos camponeses, inclusive aqueles vinculados à Via Campesina Internacional, como a Assembleia dos Pobres, além de uma parte dos migrantes, sobretudo do Mianmar, que se unificaram às marchas e atos políticos. As manifestações têm sido transmitidas pelas redes sociais de meios de comunicação independentes, devido à censura e o controle dos meios de comunicação.

Entre as medidas de contenção dos protestos, o Estado tailandês tem aplicado a Lei de Lèse-Magesté, destinada a delitos tipificados no Artigo 112 do Código Penal tailandês e que estão relacionados à difamação, insulto ou ameaça ao rei e à família real. A pena consiste em uma média de trinta anos na prisão.

Mediante o acirramento da repressão do Estado tailandês, os manifestantes utilizam táticas de protesto inovadoras, como levantar as mãos com os três dedos alçados[17], que se tornou um símbolo dos protestos em defesa da democracia e de posicionamento crítico à realeza e aos militares. Outra tática é posicionar-se em frente a edifícios da realeza e permanecer em pé e em silêncio por 112 minutos (o número equivale ao Artigo 112º da Lei de Lèse-Magesté) pela libertação dos presos políticos. Em 2021 foram realizadas marchas com forte repressão militar e prisões.

As vertentes da luta popular no século XXI: reflexões finais

A reconfiguração da hegemonia imperialista dos Estados Unidos e da China, a aplicação da estratégia de dominação de espectro completo por parte dos Estados Unidos, que culminou na guerra híbrida e no retorno da extrema direita, constituem evidências da persistência de contradições intrínsecas às determinações sócio-históricas de nossas sociedades, relacionadas à hegemonia, ao conflito e à crise, conforme analisado. Nos contextos

---

[17] Em alusão à simbologia do filme *Jogos Vorazes*.

nacionais, permanecem velhas estruturas de poder configuradas por forças políticas ligadas às oligarquias, às burguesias nacionais, às forças militares e até às monarquias, que historicamente definem a natureza dos Estados nacionais e de uma concepção de domínio ainda associada às estruturas de opressão, exploração e dominação de caráter colonial, racista, patriarcal e classista.

As alianças das forças políticas internas e a confluência com os interesses político-econômicos da hegemonia imperialista exercem um *rapport* pedagógico-político que influencia no (não) exercício da democracia ou da natureza do projeto democrático que se auspicia construir. No atual contexto político, de retorno ou ascensão da extrema direita, há um alinhamento em termos de retrocesso dos direitos e espaços de voz, configurando uma contramão do percurso democrático que se tentou erigir durante o século XX.

Entretanto, ao observarmos as lutas populares desencadeadas no século XXI, identificamos que a defesa da democracia não se restringe ao espectro democrático próprio de uma democracia burguesa institucional, embora também faça parte do conjunto de reivindicações articuladas pelo campo popular.

Em termos gerais, as lutas populares expressam o descontentamento e o enfrentamento das austeridades decorrentes de mais de três décadas de implementação da política neoliberal, bem como a defesa da democracia. Não obstante, a essência das reivindicações constitui a crise orgânica e a crise democrática, resultantes das contradições inerentes aos contextos nacionais, notadamente aquelas próprias do "momento constitutivo".

As vertentes do novo ciclo de lutas do campo popular revelam a defesa de um projeto democrático a partir da ruptura do caráter colonial, racista, patriarcal e classista das relações de opressão instituídas no "momento constitutivo" e que se aprofundam no atual estágio de desenvolvimento do capitalismo por espoliação. Em cada país é possível identificar vertentes anticoloniais, antirracistas, antipatriarcais e anticapitalistas das lutas, bem como a defesa dos territórios e dos bens comuns.

É urgente aprofundar a análise sobre essas vertentes, sobretudo para que se supere o *rapport* pedagógico-político que sustenta as bases ideológicas dessa dominação, ao mesmo tempo que se enfrente o autoritarismo crescente nos contextos nacionais e não se corra o risco de se aderir à concepção de democracia defendida pela hegemonia imperialista. Essa concepção nos manterá no espectro do *rapport* pedagógico-político do imperialismo, retirando do horizonte uma concepção revolucionária em torno dos sentidos da democracia a partir do campo popular.

Referências

AMIN, Samir; GONZÁLEZ CASANOVA, Pablo. **La nueva organización capitalista mundial vista desde el Sur.** Barcelona: Anthropos, 2013.

BARBOSA, Lia Pinheiro. Challenges facing latin american peasant movements under progressive governments and new right-wing parties. **Latin American Perspectives**, Riverside, v. 47, n. 5, p. 94-112, set. 2020.

BARBOSA, Lia Pinheiro. El carácter abigarrado de la disputa hegemónica y la crisis orgánica en Brasil: notas para debatir los problemas históricos y las perspectivas de superación, *In*: OLIVER, Lucio Fernando (org.). **Problemas teóricos del Estado Integral en América Latina.** Fuerzas en tensión y crisis. México: UNAM, 2021. p. 159-174.

CECEÑA, Ana Esther. Estratégias de construção de uma hegemonia sem limites. *In*: CECEÑA, Ana Esther (org.). **Hegemonias e emancipações no século XXI.** Buenos Aires: CLACSO, 2005. p. 35-55.

CECEÑA, Ana Esther. Estrategias de dominación y planos de construcción de la hegemonía mundial. *In*: GAMBINA, Julio (comp.). **La globalización económico-financiera**: su impacto en América Latina. Buenos Aires: CLACSO, 2003. p. 159-175.

COUTINHO, Joana A. ¿Fascismo o autoritarismo? El proceso de facistización en Brasil. *In*: OLIVER, Lucio Fernando (org.). **Problemas teóricos del Estado Integral en América Latina.** Fuerzas en tensión y crisis. México: UNAM, 2021. p. 99-110.

EZLN. **El pensamiento crítico frente a la Hidra Capitalista**: participación de la Comisión Sexta del EZLN. Chiapas: EZLN, 2015.

FALS BORDA, Orlando. **Ciencia propia y colonialismo intelectual.** México: Nuestro Tiempo, 1970.

GONZÁLEZ CASANOVA, Pablo. **Explotación, colonialismo y lucha por la democracia en América Latina.** México: Akal, 2017.

GRAMSCI, Antonio. **La alternativa pedagógica.** Caracas: PROA/Editorial Laboratorio Educativo, 2011.

GRAMSCI, Antonio. **Quaderni del Carcere**. Roma: Einaudi, 1975.

HARVEY, David. **O "novo" imperialismo**: acumulação por espoliação. Buenos Aires: CLACSO/Socialist Register, 2004.

KORYBKO, Andrew. **Guerras híbridas**: das revoluções coloridas aos golpes. São Paulo: Expressão Popular, 2018.

TORRES RIVAS, Edelberto. Crisis y coyuntura crítica: la caída de Arbenz y los contratiempos de la revolución burguesa. **Revista Mexicana de Sociología**, Ciudad de México, v. 41, n. 1, p. 297-323, 1979.

TORRES RIVAS, Edelberto. **Crisis del poder en Centroamérica**. San José: EDUCA, 1981.

ZAVALETA, René. **La autodeterminación de las masas**. Buenos Aires: CLACSO, 2009.

FECHAMENTO DAS ESCOLAS NO CAMPO COMO POLÍTICA DE GOVERNO NO ESTADO DO PARÁ: DA MITIGAÇÃO DE DIREITOS AOS ENFRENTAMENTOS NECESSÁRIOS

Renilton Cruz[18]
Salomão Mufarrej Hage[19]

Introdução

Este texto pauta a extinção das escolas nos territórios do campo em meio às experiências de resistência e combate a esse fenômeno que estão ocorrendo no estado do Pará com o protagonismo do Fórum Paraense de Educação do Campo e seus parceiros. Iniciamos com uma fundamentação legal e histórica sobre a conquista e a abrangência do direito à educação a partir das lutas sociais das classes populares e, mais especificamente, dos movimentos sociais representativos dos povos do campo, das águas e da floresta.

Ao longo desses últimos 20 anos (2000-2020), um total de 146.232 escolas foram fechadas no Brasil, considerando os dados obtidos do Censo Escolar, realizado pelo Inep (2020), sendo 100.961 nos territórios rurais e 45.271 nos territórios urbanos. O estado da Bahia foi o que mais fechou escolas nesse mesmo período: 18.841 escolas, sendo 15.363 rurais e 3.478 urbanas; seguido de Minas Gerais, que fechou 16.303 escolas, sendo 10.039 rurais e 6.264 urbanas; e do Ceará, que fechou 11.518 escolas, sendo 8.758 rurais e 2.760 urbanas (FPEC/GEPERUAZ, 2021).

Essa atitude arbitrária e criminosa de gestores públicos municipais e estaduais, que desrespeitam a legislação educacional existente, assim como dos conselhos de educação — nacional, estaduais e municipais, que assumem

---

[18] Doutor em Ciências da Educação pela Universidade do Minho, Portugal. Professor da Faculdade de Pedagogia do Campus Universitário de Castanhal (UFPA). Coordenador do Grupo de Estudos em Trabalho e Educação do Campo na Amazônia (Getecam). Integra o Fórum Paraense de Educação do Campo. Correio eletrônico: reniltonufpa@gmail.com.

[19] Doutor em Educação pela PUC-SP. Professor do Instituto de Ciências da Educação da Universidade Federal do Pará. Coordenador do Grupo de Estudo e Pesquisa em Educação do Campo (Geperuaz). Integra a Coordenação do Fórum Paraense de Educação do Campo. Correio eletrônico: salomao_hage@yahoo.com.br.

uma atitude omissa e indiferente em relação a essa situação —, tem impactado e diminuído significativamente o número de escolas existentes nos territórios rurais, e incide diretamente na sustentabilidade das pequenas comunidades e territórios camponeses, ribeirinhos, quilombolas e extrativistas.

Importante esclarecer que todas essas escolas foram fechadas para a implantação da Política de Nucleação Escolar e fomento à Política de Transporte Escolar, desconsiderando a escuta, os desejos, os sonhos e os modos de vida das comunidades rurais e quilombolas, obrigando crianças pequenas a acordarem muito cedo para utilizar o transporte escolar ao se deslocarem durante muito tempo em condições precárias e às vezes sem mesmo se alimentar adequadamente, sendo expostas a riscos de acidentes em estradas precárias, e sendo impedidas de conviver e participar da vida nas comunidades onde residem.

Com a pandemia a situação se agravou, dessa maneira, o Fórum Paraense de Educação do Campo, constituído pelos fóruns regionais e municipais de educação do campo e dos movimentos sociais dos povos do campo, indígenas, quilombolas e demais grupos tradicionais, têm recorrentemente realizado ações para chamar a atenção à situação de precarização das escolas em suas comunidades, o que constitui um condicionante para a realização das atividades escolares.

Nessas ações, o Fórum Paraense de Educação do Campo tem contado com o apoio de representantes da Assembleia Legislativa do Estado, da Ordem dos Advogados do Brasil – Seção Pará, do Ministério Público Federal e do Estado do Pará, da Defensoria Pública do Estado do Pará e da Comissão de Educação da CNBB Norte II.

Em nosso entendimento, é preciso impedir que as secretarias de educação continuem criando resoluções internas que contrariam a legislação educacional vigente, como o inciso X do art. 4º da LDB e o art. 3º da Resolução n.º 2/2008 do CNE, ao estabelecer número mínimo de estudantes para o funcionamento de turmas ou escolas. Da mesma forma, não podemos aceitar o argumento de inexistência de demanda nas comunidades como justificativa para as escolas continuarem sendo fechadas nos territórios do campo, indígenas e quilombolas, uma vez que as comunidades existentes nesses territórios possuem crianças, adolescentes, jovens e adultos que precisam estudar em escolas públicas, as quais devem valorizar seus saberes, seus valores e seus modos de viver e produzir sua existência e a sustentabilidade de suas comunidades.

É preciso fazer valer o direito dos povos indígenas, quilombolas e tradicionais previsto na Convenção 169 da OIT (1989), que assegura a escuta prévia, livre e esclarecida e, portanto, qualificada desses povos para deliberarem sobre as políticas e ações que serão implementadas em seus territórios, e garantir sua autodeterminação.

Para analisar e discutir essa questão, organizamos nosso texto em três partes, além desta introdução. Inicialmente, abordamos historicamente a negação de direitos educacionais aos povos do campo. Em seguida, refletimos sobre a mitigação do direito à educação desses povos no Pará e sobre as lutas protagonizadas para fazer valer o direito à educação desses povos nesse estado, com a realização de seminários de combate ao fechamento de escolas do campo, criação de um Disque Denúncia contra o fechamento das escolas no campo e realização de audiências públicas envolvendo os movimentos sociais, as universidades, coletivos e organizações governamentais e não governamentais que se aliam em defesa da permanência das escolas públicas nas pequenas comunidades do campo. Por fim, tecemos as considerações finais.

Histórica negação de direitos educacionais aos povos do campo

A afirmação de um direito não é resultado do acaso, mas produto do processo histórico desenvolvido pelos seres humanos em um tempo e espaço definidos. A dinâmica histórica vai cobrar que a educação escolar se realize a partir dos fundos públicos, como função e dever do Estado, para que os sujeitos adquiram autonomia para gozar de sua liberdade com capacidade para conviver em uma organização societária com outros sujeitos também livres (CURY, 2002).

Todavia, o direito à educação, assim como os demais direitos sociais, não representa apenas uma visão liberal de ampliação da liberdade individual. Representa, acima de tudo, o resultado das lutas políticas travadas no século XIX desencadeadas pelos trabalhadores em busca de melhores condições de produção de sua existência. Portanto, o direito à educação pública e gratuita é muito mais uma conquista do que uma concessão.

Na atualidade, a discussão referente ao direito à educação não mais se restringe à sua afirmação, para garantir o acesso de todos os sujeitos à escola, mas tem sido ampliada com a pauta do direito à diferença. Em outras palavras, o direito à igualdade, mesmo que perante à lei, é uma conquista fundamental dos seres humanos, uma vez que contribui para a eliminação de privilégios das mais variadas naturezas. Entretanto, o ser humano não é uno em sua concreticidade, mas diverso, carregado de particularidades, fato que demanda um tratamento também diferenciado no que se refere à sua educação.

Parece evidente que, no processo de garantia do direito à educação de todos, tanto as diferenças individuais quanto as particularidades étnicas, culturais, territoriais, de gênero, de raça, de classe e de geração devem ser consideradas pelo Estado na implementação das políticas, sob pena de, escondidas sob o manto da igualdade, as diferenças não virem a ser percebidas e, o que é mais importante, serem desrespeitadas, discriminadas, marginalizadas... Enfim, negadas em sua afirmação e visibilidade.

Ressalta-se, todavia, que, se é verdadeiro que o universalismo não pode restringir às diferenças, quando se trata de garantia de direito social em geral, e do direito à educação em particular, também é verdadeiro que não se pode, de forma alguma, renunciar-se ao princípio da igualdade. Nesse sentido, Cury (2002, p. 257) expressa o perigo que se corre ao se ceder ao fenômeno que, em nome do avanço para além do moderno, reduz tudo a quase nada:

> Em nossos dias, a negação de categorias universais, porque tidas como a-históricas ou totalitárias, tem dado lugar a uma absolutização do princípio do pequeno, da subjetividade, do privado e da diferença. E isso torna mais problemático o caminho de uma sociedade menos desigual e mais justa.

Portanto, deve-se buscar a garantia de que todos tenham materializado o direito à educação, sendo que a letra da lei tem que afirmar, e as políticas públicas garantirem, o atendimento diferenciado àqueles que precisam gozar de tal direito sem que sua identidade específica ou cultural seja ameaçada. Não só as pessoas com necessidades pedagógicas especiais, mas também os indígenas, quilombolas, ribeirinhos, extrativistas, camponeses, jovens e adultos trabalhadores, mulheres, sujeitos LGBTQI+, dentre outros, devem ter, a partir do seu direito universal à educação, a garantia do respeito à sua particularidade específica. Para que isso ocorra, é indispensável a mobilização da sociedade no sentido de desvelar as diferenças, exigir-lhes respeito e cumprir a lei, uma vez que os textos legais não são aplicáveis por si só.

O Brasil, marcado por uma história de autoritarismo político, de exploração econômica externa, de afirmação do patriarcado e do racismo, de elitização, e, de baixo nível de industrialização, adentrou o século XX com sua população vivendo basicamente no campo, sendo marcada em sua maioria pelo analfabetismo. As poucas escolas públicas existentes atendiam a uns poucos privilegiados, majoritariamente residentes do espaço urbano. Aos moradores do campo, o trabalho era a escola e o analfabetismo era a regra.

Durante todo o século XX, o Brasil conviveu com gigantescos passivos em matéria de educação. As primeiras décadas do século XXI ainda registram o analfabetismo, a escolarização deficitária e a precarização do ensino. Esse quadro também é vivenciado nos centros urbanos, onde principalmente nas periferias das grandes e médias cidades a baixa qualidade do ensino reflete o fato de que até aquele momento a educação não era uma questão nacional neste país (SAVIANI, 1997).

Os moradores do campo, por sua vez, foram e continuam sendo os mais afetados pela ausência e/ou insuficiência de políticas públicas capazes de garantir seu direito à educação, resultado de uma visão preconceituosa e urbanocêntrica, que imperou e continua a imperar sobre os territórios rurais. Entendidos como lugares do atraso, primitivos, sem cultura, os territórios do campo brasileiro, marcados pela agricultura de base familiar, pela pesca artesanal, pela coleta e pelo extrativismo e, portanto, não totalmente dominados pelos valores do mercado capitalista, não receberam por parte do Estado a atenção devida no que diz respeito à materialização dos direitos sociais, dentre eles a educação escolar (CALAZANS, 1981; LEITE, 1999; SOARES, 2001).

Estabelecido no texto constitucional de 1988, o direito à educação passa a ser legalmente reconhecido como elemento básico para a conquista da cidadania, fato que fortaleceu a luta por uma educação voltada aos interesses das populações do campo como um dos elos que compõem a corrente de direitos que asseguram a condição de cidadania às pessoas, uma vez que a partir daí outras legislações e, consequentemente, políticas públicas podem ser cobradas do Estado.

A década de 1990 viu surgir a Lei de Diretrizes e Bases da Educação Nacional, responsável por reordenar a estrutura e o funcionamento da educação brasileira em todos os seus níveis e modalidades. Na LDB n.º 9.394/1996, a educação do campo aparece no artigo 28 e em seus três incisos, estabelecendo a garantia da oferta e a valorização da cultura desses territórios, como é possível ver abaixo:

> Na oferta da educação básica para a população rural, os sistemas de ensino promoverão as adaptações necessárias à sua adequação às peculiaridades da vida rural e de cada região, especialmente:
>
> I. conteúdos curriculares e metodologias apropriadas às reais necessidades e interesses dos alunos da zona rural;
>
> II. organização escolar própria, incluindo adequação do calendário escolar às fases do ciclo agrícola e às condições climáticas;
>
> III. adequação à natureza do trabalho na zona rural.

Há um nítido avanço no tratamento da educação dos sujeitos do campo na LDB n.º 9.394/1996, que agora devem ter respeitado os seus interesses e a sua identidade no percurso de sua vida escolar. Assim, não se tem apenas o direito à educação, mas o direito de receber uma educação "adequada" à sua cultura e ao seu território. Da organização do currículo, passando pela estrutura escolar, até a finalidade da educação, está explícita a subordinação às formas de viver e produzir das pessoas que habitam os territórios do campo. Com a LDB n.º 9.394/1996, portanto, há o reconhecimento de que o direito universal à educação deve ser adequado às condições concretas dos sujeitos do campo, onde os sujeitos constroem sua existência, de modo a ter garantido o seu direito à especificidade.

Ainda nos anos 1990 e antes mesmo da sanção da LDB n.º 9.394/1996, o Estatuto da Criança e do Adolescente (ECA), Lei nº 8.069, colocava em relevo o direito de crianças e adolescentes à educação escolar pública e gratuita e com oferta próxima à sua residência (Art. 53, V). Embora os sujeitos do direito apareçam de forma genérica no documento legal, tal ordenamento atende também às especificidades das crianças e adolescentes que vivem nos territórios do campo, que passam a contar com um instrumento jurídico que impõe a oferta de escolas nas suas próprias comunidades.

Nas primeiras décadas do século XXI, graças, em grande medida, à intensa mobilização dos movimentos sociais do campo, outros documentos normativos foram elaborados no âmbito do direito à educação dos povos dos territórios do campo. Para os objetivos deste texto, destacamos: a Resolução n.º 2/2008, do Conselho Nacional de Educação (CNE), que "estabelece diretrizes complementares, normas e princípios para o desenvolvimento de políticas públicas de atendimento da Educação Básica do Campo", e a Lei nº 12.960/2014, que "altera a LDB para fazer constar a exigência de manifestação de órgão normativo do sistema de ensino para o fechamento de escolas do campo, indígenas e quilombolas".

A Resolução n.º 2/2008 do CNE, ao dar singularidade ao genérico direito à educação, reconhece a necessidade da oferta nos territórios do campo da educação escolar direcionada aos povos do campo. De maneira enfática, o artigo 3º determina que "a Educação Infantil e os anos iniciais do Ensino Fundamental serão sempre oferecidos nas próprias comunidades rurais", sendo a nucleação permitida nos anos iniciais do ensino fundamental, somente em casos excepcionais e com deslocamento intracampo. Os artigos 4º e 5º ressaltam a necessidade da participação da comunidade nas decisões sobre nucleação, quando essa opção se apresenta como melhor opção para a garantia do direito à educação aos estudantes do campo.

A norma estabelecida pelo CNE pela Resolução n.º 2/2008 orienta de forma cristalina os gestores educacionais quanto à preservação da oferta escolar na própria localidade do estudante, abrindo exceção apenas em casos específicos e sob consulta à comunidade local.

Tal medida, além de preservar o direito aos estudantes do campo a estudarem próximos às suas residências, como aponta o ECA (1990) há quase duas décadas, garante maior convivência com as famílias e diminui o desgaste das, por vezes, longas jornadas em transportes nem sempre adequados e confortáveis. Por fim, mas não menos importante, previne a exposição de crianças e adolescentes às violências urbanas, sejam físicas e/ou simbólicas, comuns mesmo em cidades pequenas, nos momentos em que os estudantes ficam do lado de fora da escola e longe da família.

O parágrafo único do artigo 28 da LDB n.º 9.394/1996, alterado pela Lei n.º 12.960/2014, determina que escolas do campo, indígenas e quilombolas, só serão fechadas depois de ouvida a

> [...] manifestação do órgão normativo do respectivo sistema de ensino, que considerará a justificativa apresentada pela Secretaria de Educação, a análise do diagnóstico do impacto da ação e a manifestação da comunidade escolar.

Criada a partir da mobilização dos movimentos sociais do campo, a supracitada lei, ao normatizar o fechamento de escolas instaladas no campo, além de, mais uma vez, reconhecer que o direito genérico à educação deve se adequar às peculiaridades próprias das populações do campo, coloca em relevo a importância das pequenas escolas para a existência da própria comunidade que, quase sempre, tem na escola a única representação do poder público que resiste naquele território.

Ao exigir um diagnóstico do impacto do fechamento de uma escola, o documento legal reconhece que sem a escola a comunidade será impactada e não são poucos os estudos espalhados pelo Brasil que apontam para a depressão social e econômica que sobrevém às pequenas comunidades rurais depois de encerradas as atividades das escolas que lhes serviam (NOVAES; SOUSA; FORMIGOSA, 2021; SANCHES; OLIVEIRA, 2019; BORGES, 2019).

Portanto, não é por falta de legislação que as pequenas escolas que atendem às comunidades rurais têm sido constantemente fechadas, como trataremos adiante. Questões econômicas ou administrativas são frequentemente alegadas para justificar a paralisação e o posterior fechamento dessas escolas, mitigando o direito à educação e comprometendo a existência material e cultural dos diversos povos que vivem nos territórios do campo no Brasil.

A mitigação do direito à educação dos povos do campo no Pará

Num esforço para dar visibilidade aos números que apresentam a distribuição geográfica do fechamento de escolas nos territórios rurais, o Fórum Paraense de Educação do Campo (FPEC), cuja atuação trataremos mais adiante, tem disponibilizado em seu portal na internet os dados levantados e tratados pelo Grupo de Estudos e Pesquisa em Educação do Campo na Amazônia (Geperuaz), vinculado ao Instituto de Ciências da Educação (Iced), da Universidade Federal do Pará (UFPA).

Alguns desses dados expõem de maneira cristalina como a oferta da educação aos povos do campo no Pará é marcada pela precarização. Com base no Censo Escolar de 2017 (INEP, 2017), é possível verificar que, dos 35.264 docentes que atuavam nas escolas dos territórios rurais paraenses, só 44% (15.463) possuíam o nível superior completo.

Entretanto, feito um recorte em nível municipal, verificamos que pelo menos 17 municípios paraenses apresentam números ainda mais preocupantes quanto à formação docente no meio rural, uma vez que neles mais de 70% desses profissionais não possuíam o nível superior.

Tabela 1 – Municípios paraenses com mais de 70% de docentes de escolas do meio rural sem nível superior

Município	Docentes sem nível superior
Abel Figueiredo	100%
Almeirim	84%
Aurora do Pará	76%
Bagre	73%
Concórdia do Pará	78%
Igarapé-Miri	75%
Jacaréacanga	17%
Maracanã	87%
Medicilândia	80%
Melgaço	73%
Muaná	79%
Oriximiná	71%
Placas	77%
Porto de Moz	90%
Santana do Araguaia	78%
São Sebastião da Boa Vista	77%
Uruará	77%
Viseu	73%

Fonte: INEP/ Censo Escolar (2017)

Desde 1996, com a sanção da LDB nº 9.394, reconhece-se que a formação em nível superior, em curso de licenciatura plena, é a adequada para suprir as demandas de formação básica exigidas no século XXI. A formação em nível médio, na modalidade normal ou nos antigos cursos de magistério, é uma exceção permitida na lei que deveria vigorar somente até 2006, mas que, infelizmente, tem sido prorrogada continuamente.

Sem negar a importante contribuição dos docentes sem formação superior para a garantia do direito à educação no Brasil ontem e hoje, em que pese a sua legalidade, a atuação de docentes na educação infantil e nos primeiros anos do ensino fundamental apenas com o nível médio tende a limitar a prática pedagógica, uma vez que, como estabelece a LDB n.º 9.394/1996, os cursos em nível médio não possibilitam uma sólida formação teórica aos futuros docentes.

Dessa forma, a verificação de que, no final da segunda década do século XXI, nos territórios rurais do Pará, a oferta escolar prescinde, na sua maioria, de docentes com a qualificação necessária para enfrentar os desafios do processo de ensino e aprendizagem naquelas ricas e complexas realidades, comprova mais uma vez que persiste a histórica mitigação do direito à educação às populações do campo. Todavia, essa situação se agrava ainda mais quando jogamos luz sobre outra variável da precarização da oferta escolar no campo: a contratação temporária de docentes.

Segundo os dados do Censo Escolar (INEP, 2017), os docentes das escolas do meio rural contratados em regime temporário correspondiam a 56% do total. Entretanto, como é possível verificar na Tabela 2, em 31 municípios esse percentual ultrapassa os 70%.

Tabela 2 – Municípios paraenses com mais de 70% de docentes de escolas do meio rural contratados em regime temporário

Município	Docentes temporários
Altamira	87%
Anajás	82%
Anapu	72%
Bagre	88%
Bom Jesus do Tocantins	76%
Brasil Novo	86%
Brejo Grande do Araguaia	78%
Cachoeira do Piriá	79%
Capitão Poco	96%
Chaves	83%
Cumaru do Norte	79%
Curionópolis	83%
Gurupá	77%
Itaituba	83%
Jacareacanga	86%
Maracanã	85%
Marituba	90%
Melgaço	80%
Mojuí dos Campos	83%

Município	Docentes temporários
Muaná	76%
Ourém	84%
Parauapebas	77%
Ponta de Pedras	73%
Porto de Moz	72%
Redenção	84%
Santa Barbara do Para	88%
Santa Isabel do Para	71%
Santarém	75%
Tome-Açu	84%
Tracuateua	74%
Trairão	73%

Fonte: INEP/ Censo Escolar (2017)

Docentes contratados temporariamente, devido à rotatividade a que estão sujeitos, têm mais dificuldades para estabelecer identificação com a escola e a comunidade, menor probabilidade de desenvolver projetos pedagógicos de médio prazo e maior possibilidade de se submeter a pressões próprias da política local. Por outro lado, a escola na qual trabalham enfrentará maiores desafios para construir uma identidade pedagógica, bem como o sistema de ensino verá comprometido o processo de formação contínuo de seu corpo docente.

O direito à educação nas comunidades rurais do Pará está fortemente marcado pela existência de docentes, em sua maioria, com formação inicial insuficiente e contrato de trabalho temporário. Tal quadro, por si só, demonstra o quanto um direito social básico tem sido mitigado nos territórios onde vivem e trabalham parte significativa da população paraense. Soma-se a isso um contínuo processo de fechamento de escolas, acelerado nos últimos anos, que ameaça o desenvolvimento e a própria existência das comunidades rurais.

Entre os anos de 2014 e 2018, foram extintas 1.701 escolas no Pará. Especificamente em 2018, os territórios rurais viram fechar 369 escolas, o que equivaleu a 84% das escolas extintas naquele ano. Até 2018 outras 1.790 escolas localizadas no campo foram paralisadas, correspondendo a 90% de todas as escolas paraenses paralisadas no período.

A paralisação de uma escola, embora administrativamente não signifique a sua extinção, na prática, com o encerramento de suas atividades, tem o anúncio à comunidade de que ela será fechada, definitivamente, em breve. Note-se, ainda, que desde 2014 há uma determinação expressa no parágrafo único do artigo 28 da LDB n.º 9.394/1996 que requisita um relatório circunstanciado sobre o impacto do fechamento de uma escola no meio rural, precedido de consulta à comunidade impactada.

Como os números avantajados citados sugerem, tal cuidado administrativo não vem sendo tomado, em um flagrante descumprimento da legislação em vigor. Secretarias de educação no Pará têm fechado escolas sem ouvir a comunidade e sem apresentar relatórios dos impactos. As justificativas mais comuns relatadas são: a escassez de recursos, a maior eficiência administrativa e pedagógica e, ainda, o número insuficiente de alunos para manter uma escola funcionando nas pequenas comunidades rurais. Para imprimir certa imagem de legalidade, são homologadas portarias no âmbito restrito dessas secretarias, as quais quase definem o número mínimo de alunos para que uma escola permaneça em funcionamento, sem nenhum respaldo nas legislações educacionais vigentes.

Em todos os casos, as escolas são fechadas, contrariando os anseios da comunidade local e sem a manifestação dos conselhos municipais ou estaduais de educação, que têm assumido posição omissa em relação a essa problemática, apoiando as secretarias municipais no descumprimento da legislação educacional.

"Nossos direitos só a luta faz valer"

A aprovação de um documento legal não significa, necessariamente, que ele servirá de base para ações concretas do Estado. A luta que favoreceu o estabelecimento da legislação deve continuar e fortalecer-se mais ainda na caminhada até o surgimento e implementação de políticas capazes de atender ao mandato da lei (CURY, 2002). Assentado nessa premissa, emerge na década de 1990 um vigoroso movimento disposto a mobilizar e sensibilizar a sociedade para a causa da educação do campo.

Formado pelos sujeitos individuais e coletivos que vêm lutando por reforma agrária e melhores condições de vida no campo, apoiado por universidades, organizações da sociedade civil e por setores do Estado, o Movimento da Educação do Campo tem buscado afirmar "[...] a necessidade de duas lutas combinadas: pela ampliação do direito à educação e à escolarização no campo; e pela construção de uma escola que esteja *no* campo, mas que também seja *do* campo" (SNPEBC[20], 2002, p. 18-19). Em outras palavras, o que está em jogo é o direito à educação escolar para todas e todos que moram no campo, tendo como referência o território onde se constrói/afirma a sua cultura.

Espalhados por todo o país e articulados nacionalmente pelo Fórum Nacional de Educação do Campo (Fonec), os militantes desse movimento defendem que é preciso romper com o perverso círculo vicioso que condena os camponeses a "[...] sair do campo para estudar, e estudar para sair do campo" (SNPEBC, 2002, p. 18). Acreditam, portanto, que a escola deve estar no campo fisicamente, mas acima de tudo deve possuir identidade camponesa e uma relação de intimidade com o trabalho e a cultura do campo, assim como o compromisso político com os sujeitos do campo.

No Pará diversos movimentos sociais, que representam os sujeitos que vivem e trabalham no campo, têm atuado para impactar a estrutura agrária local. Denunciam o uso predatório do território e dos recursos naturais e reivindicam uma nova forma de produzir a existência, a cultura, a educação e a relação com a natureza.

Esses sujeitos coletivos, apoiados por sujeitos individuais ligados às instituições públicas de ensino superior e a setores do Estado, colocam em marcha o Movimento Paraense por uma Educação do Campo, que tem no Fórum Paraense de Educação do Campo (FPEC) sua expressão mais significativa de organização e mobilização pela construção de um projeto popular de educação e de sociedade.

Criado em 2003, o FPEC reúne sujeitos individuais e coletivos da sociedade paraense que, compartilhando princípios, buscam implementar, apoiar e fortalecer políticas públicas, estratégias e experiências de educação do campo e desenvolvimento rural com qualidade social para todos os cidadãos paraenses, sobretudo para as populações do campo, das águas e da floresta.

No período mais recente, o protagonismo do movimento e a necessidade de atuação em todo o território paraense têm motivado os atores que constituem e participam do Fórum Estadual a criar fóruns nas regiões de integração do estado do Pará e fóruns municipais (citados anteriormente), aproximando o processo de mobilização e organização dos diferentes sujei-

---

[20] Seminário Nacional Por uma Educação Básica do Campo.

tos coletivos, instituições e sujeitos do campo do espaço local, de modo a fortalecer o alcance e intervenção do movimento nos territórios do campo da Amazônia paraense.

Entre os marcos importantes da caminhada do Fórum, são destaques: o I, II, III e IV Seminário Estadual de Educação do Campo e o I e o II Seminário Estadual de Juventude do Campo, realizados no período de 2004 a 2010; o I e o II Encontro de Pesquisa em Educação do Campo do Estado do Pará, realizados em 2008 e 2010 na Amazônia Paraense; o I Seminário Estadual das Licenciaturas em Educação do Campo do Pará e Amapá e o III Encontro de Pesquisa em Educação do Campo, realizados em 2012; o IV Encontro Nacional dos Cursos de Licenciatura em Educação do Campo em 2014, o I, II, III e IV Seminário de Combate ao Fechamento de Escolas do Campo, ocorridos entre 2018 e 2021; assim como as plenárias estaduais e regionais, nas quais se reflete e se planeja a intervenção em questões específicas, demandadas pelos seus integrantes.

Esses eventos mobilizam um número cada vez mais abrangente de sujeitos, instituições públicas, movimentos sociais e entidades não governamentais, nos processos de formulação, implementação, acompanhamento e controle social de políticas e práticas educacionais, sintonizadas com a realidade do campo, constituindo-se espaços onde circulam depoimentos, insatisfações, aspirações e reivindicações com relação à educação que queremos que seja assegurada nas escolas do campo.

A participação de um conjunto ampliado e diversificado de movimentos, organizações, instituições governamentais e não governamentais na constituição do FPEC implica considerar a complexidade que configura o envolvimento desses sujeitos coletivos nas ações em rede que favorecem a construção do Movimento de Educação do Campo no Pará, suas afinidades e particularidades em termos de natureza, agenda, identidade, ideologia, campo de atuação e participação no movimento, para torná-lo: *propositivo*, ao compartilhar e produzir saberes, conhecimentos, experiências e tecnologias sintonizados com a realidade e diversidade dos sujeitos do campo; *reivindicativo*, ao mobilizar os sujeitos para demandar do Estado ações de gestão para o coletivo, para atender às necessidades das classes trabalhadoras do campo; e de *controle social*, para acompanhar e intervir na definição e implementação das políticas e investimentos públicos, visando à garantia da universalização dos direitos humanos e sociais no meio rural.

No âmbito da militância, de forma mais específica, as ações do FPEC fazem-se notar pela mobilização, participação e apoio nas múltiplas atividades que os movimentos sociais do campo têm forjado. Nessa confluência e articulação entre a luta pela terra e pela educação, em dimensão local, regional, estadual e nacional, se denunciam os conflitos e as mortes no campo, a negação de direitos e a precarização da vida e do trabalho no campo, a hegemonia do agro-hidro-mineral-negócio e a estagnação da reforma agrária.

Nos últimos anos, dentre várias outras lutas travadas, o FPEC tem se dedicado a combater veementemente o fechamento e a nucleação de escolas de forma ilegal. Para tanto tem divulgado os números alarmantes ligados a essa questão, denunciando a atuação danosa do Estado, tanto em nível estadual como municipal, e mobilizado a sociedade paraense contra mais essa ação que se soma à histórica negação de direitos aos povos do campo.

Seminários de Combate ao Fechamento de Escolas do Campo no estado do Pará

A partir da sistematização dos dados sobre o funcionamento das escolas do campo no estado do Pará, especialmente com relação ao número exorbitante de escolas fechadas no campo e na cidade, o FPEC decidiu realizar desde 2018, anualmente, os Seminários de Combate ao Fechamento de Escolas do Campo, uma iniciativa coletiva que também envolveu o Geperuaz e o campus de Castanhal da UFPA, reunindo um contingente de aproximadamente 500 pessoas em cada um dos eventos.

Os seminários sempre contaram com a intensa participação de lideranças e representações de diferentes coletivos, organizações governamentais e não governamentais, de universidades públicas e dos movimentos sociais representativos dos povos do campo, das águas e da floresta.

Os seminários têm como objetivo reunir a sociedade civil organizada, especialmente aquela que luta pelos povos do campo, gestores de secretarias municipais e estadual de educação, integrantes de conselhos municipais e estadual de educação, promotores e defensores públicos, movimentos sindicais, professores e estudantes das universidades e redes de ensino para refletir sobre o fechamento das escolas do campo.

Em sua edição de 2021, dadas as condições sanitárias impostas pela pandemia da COVID-19, o seminário foi realizado virtualmente e contou com a participação de diversas lideranças e intelectuais de todo o país que, durante os Círculos de Esperança, trouxeram rica contribuição ao debate sobre o fechamento de escolas do campo. Ao final de cada seminário uma carta à sociedade foi construída e divulgada, de modo a promover visibilidade sobre o conjunto de reflexões, denúncias e demandas dos povos do campo.

Disque Denúncia contra o fechamento das Escolas no Campo

Para permitir a denúncia das ações que descumprem instrumentos legais quanto ao fechamento de escolas nas comunidades rurais, o FPEC criou, em 2016, o **Disque Denúncia contra o fechamento das Escolas no Campo** e divulgou a existência do serviço aos movimentos sociais e sindicais, aos órgãos de gestão pública, às organizações da sociedade civil, ao poder judiciário, às universidades e às populações afetadas pelo fechamento da escola em suas comunidades.

O Disque Denúncia funciona na UFPA, campus Universitário de Castanhal – Faculdade de Pedagogia, atualmente sob a responsabilidade do Grupo de Estudos em Trabalho e Educação do campo na Amazônia (Getecam), e recebe denúncias de qualquer pessoa que tenha conhecimento do fechamento de escolas por meio do telefone (e WhatsApp) n.º (91) 99191-7282.

As denúncias podem ser feitas de qualquer telefone e ao denunciante é garantido sigilo absoluto se solicitar. Ao ligar a pessoa deve fornecer as seguintes informações sobre a escola que está sendo fechada: nome da escola; endereço completo; município; quantidade de alunos; motivos apresentados pela Secretaria Municipal de Educação para fechar a escola; motivos apresentados pela comunidade contra o fechamento da escola. Após registro da denúncia são adotadas as medidas necessárias para evitar o fechamento da escola, acionando-se o Ministério Público e os órgãos normativos responsáveis pela educação, no estado e nos municípios.

Audiência pública sobre o fechamento de escolas do campo no estado do Pará

Iniciativa da Comissão de Direitos Humanos e Defesa do Consumidor da Assembleia Legislativa do Estado do Pará, da Comissão de Direito à Educação da Ordem dos Advogados do Brasil, seção Pará, e do Fórum Paraense de Educação do Campo – FPEC em parceria com o Geperuaz, a audiência, que contou com a participação da Dr.ª Débora Duprat, procura-dora federal dos Direitos do Cidadão, buscou reunir gestores de secretarias municipais e estadual de educação, conselheiros municipais e estadual de educação, membros do poder judiciário, os movimentos sociais e sindicais, para fortalecer as ações de combate ao fechamento de escolas e pela cons-trução de escolas no campo.

Na audiência houve apresentação de denúncias de fechamento de escolas rurais e quilombolas, assim como de turmas de Educação de Jovens e Adultos (EJA) em vários municípios paraenses. Além disso, houve manifes-tações de representantes de universidades e movimentos sociais e sindicais, promotoria de justiça e parlamentares. Em seguida, manifestaram-se os representantes institucionais[21] integrantes da mesa. Na ocasião, a repre-sentante do GT Agrário do Ministério Público Estadual apresentou o **Pacto pela Educação do Campo**, que estabelece compromissos a serem observados pelos municípios da 1ª Região Agrária e Estado do Pará a fim de assegurar os direitos relativos à Educação do Campo.

O representante da Comissão do Direito à Educação da OAB-Pará anunciou a realização de um **Seminário de monitoramento aos Planos Estadual e Municipais de Educação**; A deputada estadual Marinor Brito informou sobre a criação da Frente Parlamentar em defesa da escola pública na Assembleia Legislativa do Estado do Pará.

Audiência pública – educação do campo no estado do Pará e o combate ao fechamento de escolas do campo

O processo de mobilização protagonizado pelo Movimento Paraense de Educação do Campo nesses últimos anos vem se fortalecendo com a parceria estabelecida com o GT Agrário do Ministério Público, formado pelos promotores de justiça que atuam na vara agrária das diversas regiões do estado do Pará, ampliando a realização de audiências públicas, plenárias regionais, encontros com a juventude do campo e seminários com os povos e comunidades tradicionais e camponesas e com reuniões de trabalho envolvendo os promotores de justiça e os integrantes do Fórum Paraense de Educação do Campo.

---

[21] Conselho Estadual de Educação; União Nacional dos Conselhos Municipais de Educação do Pará; Secreta-ria de Estado de Educação/CECAF; União Nacional dos Dirigentes Municipais de Educação/Pará; Secretaria de Estado de Assistência Social, Trabalho, Emprego e Renda do Pará; Ministério Público do Estado do Pará, Defensoria Pública do Estado do Pará, Conselho Nacional de Direitos Humanos, Ministério Público Federal.

No período mais recente, o FPEC tem dialogado e interagido com promotores de justiça de outras varas, conseguindo envolver a participação dos Centros de Apoio Operacional Cível, da Cidadania, da Infância e do Núcleo Agrário do ministério público em discussões que envolvem a negação do direito à educação dos sujeitos do campo.

Como desdobramento da Audiência Pública realizada na Assembleia Legislativa citada, o Ministério Público do Estado do Pará, por meio da Procuradoria Agrária da Primeira Região, usando suas atribuições constitucionais e convencido de que "[...] o fechamento de escolas no campo consiste em uma das raízes possíveis para o fenômeno do êxodo rural que contribui para a intensificação dos problemas sociais e estruturais" (MPPA, 2019, s/p), promoveu outra audiência pública, em outubro de 2019, para debater a atual situação da educação do campo no estado, bem como firmar o **Pacto pela Educação do Campo**, cujo texto fora elaborado pelo Ministério Público do Estado do Pará, com contribuições do FPEC.

Considerações finais

É fato que os territórios do campo, no Pará e no Brasil, historicamente sempre careceram de políticas públicas. A ausência ou a precarização de serviços de saúde, abastecimento de água, transporte, assistência técnica e extensão rural, têm marcado a vida de milhões de brasileiros que vivem no campo. Uma escola no meio rural, portanto, é muito mais que uma escola: geralmente é a única representação do poder público na comunidade.

Ao fechar a escola, o Estado impõe uma depressão social e econômica à comunidade. Ao serem transportadas à cidade para estudar, as crianças, além de enfrentarem longos percursos até a escola, ficam por extensos períodos longe da proteção de suas famílias e tendem a, paulatinamente, perder traços importantes de suas identidades.

A médio prazo, as comunidades veem muitos de seus jovens, comumente os que trilharam os mais largos percursos escolares, partirem para a cidade para cursar o ensino médio, etapa praticamente inexistente nos territórios do campo paraense. A não oferta de escolas no meio rural, portanto, impõe uma verdadeira "fuga de cérebros" (e de braços) à comunidade e, no longo prazo, pode determinar o próprio desaparecimento da comunidade, com consequências diretas para a população urbana, especialmente na oferta de alimento produzidos pela agricultura familiar e na maior concorrência por equipamentos e serviços públicos ofertados na cidade. O fechamento de escolas nos territórios do campo não diz respeito apenas aos povos do campo, mas a toda a sociedade.

Num país com uma população de analfabetos que beira os dez milhões, fechar escolas, urbanas ou rurais, parece ser uma insensatez. Lutas como as realizadas pelo Fepec têm o propósito de alertar a sociedade para a gravidade dessa situação, mobilizar sujeitos e movimentos sociais que lutam pelo direito à educação dos povos do campo, das águas e da floresta e cobrar dos agentes públicos, das três esferas federadas e dos três poderes da república, ações que garantam o efetivo cumprimento da lei e a ampla democratização das oportunidades educacionais.

Referências

BORGES, David Gonçalves. O desmonte da educação do campo no nordeste brasileiro: diagnóstico, mapeamento e análise do fechamento de escolas do campo no estado do Piauí. **Revista Linhas**, Florianópolis, v. 18, n. 36, p. 305-324, 2017. Disponível em: https://www.revistas.udesc.br/index.php/linhas/article/view/1984723818362017305. Acesso em: 9 nov. 2021.

BRASIL. **Lei n.º 9.394/96** (Lei de Diretrizes e Bases da Educação Nacional). Brasília: Presidência da República, [1996]. Disponível em: http://www.planalto.gov.br/ccivil_03/leis/l9394.htm. Acesso em: 10 out. 2021.

BRASIL. **Lei nº 8.069/90** (Estatuto da Criança e do Adolescente). Brasília: Presidência da República, [1990]. Disponível em: http://www.planalto.gov.br/ccivil_03/leis/l8069.htm. Acesso em: 12 out. 2021.

CALAZANS, Maria Julieta. Questões e contradições da educação rural no Brasil. *In*: WERTHEIN, Jorge; BORDENAVE, Juan Díaz (org.). **Educação rural no terceiro mundo**: experiências e novas perspectivas. Rio de Janeiro: Paz e Terra, 1981. p. 161-198.

CURY, Carlos R. J. Direito à educação: direito à igualdade, direito à diferença. **Cadernos de Pesquisa**, [*S.l.*], n. 116, p. 245-262, jul. 2002.

CONSELHO NACIONAL DE EDUCAÇÃO. **Resolução nº 02/2008**. Brasília: Ministério da Educação: [2008]. Disponível em: http://portal.mec.gov.br/index.php?option=com_docman&view=download&alias=11841-rceb002-08-pdf&category_slug=outubro-2012-pdf&Itemid=30192. Acesso em: 1 out. 2021.

FPEC/GEPERUAZ. **Manifesto do IV Seminário de Combate ao Fechamento de Escolas do Campo, Indígenas e Quilombolas no Estado do Pará**. Belém: [*s. n.*], 2021. Disponível em: https://avaliacaoeducacional.files.wordpress.com/2021/03/manifesto-do-iv-combate-ao-fechamento-de-escolas-2021.pdf. Acesso em: 22 set. 2021.

LEITE, Sergio Celani. **Escola rural**: urbanização e políticas educacionais. São Paulo: Cortez, 1999.

MPPA. MPPA e MPF querem garantir qualidade da educação do campo. **MPPA**, Belém, 30 out. 2019. Disponível em: https://www2.mppa.mp.br/noticias/ministerio-publico-quer-garantir-qualidade-da-educacao-do-campo.htm. Acesso em: 20 set. 2021.

NOVAES, Antônia; SOUSA, Deusa; FORMIGOSA, Marcos. Educação do campo: uma análise do processo de fechamento de uma escola do campo em Abaetetuba, Estado do Pará. **Periferia**, Rio de Janeiro, v. 13, n. 1, p. 177-195, jan./abr. 2021.

SANCHES, Vanessa Lima; OLIVEIRA, Marcia Lisboa Costa de. Desruralização escolar: um estudo sobre o fechamento de escolas do campo em um município do Estado do Rio de Janeiro. **Revista Brasileira de Educação do Campo**, [*S.l.*], v. 4, p. e5906, 28 mar. 2019.

SAVIANI, Dermeval. **A nova lei da educação**. Campinas: Autores Associados, 1997.

SNPEBC. **Por uma educação do campo. Declaração de 2002**. Disponível em: https://www.gepec.ufscar.br/publicacoes/livros-e-colecoes/livros-diversos/educacao-do-campo-identidade-e-politicas-publicas.pdf Acesso em: 10 out. 2021.

SOARES, Edla. Relatório (Diretrizes Operacionais para a Educação nas Escolas do Campo). *In*: KOLLING, Edgar (org.). **Educação do campo**: identidade e Políticas Públicas. Brasília: ANEC, 2002. p. 32-60.

MOVIMENTOS SOCIAIS DE LUTA PELA TERRA: A EDUCAÇÃO DO CAMPO COMO INSTRUMENTO DE RESGATE DA MEMÓRIA COLETIVA

Cristina Xavier[22]
Ramofly Bicalho[23]

Introdução

O objetivo geral desta pesquisa foi investigar a relação entre os movimentos sociais de luta pela terra e seus possíveis impactos sobre as ações pedagógicas nas escolas rurais nos territórios de Rio d'Ouro e Santo Antônio, município de Japeri, Rio de Janeiro, considerando os silenciamentos ou registros de memórias a respeito da luta pela terra.

Os objetivos específicos desta pesquisa foram: 1) conhecer os movimentos de luta pela terra entre os anos de 1940 e 1970 no município de Japeri; 2) compreender a educação do campo como possibilidade de resgate da memória e identidade dos agricultores familiares nos territórios de Rio d'Ouro e Santo Antônio; e 3) Analisar as práticas político-pedagógicas desenvolvidas nas escolas municipais Rio d'Ouro e Santo Antônio.

As regiões de Rio d'Ouro e Santo Antônio, desde os tempos imperiais, foram estratégicas para o abastecimento de gêneros alimentícios e água para a corte do Rio de Janeiro. Esses territórios também foram essenciais em relação aos movimentos sociais de luta pela terra, entre os anos de 1940 a 1970. Essa pesquisa tem como sujeitos, prioritariamente, os moradores acima de 60 anos que residem há mais de 50 anos nessas localidades.

Em relação às questões metodológicas, foram realizadas entrevistas estruturadas e semiestruturadas com as equipes gestoras da Secretaria Municipal de Educação de Japeri, além do corpo docente e discente das unidades escolares. Utilizamos ainda os dados estatísticos sobre educação nas institui-

---

[22] Professora da Rede Estadual do Rio de Janeiro. Mestre em Educação no Programa de Pós-Graduação em Educação (PPGEduc), da Universidade Federal Rural do Rio de Janeiro (UFRRJ), campus Seropédica, Rio de Janeiro, Brasil. Correio eletrônico: crisrochax@gmail.com.

[23] Professor associado, lotado no Departamento de Educação do Campo, Movimentos Sociais e Diversidade, da UFRRJ, campus Seropédica. Docente no Programa de Pós-Graduação em Educação Agrícola (PPGEA) e do Programa de Pós-Graduação em Educação, Contextos Contemporâneos e Demandas Populares (PPGEduc), ambos na UFRRJ. Correio eletrônico: ramofly@gmail.com.

ções oficiais do município de Japeri. Por fim, na execução da pesquisa foram utilizados os seguintes recursos: gravador de áudio e máquina fotográfica.

A opção pelo tema poderá contribuir para o conhecimento mais aprofundado acerca da história desses territórios que fazem parte de nossas memórias de infância, num tempo em que havia a Estrada de Ferro Rio d'Ouro, cuja locomotiva transportava, além de passageiros, gado e gêneros alimentícios produzidos na região em direção ao Rio de Janeiro. O depoimento de Bráulio Rodrigues da Silva (2008, p. 18), figura importante na história das lutas pela terra na região, corrobora com essas lembranças:

> O pessoal produzia bastante quiabo, jiló. Eles tinham os pontos para entregar nas feiras, de Nova Iguaçu, de Engenheiro Pedreira, de Queimados. [...] Minha roça era grande, eu trabalhava bem, vendia na feira, fui um dos que ajudaram a instalar a feira de Areia Branca em Nova Iguaçu.

Atuando nos anos de 2011 e 2012 na então Escola Estadual Rio d'Ouro como agente de leitura, observamos que havia dificuldades nas práticas docentes sobre a questão de atuar numa unidade escolar classificada pela secretaria estadual de educação como escola rural. Após um período de envolvimento com a escola e a comunidade, surgem iniciativas que caminham em direção às práticas pedagógicas mais próximas ao cotidiano da região.

A pesquisa contribuiu com novas interpretações para a construção do conhecimento sobre a região, unindo relevância social, produção acadêmica, diálogo com os camponeses e a participação dos diversos sujeitos, individuais e coletivos, que residem e lutam por terra na Baixada Fluminense, bem como a construção de políticas públicas que atendam ao conjunto da população camponesa. Como salienta Marques (2002, p. 79):

> A população da Baixada Fluminense, [...], teve um parco contato com análises do passado histórico operado no seu interior e esse silêncio dificulta muitas vezes [visualizar] o quadro de múltiplas segregações experimentadas no campo presente e o reconhecimento dos fatores que produziram as interpretações da Baixada enquanto espaço integrado ao conjunto regional e nacional, assim como suas peculiaridades.

Para alcançar os objetivos propostos, ou seja, compreender as possíveis relações entre os movimentos sociais de luta pela terra e as ações pedagógicas das escolas rurais, aprofundamos os debates acerca dos movimentos sociais de luta pela terra nos territórios de Rio d'Ouro e Santo Antônio, entre os anos de 1940 e 1970 e a educação do campo como possibilidade de resgate da memória e identidade dos agricultores familiares de Rio d'Ouro e Santo Antônio.

Os movimentos sociais, aqui compreendidos como objeto de pesquisa, envolvem diversos paradigmas, linhas de abordagem, categorias de análise e temporalidades. Utilizamos neste texto o conceito formulado por Gohn (1997, p. 251) que defende que os movimentos sociais são:

> [...] ações sociopolíticas construídas por atores sociais coletivos pertencentes a diferentes classes e camadas sociais, articuladas em certos cenários da conjuntura socioeconômica e política de um país, criando um campo de força social na sociedade civil.

Há uma heterogeneidade de classes e estratos sociais que se unem em torno de uma determinada demanda, transformada em reivindicação concreta e força social, a partir da qual se dará a luta social ou ação coletiva concreta dos homens e das mulheres como atores sociais num determinado lugar do conflito social — ou seja, o campo político, numa dada conjuntura social, econômica e cultural.

O Núcleo de Pesquisa, Documentação e Referência sobre Movimentos Sociais e Políticas Públicas no Campo (NMSPP), do Programa de Pós-Graduação de Ciências Sociais em Desenvolvimento, Agricultura e Sociedade da UFRRJ (CPDA/UFRRJ), coordenado pela professora Dr.ª Leonilde Servolo de Medeiros, desenvolveu importantes estudos sobre os movimentos sociais de luta pela terra na Baixada Fluminense.

Destacamos também inúmeras dissertações e teses, dentre elas: 1) *Ação sindical e luta por terra no Rio de Janeiro*, de Fernando Henrique Guimarães Barcellos, de 2008. 2) *Mobilização camponesa e competição política no estado do Rio de Janeiro* (1950 - 1964), de Mario Grynszpan, de 1987; e 3) *O Estado e a luta pela terra no Rio de Janeiro: primeiro Governo Brizola* (1983-1987), de Victor de Araujo Novicki, de 1992.

Outras publicações valiosas são as memórias de Bráulio Rodrigues da Silva, *O campesinato como sujeito político nas décadas de 1950 a 1980* (v. 1, 2009) de Bernardo Mançano Fernandes e Leonilde S. de Medeiros, e *História dos movimentos sociais no campo* (1989) de Leonilde S. de Medeiros. Igualmente importante para se entender os movimentos de luta pela terra na Baixada Fluminense é o Arquivo Lyndolpho Silva disponibilizado em: www.ufrrj. br/cpda/als.

Movimentos sociais e educação do campo: caminhos da pesquisa

Ao contemplar os movimentos sociais e a educação do campo, compreendemos que ambos os conceitos são igualmente complexos e que exigem cuidados nas suas interpretações. Utilizando-se da observação participante como técnica fundamentada numa abordagem crítico-reflexiva, os pensadores convidados a dialogar com tais abordagens são: Paulo Freire e Antônio Gramsci.

Para Freire (1998), a educação não se limita tão somente ao contexto escolar. As relações sociais são estabelecidas por meio do diálogo. Acredita-se numa prática educativa em que as condições de aprendizagens dos educandos se transformem ao longo do processo. Esses serão sujeitos da construção e reconstrução do saber crítico e emancipador, assumindo-se como ser social e histórico de todo o processo.

Gramsci, com sua visão crítica e histórica dos processos sociais, defendia uma escola para o proletariado, que possibilitasse a construção da emancipação humana. Uma escola que permitisse todas as possibilidades, todos os terrenos livres para poder realizar sua própria individualidade do melhor modo possível e do modo mais produtivo para si e a coletividade (GRAMSCI, 1916 *apud:* MONASTA, 2010). Uma escola que possibilitasse a valorização da formação humana, de fazer-se homem e mulher, e auxiliasse no desenvolvimento do caráter. Ou seja, uma escola que contemplasse o ser humano concreto, histórico, sujeito das relações sociais (ZEN; MELO, 2016).

Para alcançar os objetivos propostos, buscamos uma opção metodológica que favorecesse os aspectos qualitativos, os procedimentos de coleta e a análise dos dados, capazes de compreender o objeto de estudo em suas múltiplas relações. "Sujeito e objeto estão em contínua e dialética formação, evoluem por contradição interna, não de modo determinista, mas como resultado da intervenção humana mediante a prática" (GHEDIN; FRANCO, 2008, p. 118). Gerhardt e Silveira (2009, p. 13) salientam que "[...] a metodologia se interessa pela validade do caminho escolhido para se chegar ao fim proposto pela pesquisa", não podendo ser confundida com a teoria (conteúdo) nem com os métodos e técnicas (procedimentos). A metodologia funde teoria e métodos formando um todo articulado e coeso. Ghedin e Franco (2008, p. 108) sinalizam que:

> A metodologia da pesquisa, na abordagem reflexiva, caracteriza-se fundamentalmente por ser a atitude crítica que

> organiza a dialética do processo investigativo; que orienta os recortes e as escolhas feitas pelo pesquisador; que direciona o foco e ilumina o cenário da realidade a ser estudada; que dá sentido às abordagens do pesquisador e as redireciona; que, enfim, organiza a síntese das intencionalidades da pesquisa.

A presente investigação tem como universo as escolas municipais Rio d'Ouro e Santo Antônio, ambas consideradas pela Secretaria Municipal de Educação de Japeri como escolas rurais.

No desenvolvimento dos estudos, foram traçados os seguintes caminhos: primeiro, a realização de pesquisa bibliográfica sobre educação do campo baseada em Antunes-Rocha (2012, 2015); Arroyo (1999); Caldart (2006, 2012); Fernandes (1999, 2009); Molina (2006); e Souza (2012).

Numa segunda etapa, privilegiamos a análise documental, examinando o Plano Municipal de Educação de Japeri – 2015/2025 e os Projetos Políticos-Pedagógicos das duas escolas, com a intenção de observar e analisar em que medida as práticas educativas das escolas municipais rurais de Japeri/RJ se aproximam do que preceitua a LBD no tocante à oferta de educação básica para população rural.

Tendo como instrumento a observação participante, durante o período letivo de 2018, foram realizadas visitas às escolas-alvo da pesquisa, com a intenção de conhecer as instalações físicas, observar e analisar as práticas político-pedagógicas desenvolvidas pelas escolas, os meios de locomoção disponíveis para docentes e discentes no trajeto casa-escola-casa, os horários e calendários letivos, investigando como as EM Rio d'Ouro e EM Santo Antônio lidam com a organização pedagógica, as aulas, palestras, projetos e atividades extraclasse dos estudantes. Por fim, objetivou-se verificar em que medida se pode identificar, nas práticas educativas das escolas municipais rurais de Japeri/RJ, os possíveis impactos dos movimentos sociais.

Contribuições da educação do campo na luta pela terra

Inicialmente é importante sinalizar que os confrontos na luta pela terra sempre existiram ao longo da história da humanidade. No Brasil, essa questão perpassa a nossa história desde a chegada dos portugueses com suas Sesmarias e Capitanias Hereditárias; no século XIX, com a Lei de Terras (1850) e em 1964, com o Estatuto da Terra. Por fim, em 1988, a nova Constituição reafirma a função social da terra.

No que concerne ao município de Japeri, segundo dados do Núcleo de Pesquisa, Documentação e Referência sobre Movimentos Sociais e Políticas Públicas no Campo (NMSPP) do Programa de Pós-Graduação de Ciências Sociais em Desenvolvimento, Agricultura e Sociedade da UFRRJ (CPDA/UFRRJ), o primeiro conflito identificado no período de análise e documentado por meio de jornais da época aconteceu em 1956, quando pioneiras associações de lavradores conseguiram o direito à terra onde viviam como posseiros, em Pedra Lisa, região de Nova Iguaçu na época, hoje Japeri (MEDEIROS, 2015).

Em 1958 são desapropriadas as áreas de Pedra Lisa, Santo Antônio do Mato e Limeira, no então município de Nova Iguaçu, totalizando 1.936 hectares com 384 famílias beneficiadas que, segundo anotações de Lyndolpho Silva, "[...] se deram por pressão de massas, ocupando as glebas" (1966, p.1). Conforme dados do Incra, o município possui hoje quatro assentamentos: São Pedro (2005), Boa Esperança (1986), Pedra Lisa (1997) e Fazenda Normandia (2003); com um total de 149 famílias assentadas (INCRA, 2017).

Outra questão que chama a atenção está relacionada à posse da terra. Entre os anos de 2010 e 2011, quando chegamos nessa região com a intenção de fixar residência, encontramos muitas dificuldades no tocante à existência de terrenos legalmente documentados.

Em conversas informais com os moradores do bairro, pois o assunto ainda é extremamente delicado e, em tese, não há documentos comprovando a propriedade, muitos foram enfáticos sobre a propriedade dos terrenos, afirmando sempre que pertenciam às suas famílias há muito tempo. E mais interessante ainda: um mesmo pedaço de terra teria pertencido, concomitantemente, a vários "proprietários".

Tais informações destoam das que constam de uma escritura de venda de um terreno no loteamento Parque Padre João de Maria e de uma certidão/procuração investindo um determinado senhor dos poderes referentes à venda de lotes do Jardim Esperança. Mediante pesquisa documental e de campo, concluímos que boa parte das terras das regiões estudadas pertenciam à Cia Fazendas Reunidas Normandia.

O que se percebe, por meio dos depoimentos e análises documentais, é que a dinâmica de ocupação das terras em Santo Antônio envolveu conflitos em determinado momento, mas em Rio d'Ouro ocorreu por meio de trocas de pedaços de terra por outras mercadorias, loteamentos e "invasões individuais" (compra de um lote e apossamento dos lotes vizinhos).

Segundo a Prefeitura de Japeri[24], o município conta hoje com cerca de 700 produtores, agricultores familiares, responsáveis pela produção de aipim, coco, banana, quiabo, laranja, ovos, queijos, entre outras culturas, além de um rebanho de 4 mil bovinos e 370 produtores rurais que não estão assentados em áreas do estado.

Não menos importante é o estudo sobre a educação em Japeri que, segundo o IBGE, tem uma população estimada de 100.562 habitantes, sendo 45% do contingente populacional constituído de crianças, adolescentes e jovens (IBGE, 2017). Os dados apontam deficiências preocupantes: o número de matrículas no ensino fundamental, modalidade de responsabilidade municipal, vem sofrendo quedas desde 2008, quando foram registradas pouco menos de 20 mil matrículas e, em 2016, chegaram a pouco mais de 14,6 mil (QEDUC, 2017)[25].

A rede municipal conta hoje com 33 escolas distribuídas entre educação infantil (EI), ensino fundamental (EF) e EJA, sendo que sete delas são consideradas escolas rurais. As Escolas Municipais Rio d'Ouro e Santo Antônio atendem crianças de 4 a 14 anos, majoritariamente. Nas escolas rurais, o número de matrículas na EI pré-escolar computou, em 2010, 188 matrículas, decrescendo em 2016 para 138. No EF, anos iniciais, as matrículas em 2010 foram de 670 estudantes e em 2016 o censo apontou 548 matrículas. Para o EF, anos finais, em 2010 havia 125 alunos matriculados contra os 422 de 2016, num crescimento de aproximadamente 338%. Esses dados merecem estudos minuciosos, uma vez que parte da rede estadual foi municipalizada entre os anos de 2010 e 2016.

Diante desse conjunto de informações, cabem algumas indagações, dentre elas: qual é o quantitativo populacional entre 4-14 anos residentes em Rio d'Ouro e Santo Antônio que ainda permanece fora do sistema escolar? E por quê? Sendo escolas situadas em áreas rurais, de que forma o currículo, os conteúdos, o PPP, as práticas pedagógicas estão atrelados à realidade dos alunos como preceitua a LDB? Como os alunos se reconhecem e identificam o meio em que vivem? O que eles esperam das escolas? Como as escolas são vistas por aqueles que nela trabalham? Os docentes recebem formação específica para atuarem em escolas do campo? Os dados estatísticos apresentados demonstram que é urgente repensar o modelo educacional do município de Japeri.

---

[24] Disponível em: http://www.japeri.rj.gov.br/noticia/Prefeitura-de-Japeri-quer-ajuda-do-ITERJ-para-produtor-rural-nao-assentado-em-areas-do-estado/1835. Acesso em: 8 mar. 2017.

[25] QEDUC. Dados do Censo Escolar – 2016. *QEduc*, São Paulo, 2017. Dados disponíveis em: www.qedu.org.br. Acesso em: 8 mar. 2017.

O trabalho de campo nas escolas identificou dificuldades por parte dos gestores e docentes em entender e promover ações pedagógicas que remetam à memória da região e as lutas pela terra.

Considerações finais

Compreendemos que as práticas da educação do campo reconhecem o trabalho, a riqueza social e humana da diversidade dos seus sujeitos; as formas de trabalho, as raízes e as produções culturais; as formas de luta e resistência, organização e modo de vida, vinculando-as, portanto, às questões sociais específicas à cultura e à luta do campo (CALDART, 2012; FERNANDES, 1999).

Nesta pesquisa, foi possível perceber que as políticas públicas de educação do campo, na estreita relação com a luta pela terra e os movimentos sociais, podem contribuir para a inserção social, política, cultural e econômica das populações camponesas de Rio d'Ouro e Santo Antônio, sendo as escolas municipais desses territórios instrumentos de aproximação e diálogo entre as pesquisas acadêmicas oriundas da própria região e a produção construída no espaço escolar.

Referências

ANTUNES-ROCHA, Maria Isabel; MARTINS, Maria de Fátima Almeida; MARTINS, Aracy Alves (org.). **Territórios educativos na educação do campo**: escola, comunidade e movimentos sociais. 2. ed. Belo Horizonte: Editora Gutenberg, 2012. (Coleção Caminhos da Educação do Campo; v. 5).

ANTUNES-ROCHA, Maria Isabel; MARTINS, Aracy Alves (org.). **Educação do campo**: desafios para a formação de professores. 2. ed. 1. reimp. Belo Horizonte: Autêntica Editora, 2015. (Coleção Caminhos da Educação do Campo; v. 1).

ARROYO, Miguel Gonzales; FERNANDES, Bernardo Mançano. **A educação básica e o movimento social do campo**. Brasília: Articulação Nacional por uma Educação Básica do Campo, 1999. 64 p. (Coleção Por uma Educação do Campo, v. 2). Disponível em: http://portal.mec.gov.br/secad/arquivos/pdf/educacaodocampo/edbasicapopular.pdf. Acesso em: 3 jan. 2017.

BRASIL. **Lei nº 9.394, de 20 de dezembro de 1996**. Estabelece as diretrizes e bases da educação nacional. Brasília: Presidência da República, [1996]. Disponível em: http://www.planalto.gov.br/ccivil_03/leis/L9394.htm. Acesso em: 5 set. 2016.

BRASIL. Casa Civil da Presidência da República. Instituto Nacional de Colonização e Reforma Agrária (INCRA), **Assentamentos - Informações Gerais**. Brasília: Incra, [2017]. Disponível em: http://painel.incra.gov.br/sistemas/Painel/ImprimirPainelAssentamentos.php?cod_sr=7&Parameters[Planilha]=Nao&Parameters[Box]=GERAL&Parameters[Linha]=1. Acesso em: 20 fev. 2018.

BRASIL. Instituto Brasileiro de Geografia e Estatística (IBGE). Panorama – Japeri. **IBGE**, [*S.l.*], [20--]. Disponível em: http://ibge.gov.br/cidadesat/xtras/perfil.php?-codmun=330227&search=rio-de-janeiro%7Cjaperi&lang=. Acesso em: 5 mar. 2017.

CALDART, Roseli Salete. Educação do campo. *In*: CALDART, Roseli Salete *et al*. (org.). **Dicionário da educação do campo**. 2. ed. São Paulo: Expressão Popular, 2012. p. 257-265.

CALDART, Roseli Salete; PALUDO, Conceição; DOLL, Johannes (org.). **Como se formam os sujeitos do campo?** Idosos, adultos, jovens, crianças e educadores. Brasília: Pronera, NEAD, 2006. 160 p. Disponível em: http://www.gepec.ufscar.br/publicacoes/livros-e-colecoes/livros-diversos/como-se-formam-os-sujeitos-do-campo-idosos-adultos.pdf/view. Acesso em: 3 set. 2017.

FERNANDES, Bernardo Mançano; MEDEIROS, Leonilde Servolo de.; PAULILO, Maria Ignez (org.). **Lutas camponesas contemporâneas condições, dilemas e conquistas,** v. 1: o campesinato como sujeito político nas décadas de 1950 e 1980. São Paulo: Editora UNESP, 2009.

FREIRE, Paulo. **Pedagogia da autonomia**: saberes necessários à prática educativa. São Paulo: Paz e Terra, 1998. (Coleção Leitura).

GERHARDT, Tatiana Engel; SILVEIRA, Denise Tolfo (org.). **Métodos de pesquisa**. Porto Alegre: Editora da UFRGS, 2009. 120 p. Disponível em: http://www.ufrgs.br/cursopgdr/downloadsSerie/derad005.pdf. Acesso em: 4 jun. 2017.

GHEDIN, Evandro; FRANCO, Maria Amélia Santoro. **Questões de método na construção da pesquisa em educação**. São Paulo: Cortez, 2008. (Coleção docência em formação. Série saberes pedagógicos).

GOHN, Maria da Glória. **Teoria dos movimentos sociais** – paradigmas clássicos e contemporâneos. São Paulo: Edições Loyola, 1997.

GRAMSCI, Antonio. A universidade popular. *In*: MONASTA, Attilio. **Antonio Gramsci**. Tradução: Paolo Nosella. Recife: Fundação Joaquim Nabuco, Editora Massangana, 2010. p. 60-63.

MARQUES, Alexandre dos Santos. Centro de memória: caminhos e descaminhos na produção da história da Baixada Fluminense. **Revista Pilares da História**, Duque de Caxias, v. 1, n. 1, p. 79-93, out./nov./dez. 2002.

MOLINA, Mônica Castagna (org.). **Educação do campo e pesquisa**: questões para reflexão. Brasília: Ministério do Desenvolvimento Agrário, 2006. 152 p. Disponível em: nead.mda.gov.br/download.php?file=publicacoes/.../educacao_do_campo_e_pesquisa. Acesso em: 3 set. 2017.

PORTELLI, Alessandro. **História oral como arte da escuta**. Tradução: Ricardo Santhiago. São Paulo: Letra e Voz, 2016.

SALGADO, Aline. Enxadas e foices na luta pela terra. **Revista Rio Pesquisa**, Rio de Janeiro, v. 8, n. 33, p. 8-12, dez. 2015. Disponível em: http://www.faperj.br/downloads/memoria.pdf. Acesso em: 23 abr. 2017.

SILVA, Bráulio Rodrigues da; MEDEIROS, Leonilde Servolo (org.). **Memórias da luta pela terra na Baixada Fluminense**. Rio de Janeiro: Mauad X, 2008.

SILVA, Lyndolpho. **Desapropriações de terras agrárias no Rio de Janeiro**, (1/1966) - Arquivo Lyndolpho Silva: (CPDA-UFRRJ), 1966. Disponível em: http://r1.ufrrj.br/cpda/als/. Acesso em: 9 set.2018.

SOUZA, Maria Antônia de. **Educação do campo**: propostas e práticas pedagógicas do MST. 2. ed. Petrópolis: Vozes, 2012.

ZEN, Eliesér Toreta T.; MELO, Douglas Christian Ferrari de. Gramsci, escola unitária e a formação humana. **Cadernos de Pesquisa**, São Luís, v. 23, n. 1, p. 42-54, jan./abr. 2016. Disponível em: http://dx.doi.org/10.18764/2178-2229. v23n1p42-54. Acesso em: 23 abr. 2017.

DIVERSIDADE E EDUCAÇÃO DO CAMPO: PROBLEMATIZANDO A BASE NACIONAL COMUM CURRICULAR

Maria Antônia de Souza[26]

O papel dos movimentos sociais e a diversidade de ações afirmativas desvela o Estado e suas políticas e programas e seu tradicional papel junto aos setores populares.
(ARROYO, 2012a, p. 321)

Este capítulo se origina da atividade realizada em 2021, no III Congresso Internacional e V Congresso Nacional Movimentos Sociais e Educação, organizado por pesquisadores da Universidade Estadual do Sudoeste e da Universidade Estadual de Santa Cruz no estado da Bahia, bem como da Rede Latino-americana de Pesquisa em Educação do Campo, Cidade e Movimentos Sociais.

Nossa intenção é problematizar diversidade, Educação do Campo e Base Nacional Comum Curricular (BNCC), levando em conta interrogações que professoras(es) e equipes pedagógicas de escolas do campo têm feito, em particular, junto ao Núcleo de Pesquisa em Educação do Campo, Movimentos Sociais e Práticas Pedagógicas (Nupecamp), da Universidade Tuiuti do Paraná.

Têm sido comuns as seguintes interrogações entre professoras(es): como trabalhar Educação do Campo a partir da BNCC? A BNCC leva em conta a diversidade? Quais os conteúdos da Educação do Campo estão contemplados na BNCC? Como podemos ir além da BNCC? Há equipes pedagógicas municipais que indagam: temos que repetir os objetivos que estão na BNCC nas nossas diretrizes curriculares? Diante dessas perguntas que estão no cotidiano de escolas públicas, formulamos duas teses que tomam como referência os movimentos sociais da classe trabalhadora e dos povos oprimidos e/ou em situação de vulnerabilidade socioeconômica.

---

[26] Professora associada C, da Universidade Estadual de Ponta Grossa (UEPG). Mestre e doutora em Educação, pela Universidade de Campinas (Unicamp). Professora no Programa de Pós-Graduação – Mestrado e Doutorado em Educação, pela Universidade Tuiuti do Paraná. Licenciada e bacharel em Geografia pela Unesp, de Presidente Prudente. Bacharel em Direito pela Universidade Tuiuti do Paraná. Bolsista produtividade em pesquisa do CNPq, 1B. Correio eletrônico: maria.antonia@pq.cnpq.br.

A primeira tese é a de que a diversidade e a Educação do Campo são construídas nos movimentos sociais, por sujeitos que lutam por direitos, reconhecimento da existência e por reforma agrária. Como escreve Arroyo (2012a, p. 321), "[...] ao afirmar-se presentes, resistentes, os coletivos sociais não apenas desvelam as formas inferiorizantes de pensá-los, mas também de pensar-se".

A segunda tese é a de que a BNCC é construída sob bases pedagógicas tecnicistas e fundamentos políticos que pautam a educação como mercadoria, em contraposição às lutas por educação como direito e formação humana. Constitui-se, desse modo, como instrumento de disputa político-pedagógica que representa o interesse hegemônico no modo de produção capitalista no qual a educação é mercadoria e os estudantes são consumidores ou "público-alvo".

Portanto, de um lado temos dois conceitos que derivam de movimentos sociais. De outro lado, temos um instrumento normativo que funciona como freio aos processos educativos voltados para a transformação social.

Os princípios e os marcos normativos da diversidade como construção histórica, sociocultural e política são diferentes daqueles que orientam as políticas governamentais. Na BNCC, a diversidade tem sentido abstrato, esvaziado do seu conteúdo histórico. Dentre os princípios e marcos normativos da Educação do Campo estão a luta social, a pressão coletiva por políticas públicas, o direito ao trabalho, a educação vinculada à terra e à luta pela reforma agrária, e os "[...] educadores considerados sujeitos fundamentais da formulação pedagógica e das transformações da escola" (CALDART, 2012, p. 262).

Diversidade: construção dos sujeitos em luta por direitos

A Educação do Campo e a diversidade têm sido construídas nas lutas e nos processos de resistências de movimentos sociais dos segmentos historicamente marginalizados na sociedade. A diversidade só tem sentido quando pensada com os seus sujeitos, práticas e lutas. Tem perspectiva histórico-jurídico-política, construída a partir de experiências, enfrentamentos e resistências a processos excludentes e/ou de fragilização de direitos.

A sociedade brasileira, em retrospectiva histórica, é repleta de experiências de exploração, expropriação, discriminação, violência, inferiorização e subalternização. Sob quais condições essas experiências são vivenciadas?

São relações político-econômicas que demarcam lugares para os sujeitos. São também relações político-culturais de sujeição e subserviência em contraposição a relações de resistência e enfrentamento a tudo o que inferioriza e desumaniza.

Embora um dos princípios constitucionais brasileiros seja o de que "todos são iguais perante a lei", a realidade mostra que uns têm mais direitos do que outros. Há resistência, construída por organizações e movimentos sociais em todo o território nacional, contra as formas de opressão e de desigualdade. As lutas e resistências não são conhecidas e reconhecidas na escola. A BNCC contribui para que assim continue uma sociedade representada pela passividade, como se as relações estivessem dadas no mundo, cabendo à escola descrevê-las e não as problematizar.

Ao tratar da diversidade, considero fundamentais dois referenciais. O primeiro é o de Nilma Lino Gomes (2007) e o segundo é de Miguel Arroyo (2012b). Gomes (2007, p. 17) nos convida a mapear o que já é tratado como diversidade na escola, para então produzirmos novos equacionamentos sobre a relação entre diversidade e currículo. Arroyo (2012b, p. 229) nos instiga a dialogar sobre a diversidade na construção do projeto de Educação do Campo. Ele reforça a ideia de que a Educação do Campo é fruto das lutas que "[...] carregam as marcas históricas da diversidade dos sujeitos coletivos, de movimentos sociais que se encontram nas lutas por outra educação em outro projeto de campo e de sociedade". Portanto, a diversidade é fruto de uma prática social marcada por lutas de sujeitos diversos em suas condições existenciais.

Dessa prática social emergem as disputas no plano jurídico-político, que são visualizadas em discursos políticos que se vinculam a um projeto de manutenção das relações sociais ou a um projeto de sociedade de superação das desigualdades sociais. Os movimentos sociais de povos historicamente subalternizados constroem e defendem um projeto de sociedade voltado para a transformação das relações de exploração, subordinação, expropriação, enfim, das relações de opressão. Conquistam direitos que são positivados nas leis.

Entretanto, cabe perguntar: todos os direitos estão nas leis? Todas as leis constituem direitos? O direito de um casal homoafetivo está constituído em lei, como fruto de lutas. O direito constituído não acaba com as práticas discriminatórias, ainda que as iniba. A construção da *práxis* pautada no reconhecimento do Outro como sujeito de experiência e de direitos será determinante na superação de desigualdades, mas não suficiente no modo de produção capitalista.

A escola é lugar de experiências e de aprendizagens, e tem o potencial para ser lugar de *práxis criadora,* nos termos de Vázquez (1976, p. 246), "[...] cuja criação não se adapta plenamente a uma lei previamente traçada e culmina num produto novo e único". Os sujeitos da escola são diversos e, como escreve Arroyo (2012b, p. 229-236), "diversos no fazer-se na história", "diversos no padrão de poder", "diversos nas inserções sociais e relações territoriais" e "diversos nas formas de opressão-libertação".

Como são tratados na escola? Como são construídas as relações na escola? A escola tem sido democrática ou está sob o discurso da gestão democrática? As escolas não são iguais, embora haja tentativa de padronizá-las. Há gente em movimento na escola com potencial para expressar e reconhecer a existência dos diversos, reconhecer-se na diversidade, para enfrentar as determinações externas governamentais e empresariais. A escola pública não pode se reduzir ao estatal e suas marcas empresariais.

Na sociedade, a diversidade é uma prática e um conceito construídos pelos seus sujeitos, aqueles que lutam pelo reconhecimento da sua existência e pela superação de condições de inferiorização na sociedade. Diversidade é um conceito que existe e resiste com os sujeitos. São eles que dizem a palavra de libertação, de identificação, reconhecimento, superação e humanização.

Nesse sentido, uma pergunta: qual é o lugar dos sujeitos de luta e resistência na BNCC? Eles não estão na BNCC, não estão em muitos materiais didáticos formatados para uma sociedade e um campo imaginários, em que "todos são iguais". Essa invisibilidade é estratégica, fundada em projeto político societário em que predominam hierarquias e de acordo com o qual algumas pessoas devem estudar para continuar em lugares de decisão política, e outras devem ter formação profissional, para atuação no imaginário mercado de trabalho. Está ausente a concepção de educação como libertação, pois seres pensantes interrogam governos, modo de produção, exploração etc. Para as relações capitalistas, o interesse é manter os sujeitos cativos a conteúdos fragmentados e hierarquizados no mundo escolar.

O conceito de diversidade, quando trabalhado descolado dos movimentos sociais, fica vazio do conteúdo crítico. Como escreve Arroyo (2012a, p. 326), "[...] os coletivos em movimentos não propõem reafirmar as mesmas políticas e os mesmos princípios e juízos normativos, mas propõem outros".

Educação do Campo: concepção e prática dos sujeitos em movimentos

A Educação do Campo tem a sua existência no movimento social de luta pela terra, pela reforma agrária, por um projeto popular de sociedade. Práticas educativas em movimentos constituem a base da Educação do Campo que, como escreve Roseli Caldart em várias obras, se fundamenta em fontes como a Pedagogia do Movimento, a Pedagogia do Oprimido e a Pedagogia Socialista.

Em sua trajetória, a Educação do Campo, que nasce das lutas por reforma agrária, atrai vários outros coletivos, constituindo um movimento nacional. Foi agregando diversos povos do campo, comunidades quilombolas, povos tradicionais do campo, povos das águas, das florestas, atingidos por barragens, pequenos agricultores.

Os diversos do campo, quem são? São diversos desde as condições de trabalho, a exemplo dos boias-frias, colonos trabalhadores de fazendas com suas lutas para a produção de alimentos para consumo em propriedades cuja produção é destinada à exportação. São diversos em lutas sindicais por condições de trabalho, lutas por reforma agrária etc. São povos que se organizam em pequenos e grandes coletivos constituídos como movimentos sociais, com estratégias de lutas que vão de abaixo-assinados à ocupação de espaços públicos no campo e na cidade. Movimentos que têm longa atuação na sociedade brasileira, a exemplo dos que lutam por reforma agrária e por melhores condições de trabalho e de produção no campo, como o Movimento dos Trabalhadores Rurais Sem Terra (MST), Movimento de Mulheres Camponesas (MMC), Via Campesina, Movimento dos Atingidos por Barragens (MAB), Movimento de Pequenos Agricultores (MPA), movimentos de povos das florestas e das águas, movimentos sindicais, entre tantos outros.

Quem são os diversos do campo e da cidade? Por exemplo, lutas por moradia, transporte, saúde, luta das pessoas homoafetivas, luta das pessoas idosas, das mulheres, mulheres camponesas etc., são lutas que dizem da diversidade de relações e de condição no mundo. Seus direitos são construídos a partir dos enfrentamentos feitos pelos movimentos sociais que refutam os marcos normativos generalizantes, pois não se reconhecem neles.

Diversidade e Educação do Campo têm sua identidade construída nos movimentos sociais: e a BNCC?

Como ocorreu a construção da BNCC? O processo de sua elaboração foi orientado por qual concepção de educação e de formação? Existiram diálogos com entidades acadêmico-científicas, com as escolas? Houve seminários com professores, gestores, com Conselho Nacional de Secretários de Educação (Consed) e com a União Nacional dos Dirigentes Municipais de Educação (Undime)? A primeira versão da BNCC é de 2015, um ano após a aprovação do Plano Nacional de Educação (PNE). Houve críticas por parte das entidades acadêmico-científicas, a exemplo da Associação Nacional de Pós-graduação e Pesquisa em Educação (Anped).

Algumas críticas da Anped estão sintetizadas na nota da diretoria, em abril de 2017, como segue:

> A BNCC é um documento inspirado em experiências de centralização curricular, tal como o modelo do Common Core Americano, o Currículo Nacional desenvolvido na Austrália, e a reforma curricular chilena - todas essas experiências amplamente criticadas em diversos estudos realizados sobre tais mudanças em cada um desses países;
>
> A retirada do Ensino Médio do documento fragmentou o sentido da integração entre os diferentes níveis da Educação Básica, ao produzir centralização específica na Educação Infantil e Ensino Fundamental;
>
> É preocupante também a retomada de um modelo curricular pautado em competências. Esta 'volta' das competências ignora todo o movimento das Diretrizes Curriculares Nacionais construídas nos últimos anos e a crítica às formas esquemáticas e não processuais de compreender os currículos;
>
> A retirada de menções à identidade de gênero e orientação sexual do texto da BNCC reflete seu caráter **contrário ao respeito à diversidade** e evidencia a concessão que o MEC tem feito ao conservadorismo no Brasil;
>
> A concepção redutora frente aos processos de alfabetização e o papel da instituição escolar na educação das crianças. (ANPED, 2017, p. 1, grifo nosso).

Nota-se que a ANPEd, bem como grupos de pesquisa e movimentos sociais posicionavam-se contrários à BNCC, em especial em relação à concepção curricular esvaziada do conteúdo das Ciências Humanas e Sociais e marcada pela fragmentação dos conhecimentos, ignorando a construção educacional sobre interdisciplinaridade. As críticas indicavam o retorno a um modelo curricular pautado nas competências e habilidades.

Além disso, criticou-se a secundarização de experiências e conhecimentos regionais, em nome de uma padronização de conteúdos que todos devem receber em determinadas dosagens. A escola, segundo a BNCC, é lugar para aprender a descrever, identificar elementos e suas características, sem problematização dos conhecimentos. Retira-se da educação o caráter de dialogicidade e, portanto, de interrogação da realidade e das "verdades presentes nos materiais didáticos".

A BNCC está construída com base em um projeto excludente de sociedade. Começa excluindo os sujeitos, os diversos, do debate do texto. Exclui professoras(es) da tomada de decisão pedagógica. Assenta-se no diálogo de governos com entidades empresariais, seja como mediadores da construção textual, seja como sujeitos que disputam espaço na escola e no financiamento da educação.

A versão da BNCC de 2016 recebeu críticas de entidades educacionais e da Comissão Nacional de Educação do Campo, no Ministério da Educação (Conec). Na Conec, houve críticas ao documento inicial, com destaque para o fato de ser uma versão esvaziada em relação ao acúmulo das experiências dos movimentos sociais, dos debates sobre interdisciplinaridade etc. Destacavam-se, nessa crítica, a concepção fragmentada dos conteúdos, a centralidade nas técnicas e a secundarização dos conteúdos das Ciências Humanas na formação escolar.

O documento BNCC tem 600 páginas. Foi assessorado por grupos empresariais, pelo Todos pela Educação, distanciando-se, portanto, das proposições críticas de pesquisadores e entidades educacionais do país. Somos 200 ou mais programas de pós-graduação em Educação no Brasil, com potencial para elaborar propostas curriculares avançadas.

Hoje, revisitando a BNCC, registramos que mais de 1/3 de suas 600 páginas é destinado ao trabalho com Linguagens. Nessa área, não há espaço para as linguagens e a memória dos povos do campo, das águas e das florestas, como se o Brasil fosse reduzido a um urbano padronizado, sem as práticas culturais diversas. São 56 páginas para trabalhar Matemática, 30 para Ciências Naturais, 83 para Ciências Humanas, 30 para Ensino Religioso. O restante é para o trabalho com o ensino médio. A quantidade indica o privilégio de um conteúdo em relação a outro. Uma análise detalhada do conteúdo de cada área explicita a fragilidade com que é tratado o conhecimento, ignorando-se avanços históricos da educação brasileira e optando-se por uma concepção de currículo prescritivo.

Por exemplo, no ensino da Geografia, enfatiza-se a "descrição dos princípios do raciocínio geográfico" (BRASIL, 2017, s/p). Os princípios são analogia, conexão, diferenciação, distribuição, extensão, localização e ordem. A descrição se vincula à comparação, ao fenômeno geográfico nunca estar isolado, à variação dos fenômenos, aos objetos que se repartem pelo espaço, à posição particular de um objeto na superfície terrestre, à ordem ou arranjo espacial como princípio geográfico de maior complexidade. Portanto, retomamos a Geografia esvaziada do conteúdo político-social. A Geografia do território, da prática social e das ações coletivas não tem lugar na BNCC. E os sujeitos do território? E os cidadãos? Quem são os sujeitos, os cidadãos que fazem o território, quais lutas, contradições estão postas? Nessa BNCC não há espaço para esse debate.

Se lermos a BNCC, tecnicamente, a diversidade está lá 149 vezes, sem qualquer fundamentação teórica. Alves e Salustiano (2020, p. 119) consideram que há "[...] predominância das concepções celebratória e universalista de diversidade em inúmeros contextos sociais e em políticas curriculares, especialmente no texto da BNCC". Por exemplo, o ensino de Ciências para o 1º ano apresenta uma unidade temática denominada "vida em evolução, objetos de conhecimento, corpo humano e o respeito à diversidade", com indicação de uma habilidade, como segue: "[...] comparar as características físicas entre os colegas, reconhecendo a diversidade e a importância da valorização do acolhimento e do respeito às diferenças" (BRASIL, 2017, p. 29). Que concepção de diversidade há nessa indicação da BNCC? Qual o marco normativo para comparar características físicas? É o reconhecimento da diferença pela aparência? E a prática social?

Nos fundamentos da BNCC são mencionados os conceitos de igualdade, diversidade e equidade. Sobre diversidade não há qualquer indicação teórico-prática. É estratégico que a Educação do Campo e a diversidade sejam invisibilizadas na BNCC. Isso atende a um projeto de país que se desvia do estudo dos problemas histórico-estruturais.

Diante da crítica e do reconhecimento de que a BNCC é um retrocesso educacional, qual esperança enfatizar? Compreendemos que a esperança está no trabalho realizado nas escolas públicas, em lugares que há muito tempo vêm debatendo a Educação do Campo, seus princípios, as diretrizes nacionais, o Decreto Presidencial 7.352, de 4 de novembro de 2010, os documentos produzidos no Fonec, os documentos da Conferência Nacional Por uma Educação do Campo de 1998 e 2004, os documentos do Enera de 1997 e 2015 etc. As escolas, os lugares, as comunidades que conhecem, estudam os documentos têm problematizado a BNCC, porque têm constatado que ela traz indicativos de concepção de educação e de formação escolar retrógradas.

É esperançoso o fato de professoras(es) e equipes pedagógicas estudarem o documento. Professoras(es) têm o poder de fazer e fazem muito além do que está indicado na BNCC. Esse é um documento que retrata uma visão de Brasil na qual, praticamente, não existe campo, que está na contramão do que os grupos de pesquisa, os movimentos e organizações sociais vêm trabalhando há décadas. Miguel Arroyo, na 1ª Conferência Nacional Por uma Educação do Campo, afirmava que "[...] é impossível pensar na Educação do Campo sem referi-la aos sujeitos concretos, históricos, à infância, à adolescência, à juventude, aos adultos que vivem e se constituem como humanos" (ARROYO, 1999, p. 11).

As matrizes pedagógicas da Educação do Campo, segundo Arroyo (2010), são terra, trabalho, cultura e movimentos sociais. Essas matrizes não estão na BNCC, que, por sua vez, desconsidera os sujeitos sociais. Arroyo (1999, p. 11-12) menciona que as palavras que mais ouviu na Conferência Nacional por uma Educação do Campo de 1998 foram: "[...] esperança, cidadania, justiça, liberdade, igualdade, diversidade, terra, trabalho, identidade". Em todos os momentos da mística elaborada pelos movimentos sociais, durante a Conferência, constatamos críticas ao modo de produção capitalista e às formas de opressão. O conhecimento acumulado pelos movimentos sociais não tem lugar em propostas e diretrizes educacionais alinhadas à concepção de educação como mercadoria.

Tomando como referências as matrizes pedagógicas da Educação do Campo, consideramos fundamental indagar como tratamos a diversidade na escola. Tratamos como um tema, como um problema, como uma construção histórica, cultural, social, política das diferenças, como construção de direitos? Quais *práxis pedagógicas* há na escola? Como avançar a partir dela(s)? Como os livros tratam da diversidade? Como o campo é tratado nos livros didáticos?

Nos trabalhos com a Língua Portuguesa, quais são as habilidades? A História, a Geografia e as Ciências são fundamentais para o aprofundamento da Língua Portuguesa. A História, a Geografia e as Ciências Naturais ficam à margem da BNCC. Quem são os sujeitos da diversidade? Quem/quais são os movimentos que participam da gestão democrática da escola? Quando a gestão é democrática? Qual o peso da inferiorização das pessoas quando se trata da diversidade? Na escola, no PPP, como lidamos com a diversidade? Como lidamos com os sujeitos diversos e com os movimentos sociais?

Como estamos tratando da Educação do Campo e da diversidade, recordamos dois dos compromissos e desafios dentre os dez elaborados na Conferência de 1998, por uma Educação Básica do Campo. Um dos compromissos e desafios é "[...] propor e viver novos valores culturais: a Educação do Campo precisa resgatar os valores do povo, que se contrapõem ao individualismo, ao consumismo e demais contravalores que degradam a sociedade em que vivemos" (p. 1). Na BNCC são observados os princípios da compartimentação e fragmentação dos conhecimentos, bem como a ênfase em práticas e atitudes que reforçam o individualismo.

Na concepção da Educação do Campo, "[...] a escola é um dos espaços para antecipar, pela vivência e pela correção fraterna, as relações humanas que cultivem a cooperação, a solidariedade, o sentido de justiça, o zelo pela natureza" (p. 1). No entanto, cooperação, solidariedade e sentido de justiça não são princípios que orientam a BNCC.

O segundo desafio e compromisso que recordamos é: "valorizar as culturas do campo: A Educação do Campo deve prestar especial atenção às raízes da mulher e do homem do campo, que se expressam em culturas distintas, e perceber os processos de interação e transformação" (p. 1). Segundo essa concepção, "[...] a escola é um espaço privilegiado para manter viva a memória dos povos, valorizando saberes e promovendo expressão cultural onde ela está inserida" (p. 1).

Na BNCC, qual é o lugar de valorização da memória? O estudo e a problematização da BNCC no âmbito das escolas, das universidades, dos cursos de formação inicial de professores, dos cursos de formação continuada, são fundamentais para a constatação do seu limite teórico-prático e pedagógico-político.

Tecendo considerações finais sobre diversidade e Educação do Campo na BNCC

O que defendemos neste capítulo é que a diversidade e a Educação do Campo têm em comum a prática social e o protagonismo de movimentos e organizações sociais como suas bases político-pedagógicas. Diante dessas constatações, como responder às indagações postas por professoras(es) e equipes pedagógicas?

1. Como trabalhar Educação do Campo a partir da BNCC? Defendemos que não se trata de partir da BNCC. O importante é pensar em como continuar trabalhando com a Educação do Campo apesar da BNCC. As escolas públicas que construíram com as comunidades, organizações e movimentos sociais a identidade "do campo" e reestruturam projetos político-pedagógicos, avançaram em relação ao que se propõe por meio da BNCC.

Nesse sentido, é importante afirmar a organização do trabalho pedagógico na escola que fortalece as matrizes pedagógicas da Educação do Campo. Ou seja, dar continuidade aos trabalhos conjuntos com povos e comunidades, valorizando terra e trabalho, incentivando a memória da cultura dos povos que lutam por terra e por direitos.

Há determinações externas para que o currículo seja "enquadrado" na BNCC e há municípios que reproduzem os objetivos da BNCC em cada componente curricular. Um caminho possível é a constituição de diálogos nos municípios sobre o trabalho pedagógico já realizado nas escolas do campo e o quanto ele é maior do que a BNCC. Ao invés de pensar na reprodução da BNCC, é possível pensar no fortalecimento das práticas pedagógicas já desenvolvidas. A lógica da gestão governamental direciona professoras(es) e equipes pedagógicas para a reprodução. Importante saber que é possível inverter a lógica, com gestão coletiva e reconhecimento da existência dos Outros invisibilizados na BNCC.

2. "BNCC leva em conta a diversidade?". A pergunta existe porque já se sabe que a diversidade está presente na BNCC como um termo esvaziado de conteúdo. Professoras(es) e equipes pedagógicas que estudaram a BNCC já constataram que a diversidade como construção histórica, social e cultural não consta do texto. A BNCC, portanto, tem uma incompletude derivada da opção político-pedagógica que a orienta. Opção que exclui os sujeitos, as suas práticas. Distancia-se dos debates educacionais como os defendidos por Arroyo (2012) na obra *Outros sujeitos, outras pedagogias*. Qual é a saída? A ampliação dos trabalhos pedagógicos com os sujeitos que são negados na BNCC, com sua memória, cultura e trabalho.

Negar o diálogo com os sujeitos diversos é aderir à concepção da BNCC, negando o reconhecimento da existência dos Outros. Não podemos reduzir nossa prática à reprodução de relações desiguais. Freire (1987, p. 30) nos instiga a pensar que "[...] humanização e desumanização, dentro da história, num contexto real, concreto, objetivo, são possibilidades dos homens como seres inconclusos e conscientes de sua inconclusão". Afirma, ainda, que "a desumanização é distorção da vocação do *ser mais*". (FREIRE, 1987, p. 30, grifo no original)

Freire (1987, p. 32) escreve que

> O grande problema está em como poderão os oprimidos, que 'hospedam' o opressor em si, participar da elaboração, como seres duplos, inautênticos, da pedagogia de sua libertação. Somente na medida em que se descubram 'hospedeiros' do opressor poderão contribuir para o partejamento de sua pedagogia libertadora. Enquanto vivam a dualidade na qual ser é parecer e parecer é parecer com o opressor, é impossível fazê-lo.

Na escola, muitos processos de opressão são reproduzidos quando os oprimidos incorporam o opressor. Reproduzir a BNCC sem a problematizar é uma forma de oprimir e de ser oprimido. O reconhecimento da opressão e da formação de superação requer a mediação pedagógica de outros sujeitos, com outras práticas. Requer o trabalho coletivo e o diálogo com os povos do campo.

Entretanto, um dificultador para esse processo tem sido a condição de trabalho das(os) professoras(es) nas escolas públicas. Grande parte está em condição temporária de trabalho, com atividades em mais de uma escola, o que dificulta a permanência em uma instituição. Por que a permanência do professor na escola é importante? Cria-se vínculo, fortalece-se a identidade do professor com a escola e ampliam-se as possibilidades de realização de trabalhos coletivos e interdisciplinares. Aumenta-se, ainda, a possibilidade de o professor conhecer mais a respeito dos educandos e das comunidades que estão próximas (ou distantes) da escola.

Portanto, a compreensão de que a BNCC é limitada e que a escola possui ou pode organizar práticas educativas diferenciadas exige estudo e planejamento centrado no reconhecimento e diálogo com os sujeitos diversos.

3. "Quais conteúdos da Educação do Campo estão contemplados na BNCC?". A questão que interessa refere-se aos princípios da Educação do Campo, delineados em vários documentos do Movimento Nacional de Educação do Campo e no Decreto Presidencial de 2010, a saber:

> Art. 2º São princípios da Educação do Campo:
>
> I - **Respeito à diversidade do campo** em seus aspectos sociais, culturais, ambientais, políticos, econômicos, de gênero, geracional e de raça e etnia;
>
> II - Incentivo à formulação de **projetos político-pedagógicos específicos para as escolas do campo**, estimulando o desenvolvimento das unidades escolares como espaços públicos de investigação e articulação de experiências e estudos direcionados para o desenvolvimento social, economicamente justo e ambientalmente sustentável, em articulação com o mundo do trabalho;
>
> III - desenvolvimento de políticas de **formação de profissionais da educação para o atendimento da especificidade das escolas do campo**, considerando-se as condições concretas da produção e reprodução social da vida no campo;
>
> IV - Valorização da **identidade da escola do campo por meio de projetos pedagógicos com conteúdos curriculares e metodologias adequadas às reais necessidades dos alunos do campo**, bem como flexibilidade na organização escolar, incluindo adequação do calendário escolar às fases do ciclo agrícola e às condições climáticas; e
>
> V - Controle social da qualidade da educação escolar, mediante a **efetiva participação da comunidade e dos movimentos sociais do campo**. (BRASIL, 2010, p. 1, grifo nosso).

A BNCC não tem vínculo com movimentos sociais da cidade e do campo. A listagem de conteúdo, competências e habilidades distancia-se dos princípios da Educação do Campo e da gestão democrática. Constitui uma "viseira" para professoras(es) e estudantes.

A escola que se pauta pelos princípios e compromissos da Educação do Campo priorizará a memória dos povos do campo e valorizará seus conhecimentos e suas práticas culturais. Será espaço para diálogo com a comunidade, que, por sua vez, estará vigilante em relação às políticas educacionais. Dois outros desafios e compromissos mencionados na Conferência Nacional de Educação do Campo (1998) ajudam a indagar a BNCC e a pensar possibilidades.

> **Produzir uma proposta de Educação Básica do Campo.**
>
> A Educação do Campo, a partir de práticas e estudos científicos, deve aprofundar uma pedagogia que respeite a cultura e a identidade dos povos do campo: tempo, ciclos da natureza, mística da terra, valorização do trabalho, festas populares.

> A Escola necessita repensar a organização de seus tempos e espaços para dar conta deste novo desafio pedagógico.
>
> **Envolver as comunidades neste processo.**
>
> A Educação do Campo acontece através de ações de solidariedade e de cooperação entre iniciativas, organizações e movimentos populares, em vista da implementação de um projeto popular de desenvolvimento do campo.
>
> A Escola deve assumir a gestão democrática em seus diversos níveis, incluindo a participação das alunas e dos alunos, das famílias, das comunidades, das organizações e dos movimentos populares. (CNEC, 1998, p. 2).

Em síntese, da maneira como a BNCC vem sendo transposta nas escolas públicas, ficam prejudicadas a gestão democrática e a organização do trabalho pedagógico comprometidos com a transformação social. Professoras(es) não podem ser reduzidos a técnicos que repassam conteúdo de material didático produzido por empresas sob a lógica da BNCC. São sujeitos, por sua vez, que pensam e podem tomar decisões sobre o que e como ensinar, pautados pela dialogicidade e pelo reconhecimento da existência dos sujeitos invisibilizados na BNCC.

Referências

ALVES, Eliane Fernandes Gadelha; SALUSTIANO, Dorivaldo Alves. Concepções de diversidade na Base Nacional Comum Curricular (BNCC). **Revista Interritórios**, Caruaru, v. 6, n. 11, p. 100-123, 2020.

ANPEd. **Nota da ANPEd sobre a entrega da terceira versão da Base Nacional Comum Curricular (BNCC) ao Conselho Nacional de Educação (CNE).** Rio de Janeiro: ANPEd, 2017. Disponível em: https://www.anped.org.br/biblioteca/item/nota-da-anped-sobre-entrega-da-terceira-versao-da-base-nacional-comum-curricular. Acesso em: 23 nov. 2021.

ARROYO, Miguel Gonzáles. **Outros sujeitos. Outras pedagogias**. Petrópolis: Vozes, 2012a.

ARROYO, Miguel Gonzáles. Diversidade. *In*: CALDART, Roseli Salete *et al.* (org.). **Dicionário da educação do campo**. São Paulo: Expressão Popular, 2012b. p. 229-236.

ARROYO, Miguel Gonzáles. As matrizes pedagógicas da Educação do Campo na perspectiva da luta de classes. *In*: MIRANDA, Sonia Guariza; SCHWENDLER,

Sonia Fátima (org.). **Educação do campo em movimento**: teoria e prática cotidiana. Curitiba: Editora da UFPR, 2010. v. 1, p. 35-54.

ARROYO, Miguel Gonzáles. Prefácio. *In*: KOLLING, Edgar Jorge; NÉRY, Ir.; MOLINA, Mônica Castagna (org.). **Por uma educação básica do campo**. Brasília: Editora UnB, 1999. P. 7-12.

BRASIL. Ministério da Educação. **Base Nacional Comum Curricular**. Brasília: Presidência da República, [2018]. Disponível em: http://basenacionalcomum.mec.gov.br/images/BNCC_EI_EF_110518_versaofinal_site.pdf. Acesso em: 23 nov. 2021.

BRASIL. **Decreto nº 7.352, de 4 de novembro de 2010**. Dispõe sobre a política de Educação do Campo e o Programa Nacional de Educação na Reforma Agrária - Pronera. Brasília: Presidência da República, [2010]. Disponível em: http://portal.mec.gov.br/docman/marco-2012-pdf/10199-8-decreto-7352-de4-de-novembro-de-2010/file. Acesso em: 23 nov. 2021.

CALDART, Roseli Salete. Educação do campo. *In*: CALDART, Roseli Salete *et al.* (org.). **Dicionário da educação do campo**. São Paulo: Expressão Popular, 2012. p. 259-267.

CONFERÊNCIA POR UMA EDUCAÇÃO BÁSICA DO CAMPO. **Carta de Compromissos e desafios**. Luziânia, 27 a 31 de julho de 1998.

FREIRE, Paulo. **Pedagogia do oprimido**. 17. ed. Rio de Janeiro: Paz e Terra, 1987.

GOMES, Nilma Lino. **Indagações sobre currículo**: diversidade e currículo. Brasília: Ministério da Educação, Secretaria de Educação Básica, 2007. 48 p. Disponível em: http://portal.mec.gov.br/seb/arquivos/pdf/Ensfund/indag4.pdf. Acesso em: 20 nov. 2021.

VÁZQUEZ, Adolfo Sánchez. **Filosofia da práxis**. 4. ed. Rio de Janeiro: Paz e Terra, 1977.

MOVIMENTOS SOCIAIS DO CAMPO: LUTAS, CONFLITOS E RESISTÊNCIA

Rosilda Costa Fernandes[27]
Arlete Ramos dos Santos[28]

Introdução

O presente artigo apresenta o processo histórico das lutas dos movimentos sociais no Brasil, sobretudo aqueles que lutam pela afirmação dos direitos e por políticas públicas específicas para os espaços rurais.

O modo de produção capitalista, que se iniciou no século XV, resultou no desenvolvimento e de transformações do uso da mão de obra desde a sua fase mercantil até a industrial, bem como da organização dos trabalhadores em movimentos que possuíam o objetivo de discutir as condições de trabalho e as questões sociais do período.

De acordo com Stédile (2013), a transição do capitalismo mercantil para o capitalismo industrial, entre os séculos XVIII e XIX, culminou na Revolução Industrial no século XX. Nesse contexto político e econômico, de rápidas transformações provocadas pela Revolução Industrial, é que se situa a percepção da força de trabalho como capital humano[29], como mercadoria, bem como a luta da classe de trabalhadores, ou seja, dos operários organizados em movimentos com a finalidade de discutir as ações e as questões sociais relacionadas às condições de trabalho.

---

[27] Professora do ensino médio da rede estadual da Bahia. Mestra pelo Programa de Pós-Graduação em Educação (PPGEd), pela Universidade Estadual do Sudoeste da Bahia (Uesb). Especialista em Matemática pela Uesb. Licenciada em Ciências Exatas com habilitação em Matemática pela Uesb. Membro do Grupo de Estudos Movimentos Sociais, Diversidade Cultural e Educação do Campo e da Cidade (GEPEMDEC/Uesb). Pesquisadora do Grupo de Estudos e Pesquisa em Educação do Campo (GEPEC/CNPq/Uesb). Correio eletrônico: fernandesrosilda.rf19@gmail.com.

[28] Professora Adjunta da Uesb. Professora do PPGEd da Uesb e do Programa de Pós-Graduação Mestrado Profissional em Educação, da Universidade Estadual de Santa Cruz (Uesc). Pós-doutorado pela Universidade Estadual paulista (Unesp). Doutora em Educação pela Faculdade de Educação, da Universidade Federal de Minas Gerais (FAE/UFMG). Coordenadora do Grupo de Estudos Movimentos Sociais, Diversidade Cultural e Educação do Campo e da Cidade (GEPEMDEC/Uesb). Membro do Centro de Estudos e Pesquisas em Educação e Ciências Humanas da Educação (CEPECH/DCIE/Uesc). Correio eletrônico: arlerp@hotmail.com.

[29] Foi a equipe de "[...] Theodoro Schultz, nos Estados Unidos, que, ao longo da década de 1950, buscou responder essa questão e construiu a noção de capital humano. Capital humano, portanto, é entendido como o estoque de conhecimentos, habilidades, atitudes, valores e níveis de saúde que potenciam a força de trabalho das diferentes nações". Disponível em: https://sinproeste.org.br/wp-content/uploads/2013/04/O-rejuvenecimento-da-teoria-do-capital-humano-no-contexto-do-capitalismo-tardio.pdf. Acesso em: 5 dez. 2020.

Nesse sentido, o período de ascensão do capitalismo, encabeçada em face do modo de produção, como constatamos por meio do *Manifesto comunista*, de Marx e Engels (2008), que o operário, pertencente a classe do proletariado[30], tecia estratégias contra a exploração da burguesia[31].

Os movimentos sociais na perspectiva das lutas do campo no Brasil

Neste artigo, ao adentrarmos no cenário dos movimentos sociais, gostaríamos de esclarecer que não evidenciaremos os conceitos devido à amplitude da temática, mas faremos um recorte de estudos sobre os movimentos sociais do campo — e também fazemos assim por compreender que esses conceitos já foram respondidos por Gohn (2000) e Santos (2014).

Segundo Gohn (2000), os movimentos sociais surgem no período da colonização, com os movimentos das elites, contra impostos e movimentos abolicionistas, pautados por lutas contra a escravização. Tais movimentos podem ser considerados grandes exemplos de movimentos sociais de luta que de alguma forma reivindicavam o fim da opressão e da dominação.

Para a autora, as lutas sociais, ao longo da história do Brasil, foram cenários de imensas batalhas sangrentas no período colonial. A autora segue, ao enunciar que: "A maioria das lutas e movimentos no Brasil Colônia foi empreendida por negros escravos e pela plebe vulgo, 'rale'" (GOHN, 2000, p. 15). Eram indivíduos livres por conta da abolição do sistema escravocrata, desprovidos de condições financeiras para sobrevivências. Gohn afirma que é preciso enfatizar e compreender todo esse contexto histórico, social e cultural, para avançarmos no ponto de vista das lutas mais recentes.

Conforme Viana (2018, p. 43), é por intermédio dos movimentos sociais que é possível identificar as questões sociais, assim como promover estratégias de enfrentamento para a "[...] transformação social, o que significa uma substituição de uma sociedade por outra. Nesse sentido, os movimentos sociais seriam revolucionários". E como modelo de movimentos organizados, destacaremos os movimentos sociais do campo.

---

[30] "Proletariado Classe dos modernos trabalhadores assalariados que não possuem meios próprios de produção, pois dependem da venda da força de trabalho para sobreviver". Observações de Engels incluída na edição inglesa de 1888. Ver: Marx e Engels (2008, p. 64).

[31] "A burguesia, classe que emerge dos mercadores e que se consolida por meio da mobilidade social proporcionada pela indústria e pelo comércio de mercadorias, aos poucos conquistou o poder político e nele se consolidou mediante a acumulação de capital, resultante do controle da produção de mercadorias e do comércio de produtos materiais e simbólicos, como, por exemplo, o dinheiro" (GEHLEN; MOCELIN, 2018, p. 42).

Os movimentos sociais do campo surgem entre as décadas de 1980-1990, a exemplo do Movimento dos Trabalhadores Rurais Sem Terra (MST), o Movimento dos Atingidos por Barragens (MAB), Movimento dos Pequenos Agricultores (MPA), dentre outros (SCHERER-WARREN, 2008). Esses movimentos estão diretamente relacionados à resistência contra o poder centralizador de posse da terra, em que estão subtendidas questões políticas neoliberais.

O papel dos movimentos sociais, nesse contexto, torna-se importante para colocar na pauta dos governantes o debate sobre a reforma agrária e sobre questões relacionadas à educação para a classe trabalhadora do campo, propondo uma educação que seja adequada à realidade e à especificidade dos alunos nas escolas do campo, nos assentamentos e acampamentos do Brasil.

No cenário do capitalismo, convém aos trabalhadores do campo permanecerem organizados no contexto do campesinato contra o latifúndio e a favor da reforma agrária, na luta contra a desigualdade e a exploração, proveniente das relações econômicas, políticas e sociais. Contudo, "[...] no capitalismo, o processo de produção do espaço social determina as suas formas por meio das relações sociais, que são compreendidas na tríade formada pelo capital, trabalho assalariado e propriedades fundiárias" (FERNANDES, 1999, p. 24).

De acordo com Faria (2015, p. 96),

> Os movimentos sociais do campo têm consolidado a sua participação nas lutas que envolvem o direito à educação, assim como, a conquista da terra, a valorização da cultura camponesa, o fortalecimento da agricultura familiar e o monitoramento e avaliação das políticas públicas relacionadas à vida dos camponeses, buscando afirma-los como protagonista, mesmo com os entraves impostos pelo aumento da pobreza, a concentração fundiária e a persistências das desigualdades sociais e econômicas do país.

No Brasil, na década de 1990, as classes dominantes formadas pelas oligarquias agrárias defendiam o discurso de que o tipo de trabalho camponês — produção de alimentos via manejo da terra para garantir a subsistência e venda do excedente para a população urbana — não necessitava de formação escolar, de aprender a ler e a escrever. O próprio modo de vida camponês seria uma justificativa para se negar o acesso à educação (CAMACHO, 2012).

Dessa forma, para compreender o conceito de classe dominante, recorremos a Marx e Engels (2008) ao evidenciar o capitalismo como um sistema econômico, baseado na acumulação do lucro. A partir dessa compreensão, inferimos que é por intermédio dessa configuração de quem detém o modo de produção que emerge a burguesia. Na atualidade, trata-se de uma classe social relacionada a quem tem o domínio da economia.

A outra classe que surge paralelamente nesse cenário se configura pela população, sem participação nos lucros, que apenas vende a força de trabalho como meio de sobrevivência, denominada por Marx de proletariado ou assalariado. São nessas perspectivas que se forma a sociedade de classe, a saber: classe dominante, consolidada pela burguesia, e classe dominada, instituída pela classe operária de trabalhadores e trabalhadoras que viviam de seu salário.

Nessa conjuntura, para o grupo detentor do poder econômico, o camponês sempre foi visto como apenas mais um produtor de mercadorias que deveria se ater ao trabalho braçal, para o qual a educação era algo secundário e não necessário à sua vida, tendo assim seu direito a uma educação de qualidade negado.

Di Pierro (2006) afirma que a falta de instrução do homem do campo foi crucial para que se intensificasse a pobreza e a precariedade das condições de vida dos trabalhadores do campo. Além disso, o baixo rendimento escolar desses sujeitos se deve ao fato de que o ensino oferecido a eles não estava, e não está em muitos casos, de acordo com sua realidade, o que contribui para a evasão escolar dessa população e a diminuição dos níveis de escolarização.

O contexto histórico explica a exclusão social e educacional dos sujeitos que vivem do campo no Brasil. Essa realidade está diretamente atrelada às contradições de trabalho e ao modo de produção ao se articular com os sujeitos detentores dos meios de produção e com o aparelho ideológico do Estado na perspectiva do interesse dos gestores governamentais.

Diante dessa realidade, os movimentos sociais do campo, em suas pautas de luta, visavam a possibilitar as condições de acesso dos trabalhadores do campo e seus familiares ao trabalho rural na propriedade, bem como à terra útil para produção em suas localidades de sobrevivência. Por outro lado, almejavam outras políticas que assegurassem o direito à educação, à saúde, ao transporte, à assistência social, a uma vida digna na comunidade do campo, o que possibilitaria o bem-estar coletivo no ambiente rural.

Assim, percebemos que a história de luta dos movimentos sociais sempre desempenhou um papel crucial na busca pelo direito de viver do campo, com uma educação que seja também do campo. Os movimentos sociais citados por Scherer-Warren (2008) trazem essa perspectiva nos seus debates e objetivos a serem conquistados, a exemplo dos movimentos sociais do campo, em destaque neste artigo.

Movimento dos Pequenos Agricultores (MPA)

O Movimento dos Pequenos Agricultores (MPA) nasceu no ano de 1996 como fruto histórico da crise econômica e social na agricultura brasileira — crise gerada pelas políticas neoliberais dos anos de 1990 — e fruto do colapso do movimento sindical de trabalhadores rurais como instrumento de representação e luta dos camponeses brasileiros. O grupo de formação era composto em sua grande maioria por militantes oriundos do movimento sindical e do Partido dos Trabalhadores (PT).

> O fato que deflagrou este entendimento para os pequenos agricultores foi a Seca que castigou as plantações no final de 1995 e início de 1996 no Rio Grande do Sul. Enquanto os agricultores angustiavam-se com a perda total das plantações, dirigentes de Sindicatos e da Federação dos Trabalhadores faziam acordos entre si e conchavos políticos com os governantes da época para negociar soluções que nunca chegavam até a roça dos agricultores. Houve um momento em que a indignação dos agricultores atingidos pela seca conseguiu sensibilizar alguns sindicalistas. Estes dirigentes tiveram a sensatez de ouvir o clamor da base. Articulou-se uma mobilização histórica pela Agricultura Camponesa no RS. Cinco foram os Acampamentos da Seca que se organizaram nos meses de janeiro e de fevereiro de 1996 no RS, reunindo mais de 25.000 pequenos agricultores. Ali germinou a semente do MPA. (MPA, 2020, s/p).

O MPA foi constituído por um objetivo maior de permanência dos agricultores para resistir e viver no meio rural, mediante uma política agrícola. O movimento faz parte da Via Campesina Brasil e Via Campesina Internacional, da Confederação Latino-americana de Organizações Camponesas (Cloc), assim como da Frente Brasil Popular. É um movimento popular que tem atuações em todo território nacional, cuja base social é organizada em grupos de famílias nas comunidades camponesas.

> O MPA busca resgatar a identidade e a cultura camponesa, na sua diversidade, e se coloca ao lado de outros movimentos populares do campo e da cidade para a construção de um

projeto popular para o Brasil baseado na soberania e pelos valores de uma sociedade justa e fraterna. (MPA, 2020, s/p)[32].

Segundo o MPA (2020), o movimento defende a perspectiva de que, por meio da identidade dos camponeses, há o surgimento de necessidades comuns que ultrapassam os limites territoriais. Além disso, o movimento busca construir uma nova organização política, capaz de unificar os processos de luta nacional.

O MPA está organizado em 17 estados brasileiros em todas as regiões do Brasil. Em 22 anos de existência, apresenta expressivo histórico de luta e de organização do campesinato no país, com a organização de aproximadamente 100 mil famílias camponesas de forma direta em todo o território brasileiro. Entre as principais ações desenvolvidas pelo MPA, Görgen (2011, p. 493) afirma que foram elas:

> 1) a formação de militantes e de famílias camponesas em temas como história do campesinato, conjuntura agrícola e agrária, cultura, relações de gênero, poder e classe, desafios da agricultura camponesa, metodologia do trabalho de base, agroecologia, reflorestamento, questão ambiental, entre outros; 2) seminários sobre educação camponesa em diversos estados, e em parceria com outras organizações do campo; 3) combate à expansão de todo tipo de monocultivo; 4) combate ao uso de agrotóxicos; 5) ampliação do MPA para outros municípios dos diversos estados; e 6) desenvolvimento da agroecologia, aumentando o número de famílias que estão em processo de transição e consolidação dessas técnicas de produção.

Essas ações são fruto da necessidade da mudança, de organização, de mobilização e de reivindicação da classe camponesa por seus direitos que foram historicamente negados. Se a estrutura do Estado capitalista impõe limites, a classe trabalhadora deve buscar os ultrapassar de forma que seja possível a denúncia das incoerências nas políticas públicas e nas práticas educacionais de cunho conservador neoliberal.

O Movimento dos Atingidos por Barragens (MAB)

O Movimento dos Atingidos por Barragens (MAB) é um movimento social brasileiro, autônomo, de massa popular, que teve sua fundação em 1991, com a realização do I Congresso Nacional dos Trabalhadores Atingidos por Barragens. Esse movimento surgiu como reação, segundo Zen e Ferreira (2011), ao tratamento dado às populações atingidas por barragens

---

[32] Informações obtidas no site do MPA: https://mpabrasil.org.br/quem-somos/. Acesso em: 12 ago. 2020.

pelas empresas construtoras e pelo Estado. Ele é composto por ribeirinhos, pescadores, indígenas, quilombolas, trabalhadores rurais e populações urbanas afetadas pela construção de barragens. Representa, desse modo, "[...] uma força de transformação social, pois sua ação por um novo modelo energético, dentro de um projeto popular para o Brasil, ultrapassa os territórios em que se constroem as barragens" (ZEN; FERREIRA, 2011, p. 489).

O MAB valoriza as lutas concretas, locais e nacionais, com uma visão extremamente crítica em relação ao modelo atual do setor energético brasileiro. "É, por excelência, um movimento ambiental, em defesa dos rios, da vida e da natureza" (MPA, 2020, s/p). Em suas pautas de luta, o movimento traz questionamentos ao sistema político e econômico em sua totalidade e em sua especificidade brasileira, com o objetivo de ocasionar mudanças no modelo de produção vigente, o qual tem como base a poluição do meio ambiente.

Movimento dos Trabalhadores Rurais Sem Terra (MST)

O MST surgiu no Brasil em 1980 e é um movimento social do campo que tem como bandeira de luta a reforma agrária, a educação do campo e a transformação da sociedade capitalista. "Tem também se destacado dentre os movimentos sociais da atualidade, pela capacidade de agregar valores sociais e culturais, com base nos ideais marxistas" (SANTOS, 2014, p. 17). Nesse sentido, o movimento busca a garantia do acesso e da permanência de escolas públicas nos assentamentos e acampamentos; escolas essas no campo e do campo, direcionadas para os valores e princípios antagônicos ao do capital.

Segundo Santos (2016), o Movimento dos Trabalhadores Rurais sem Terra possui três frentes de lutas: a quebra das cercas do latifúndio, a quebra das cercas da ignorância, além de fazer a transformação social dos espaços e, principalmente, do sujeito. Trata-se de um movimento autônomo, pois não é subordinado a outros movimentos, porém articula-se junto a outros movimentos como igrejas, sindicatos, partidos políticos em suas lutas, entre outras articulações.

Sobre a escola do MST, Santos (2014, p. 17) nos esclarece que

> [...] as escolas dos assentamentos e acampamentos do movimento são públicas, financiadas pelo Estado, administradas por pessoas da burocracia estatal (secretarias de educação) diretamente, ou por pessoas do MST que assumem a função de gestar, por indicação do Movimento junto às administrações municipais e estaduais.

Entretanto, Santos (2014) afirma que o MST tem encontrado resistência para garantir uma educação que seja proporcionada pelo Estado, com gestão e proposta educacional do próprio movimento. Essa realidade se deve ao fato de que, em uma sociedade capitalista, a educação oferecida para os filhos da classe trabalhadora é pensada e organizada para o mercado de trabalho assalariado. Por isso, as ações dos movimentos sociais no Brasil giram em torno da reivindicação de uma sociedade igualitária, justa, próspera, solidária, que respeite as identidades dos sujeitos — aspectos que são contrários aos ideais capitalistas.

Quanto à condução das ações a serem realizadas pelo MST, Santos (2014, p. 19) afirma que:

> [...] são defendidas e encontradas nos objetivos e princípios construídos nos congressos e encontros nacionais e/ou estaduais do Movimento com a participação massiva de todos os estados do território nacional onde o MST está organizado.

Por sua vez, Caldart (2003, p. 62) aponta que:

> Quase ao mesmo tempo em que começaram a lutar pela terra, os sem-terra do MST também começaram a lutar por escolas e, sobretudo, para cultivar em si mesmos o valor do estudo e do próprio direito de lutar pelo seu acesso a ele. No começo não havia muita relação de uma luta com a outra, mas aos poucos a luta pelo direito à escola passou a fazer parte da organização social de massas de luta pela Reforma Agrária, em que se transformou o Movimento dos Sem Terra.

Percebemos, assim, que as ações do MST estão diretamente relacionadas à luta pela terra, pela escola e pela educação na perspectiva de melhorar a vida dos camponeses e seus filhos, mediante a organização pedagógica específica nas escolas conquistadas, bem como pela formação de educadores para ministrar aulas condizentes com a proposta da Educação do Campo.

> A Educação do Campo nomeia um fenômeno da realidade brasileira atual, protagonizado pelos trabalhadores do campo e suas organizações, que visa incidir sobre a política de educação desde os interesses sociais das comunidades camponesas. Objetivo e sujeitos a remetem às questões do trabalho, da cultura, do conhecimento e das lutas sociais dos camponeses e ao embate (de classe) entre projetos de campo e entre lógicas de agricultura que têm implicações no projeto de país e de sociedade e nas concepções de política pública, de educação e de formação humana. (CALDART, 2012, p. 259).

Nas palavras da autora, a Educação do Campo emerge das experiências educativas do MST, das demandas por políticas públicas de acesso à educação básica, passando pela superior, da busca por uma educação que contribua para a construção do olhar crítico e politizado dos sujeitos, de forma que os prepare para as estratégias de luta pela terra e pela educação.

Os movimentos sociais, em especial o MST, evidenciam a distância entre o que se compreende como Educação Rural e educação do campo, porque, enquanto a primeira está alicerçada na visão inferiorizada e paternalista em relação ao povo do campo, a outra, por sua vez, firma-se como um fenômeno que compreende o homem do campo como sujeito que, como tal, precisa ser valorizado em suas peculiaridades.

Organizações sociais do campo: lutas e conflitos

Em 13 de abril de 2019, a *Crítica 21* (RBA, 2019), trouxe um balanço sobre as questões relacionadas à violência no campo. Com isso, evidenciou que, no ano de 2018, foi registrado o maior número de casos de violência contra as mulheres nos espaços rurais no Brasil, com um registro de 482 casos, o maior índice registrado em dez anos. Dos 482 casos notificados, 28 pessoas tiveram desdobramento em óbito, sendo que dessas 28 vítimas fatais, 15 eram lideranças. "O número de conflitos no campo registrados pela Comissão Pastoral da Terra (CPT) cresceu 4% em 2018, chegando a 1.489" (RBA, 2019, s/p).

Esse panorama nos faz inferir que não se trata apenas de um demonstrativo numérico, possível de ser mensurado, mas que a situação está para além das estatísticas e precisa ser denunciada, pois se trata de vidas humanas, em algumas situações, de vulnerabilidade social e/ou econômica, no coletivo de suas organizações lutando pelo direito à vida com dignidade.

Nessas circunstâncias, vale ressaltar que, segundo a revista *Crítica 21* (RBA, 2019), esse quantitativo é bem maior, uma vez que esses são apenas os casos registrados. Cabe ressaltar também que quase metade dos conflitos ocorreram na Amazônia. Outro dado apresentado nessa mesma edição da revista, e que nos chama a atenção, no ano de 2017, foi a quantidade de 2.305 famílias expulsas das localidades onde residiam — conforme divulgado, essas famílias foram expulsas em um contexto de violência.

Segundo o relatório apresentado, o número de assassinatos teve uma redução significativa entre os anos de 2017 e 2018. De acordo com a revista *Crítica 21* (RBA, 2019, s/p), há uma justificativa de que, diante da análise realizada pela "CPT em relação a essa diminuição, é que nos anos eleitorais, os casos de violência tendem a ter uma redução nesse tipo de violência no campo". Nesse sentido, imaginemos que seja pelo fato de os candidatos se aproximarem da população no contexto de uma falsa harmonia, no intuito de angariar confiança da população e, consequentemente, o voto. "Contudo, o ano de 2019 já aponta o retorno do aumento dos assassinatos nos espaços rurais no país" (RBA, 2019, s/p).

A Figura 1 trata, por meio de demonstrativo numérico, da realidade dos conflitos do campo no contexto nacional, no ano de 2019.

Figura 1 – Mapeamento de conflitos no campo no Brasil

Fonte: Revista Crítica 21 (RBA, 2019)

Nos últimos dez anos, a Comissão Pastoral da Terra vem desempenhando um trabalho de natureza quantitativa demonstrando a real situação vivenciada pelos povos do campo, sobretudo na perspectiva da luta pela terra, tendo em vista esse espaço como sua única possibilidade de trabalho. A Tabela 1, a seguir, evidencia o panorama do conflito no campo de disputa pela terra entre 2010 a 2019.

A EDUCAÇÃO DO CAMPO COMO PROCESSO DE DISPUTA NO CONTEXTO DO CAPITAL

Tabela 1 – Conflitos no campo entre os anos de 2010 a 2019

	2010	2011	2012	2013	2014	2015	2016	2017	2018	2019
N.º de ocorrências	638	850	816	763	793	771	1.079	989	964	1.206
Ocupações/ retomadas	180	200	238	320	250	200	194	169	143	43
Acampamentos	35	30	13	14	20	27	22	10	17	5
Total	**853**	**1.035**	**1.067**	**1.007**	**1.018**	**998**	**1.295**	**1.168**	**1.124**	**1.254**
Assassinatos	30	29	34	29	36	47	58	70	25	28
Pessoas envolvidas	351.935	458.675	460.585	435.075	600.240	503.735	686.735	530.900	590.400	578.968

Fonte: adaptado do Caderno de Conflitos no Campo Brasil 2016-2019 (CPT, 2019)

Verificamos que a Tabela 1 apresenta uma oscilação no período de 2010 a 2015, período esse demarcado pela gestão de esquerda. Entretanto, há uma discreta diminuição no contexto das ocorrências entre os anos de 2013 a 2015. A partir do ano 2016, com a consolidação do "golpe", houve um aumento significativo do número de ocorrências por conflitos de disputa por terra no campo e, consequentemente, uma diminuição no indicativo de ocupações, bem como nos acampamentos. Em relação ao número de assassinatos, existe uma oscilação não linear, com destaque para o ano de 2017 que notifica um quantitativo de 70 assassinatos no campo, com decréscimo entre os anos de 2018 e 2019.

> Os dados comparados, cobrindo o período do último ano do Governo Lula até o primeiro ano do Governo protofascista de Jair Bolsonaro, indicam a dinamicidade das ações de violência, mas também a inscrição e o lugar da reação e da resistência dos trabalhadores rurais em diferentes contextos de luta, com avanços e retrocessos, em todas as conjunturas políticas. De um modo ilustrativo, os conflitos trabalhistas diminuíram de uma maneira significativa ao longo desse período, indicando o impacto das denúncias das situações de superexploração do trabalho e da escravidão contemporânea. De um modo ilustrativo, os conflitos trabalhistas diminuíram de uma maneira significativa ao longo desse período, indicando o impacto das denúncias das situações de superexploração do trabalho e da escravidão contemporânea. [...] Nesse sentido, esses conflitos ultrapassam a água em si, quando também expõem o avanço da lógica de privatização e mercadorização dos bens comuns em contexto de disputas. (RIBEIRO *et al.*, 2020, p. 423).

Observemos, conforme exposto na Tabela 1, o agravamento do número de conflitos no campo a partir do ano de 2016. Essa situação pode ser concernente à motivação das políticas de armamento, incentivada e apoiada pelo o governo, sobretudo no governo Bolsonaro, que utilizou desses argumentos como estratégia na campanha política, em função das discussões sobre as novas considerações do estatuto do armamento.

Inclusive no governo Bolsonaro houve grandes preocupações em alterar o Estatuto do Desarmamento em favor da liberação e aquisição de armas para a população. Como podemos constatar na *Revista BBC News Brasil*, no mandato do o presidente Jair Bolsonaro foi expedido um decreto que facilitou à aquisição e posse de armas, uma de suas principais promessas de campanha no ano de 2017. O decreto altera o Estatuto do Desarmamento, aprovado em 2003, que limitava o acesso a armamentos no Brasil, esclarecendo que, para se adquirir o direito ao porte de arma, a pessoa deveria comprovar a necessidade de possuir arma (FRANCO, 2019).

Assim, no governo Bolsonaro foram criadas alternativas de flexibilização do Estatuto do desarmamento, ampliando esse direito a outros tipos de públicos sem comprovação da necessidade do uso desse equipamento — conforme estabelecido pelo Decreto n.º 9.845, de 25 de junho de 2019, que regulamenta a Lei n.º 10.826, de 22 de dezembro de 2003, sobre a necessidade de dispor da aquisição, do cadastro, do registro e da posse de armas de fogo e de munição.

Nesse contexto, compreendemos que as políticas em favor do armamento facilitam a aquisição de arma e seu uso de forma inadequada, bem como contribui para um maior índice de conflitos de violência no campo, envolvendo assentados, lideranças indígenas, quilombolas, posseiros, trabalhadores rurais, conforme demonstrado na Tabela 2, a seguir.

Tabela 3 – Assassinatos no campo após o Golpe de 2016

Categoria	2016 (após 31/08)	2017	2018	2019	Subtotal
Ambientalista	-	-	-	1	1
Filiado	-	3	-	1	4
Assentado	-	4	3	3	10
Funcionário Público	-	-	-	1	1
Indígena	1	3	-	2	6
Liderança	2	16	12	7	37
Liderança Indígena	4	3	2	7	16
Liderança Quilombola	-	4	1	-	5
Pequeno Proprietário	1	-	-	-	1
Pescador	-	1	-	-	1
Posseiro	1	9	2	2	14
Quilombola	-	7	1	-	8
Sem Terra	6	21	4	4	35

Categoria	2016 (após 31/08)	2017	2018	2019	Subtotal
Sindicalista	-	-	-	1	1
Trabalhador Rural	-	-	3	3	6
Total	15	71	28	32	146

Fonte: adaptado do Caderno de Conflitos no Campo Brasil 2016-2019 (CPT, 2019)

Constatamos que após o Golpe de 2016, houve um aumento considerável de assassinatos de pessoas envolvidas na luta pela conquista da terra, sobretudo na luta pelo trabalho nesse espaço, ou seja, pessoas que utilizam da terra e da água para sobreviver. É possível observar que a tabela apresenta vítimas fatais desses conflitos. Entre as 145 vítimas, exceto o funcionário público que não sabemos informar sobre quais interesses estava defendendo, trata-se de uma população que defende o interesse da classe trabalhadora no contexto do campo. Além disso, dos 145 envolvidos no conflito, 58 são lideranças que estão na de frente, em suas organizações no movimento em defesa da terra, da água, do campesinato, da agroecologia. Nesse cenário, inferimos que a conjuntura dos conflitos tem implicações direta para o arrefecimento dos movimentos sociais e de suas ações.

Nesse sentido, compreendemos que o panorama de conflitos que envolvem os movimentos sociais em suas atividades de lutas e ações reivindicatórias tem colaborado para o arrefecimento da atuação desses movimentos. Nessa perspectiva, compreendemos que a violência no campo, conforme apresentado no discorrer desse manuscrito, demonstram o quanto o Estado vem reprimindo e intimidando com forças armadas os representantes dos movimentos sociais, sindicais e outros setores da sociedade organizada, sobretudo no contexto do campo, causando a desmotivação dos movimentos em face dos riscos de morte por conta dos conflitos agrários. Nesse contexto, inferimos que essa disputa entre os movimentos sociais e o Estado, pautado pelas contradições do capitalismo, de certa maneira fortalece a hegemonia ruralista daqueles que detêm o latifúndio.

Referências

BRASIL. **Decreto nº 9.85, de 25 de junho de 2019**. Regulamenta a Lei nº 10.826, de 22 de dezembro de 2003, para dispor sobre a aquisição, o cadastro, o registro e a posse de armas de fogo e de munição. Brasília: Presidência da República, [2019]. Disponível em: http://www.planalto.gov.br/ccivil_03/_Ato2019-2022/2019/Decreto/D9845.htm. Acesso em: 2 mar. 2021.

CALDART, Roseli Salete. Educação do campo. *In*: CALDART, Roseli Salete *et al*. (org.). **Dicionário da educação do campo**. São Paulo: Expressão Popular, 2012. p. 259.

CAMACHO, Rodrigo Simão. A educação do campo no paradigma da questão agrária: o projeto camponês de educação. *In*: ENCONTRO NACIONAL DE GEOGRAFIA AGRÁRIA, 21, 2012, Uberlândia. **Anais** [...]. Uberlândia: UFU, 2012.

CPT – Comissão Pastoral da Terra. **Conflitos no campo**: Brasil 2019. Goiânia: CPT Nacional, 2020. Disponível em: http://www.lagea.ig.ufu.br/diversos/caderno_conflitos_no_campo_2019.pdf. Acesso em: 3 fev. 2021.

DI PIERRO, Maria Clara. Notas sobre a redefinição da identidade das políticas públicas de Educação de Jovens e Adultos no Brasil. **Educação e Sociedade,** Campinas, v. 26, n. 92, p. 1115-1139, out. 2005. Disponível em: https://www.scielo.br/j/es/a/mbngdHjkWrYGVX96G7BWNRg/?format=pdf&lang=pt. Acesso em: 14 jan. 2020.

FARIA, Edite Maria da Silva de. Os movimentos sociais populares do campo: espaço de participação e intervenção social. *In*: NUNES, Eduardo José Fernandes; BARRETO, Maria Raidalva Nery; SANTOS, Marcos César Guimarães dos (org.). **A gestão social da EJA e suas interfaces com os movimentos sociais e a educação popular no Território do Sisal – Bahia**. 1 ed. Curitiba, PR: CRV, 2015, p. 96.

FERNANDES, Bernardo Mançano. **MST**: formação e territorialização. 2. ed. São Paulo: Hucitec, 1999. 285 p.

FRANCO, Luiza. Decreto de Bolsonaro facilita posse de arma; entenda como funciona a lei e o que muda agora. **BBC News**, São Paulo, 15 jan. 2019. Disponível em: https://www.bbc.com/portuguese/brasil-46832821. Acesso em: 2 mar. 2021.

GÖRGEN, Frei Sergio Antonio. Movimento dos Pequenos Agricultores (MPA). *In*: ARROYO, Miguel Gonzalez; CALDART, Roseli Salete; MOLINA, Mônica Castagna (org.). **Por uma educação do campo**. Petrópolis: Vozes, 2011. p. 492-497.

MARX, Karl; ENGELS, Friedrich. **O manifesto do partido comunista**. 1. ed. São Paulo: Expressão Popular, 2008.

MOCELIN, Daniel Gustavo. Movimentos sociais e movimentos sociais rurais. *In*: GEHLEN, Ivaldo; MOCELIN, Daniel Gustavo (org.). **Organização social e movimentos sociais rurais**. 2. ed. rev. e ampl. Porto Alegre: Editora UFRGS, 2018, p. 68.

MPA. Movimento dos Pequenos Agricultores. Quem somos. **Página virtual do MPA**, [*S.l.*], 2020. Disponível em: https://mpabrasil.org.br/quem-somos/. Acesso em: 3 ago. 2020.

RIBEIRO, Ana Maria Motta *et al*. Os cadernos de conflitos no campo da CPT. **Revista Trabalho Necessário**, Faculdade de Educação da Universidade Federal Fluminense – UFF, Niterói, v. 18, n. 36, p. 404-429, 2020. Disponível em: https://periodicos.uff.br/trabalhonecessario/article/view/42818/24496. Acesso em: 3 mar. 2021.

RBA. Quase 1 milhão de pessoas são afetadas por 1.500 conflitos no campo em 2018. **Revista Critica 21**, [*S.l.*], 2019. Disponível em: https://www.critica21.com.br/2019/04/quase-1-milhao-de-pessoas-sao-afetadas.html. Acesso em: 22 fev. 2021.

SANTOS, Arlete Ramos dos. **Aliança (neo)desenvolvimentista e decadência ideológica no campo**: movimentos socais e reforma agrária do consenso. Curitiba: Editora CRV, 2016.

SANTOS, Arlete Ramos dos. **Ocupar, resistir e produzir, também na educação!** O MST e a burocracia estatal: negação e consenso. Jundiaí: Paco Editorial, 2014.

SCHERER-WARREN, Ilse. Movimentos sociais no Brasil contemporâneo. **História:** Debates e Tendências, [*S.l.*], v. 7, n. 1, p. 9-21, jan./jun. 2008.

STEDILE, João Pedro; ESTEVAM, Douglas (org.). **A questão agrária do Brasil**: debate sobre a situação e perspectiva da reforma agrária na década de 2000. 1. ed. São Paulo: Expressão Popular, 2013.

VIANA, Nildo. Os objetivos dos movimentos sociais. **Revista Movimentos Sociais**, v. 1, n. 1, p. 40-87, jul./dez. 2016.

ZEN, Eduardo Luiz; FEREIRA, Ana Rita de Lima. Movimento dos atingidos por barragens (MAB). *In*: ARROYO, Miguel Gonzalez; CALDART, Roseli Salete; MOLINA, Mônica Castagna (org.). **Por uma educação do campo**. Petrópolis: Vozes, 2011. p. 489-493.

O FECHAMENTO DE ESCOLAS DO CAMPO NAS REDES MUNICIPAIS DE ENSINO: DA SINGULARIDADE DE IGUAÍ/BA À TOTALIDADE DO BRASIL

Vanessa Costa dos Santos[33]
Eliane Nascimento dos Santos[34]
Julia Maria da Silva Oliveira[35]
Luciene Rocha da Silva[36]

Introdução

Ao recapitularmos o processo de expansão das políticas neoliberais na América Latina, verificamos que houve uma intensificação delas na década de 1990, nos diversos países considerados subdesenvolvidos, principalmente aqueles (Argentina, Brasil, Chile, México, Venezuela, Colômbia, Equador e Bolívia, em princípio) que seguiram as "recomendações" propaladas no Consenso de Washington (1989), que afirmam a necessidade da modernização e do progresso dos países "periféricos" para o "bem de todos".

O século XXI desponta com os velhos ataques do capital financeiro à educação em específico e aos direitos sociais como um todo, porém recrudesci-

---

[33] Mestra em Ensino pela Universidade Estadual do Sudoeste da Bahia (Uesb). Pós-Graduada em Metodologia do Ensino de Geografia pela Faculdade Batista de Minas Gerais. Graduada em Geografia pela Uesb. Professora da Educação Básica no município de Padre Paraíso/MG. Membro do Grupo de Estudos e Pesquisas, Movimentos Sociais, Diversidade, Educação do Campo e Cidade (GEPEMDECC/CNPq). Padre Paraíso, Minas Gerais, Brasil. Correio eletrônico: vanessacosta792@gmail.com.

[34] Mestra em Ensino pelo PPGEn (Uesb). Pós-Graduada em Coordenação Escola EaD pela UFBA. Graduada em Pedagogia pela Uesb. Professora da educação básica no município de Vitória da Conquista/BA. Membro do Grupo de Pesquisa Estudos Movimentos Sociais, Diversidade, Educação do Campo e da Cidade (GEPEMDECC/CNPq). Vitória da Conquista, Bahia, Brasil. Correio eletrônico: lika_enascimento@hotmail.com.

[35] Doutora em Educação pela Université de Montréal (UdeM), Montréal, Québec, Canadá. Mestra em Educação pela Universidade Federal da Bahia (UFBA). Licenciada em Pedagogia pela Uesc/BA. Professora titular no Departamento de Ciências da Educação da Universidade Estadual de Santa Cruz (Uesc), Ilhéus, Bahia. Coordenadora do Centro de Estudos e Pesquisas em Ciências Humanas (CEPECH/DCIE/Uesc). Correio eletrônico: jmsoliveira@uesc.br.

[36] Mestra em Educação pela Universidade Estadual de Santa Cruz (Uesc), Ilhéus/BA. Pós-graduada em História Social do Brasil pela Uesb. Graduada em História pela Universidade Estadual do Sudoeste da Bahia (Uesb). Coordenadora do Fórum Municipal de Educação do Campo de Vitória da Conquista/BA (Fomec/VC/BA). Membro do Grupo de Pesquisa Movimentos Sociais, Diversidade, Educação do Campo e da Cidade (GEPEMDECC/CNPq). Vitória da Conquista. Bahia, Brasil. Correio eletrônico: lucienerocha64@gmail.com.

dos, no Brasil, por exemplo, com a implementação de "reformas empresariais" (FREITAS, 2018) educacionais, que são chanceladas pelo poder executivo, assim como pelo poder legislativo, e incidem diretamente na tomada de decisões nos níveis estaduais e municipais, que se materializam por meio das políticas públicas, as quais firmam ou negam o direito à educação.

As políticas públicas educacionais no Brasil, campo de intensa e perpetua disputa, mantêm e disseminam o discurso hegemônico da classe dominante, sobretudo econômica e política, de quem sabe o que faz, e que sabe tomar as melhores e acertadas decisões no nome daqueles que não sabem: a classe trabalhadora.

Nesse contexto de profundas mudanças em escala nacional, em todos os âmbitos, defrontamo-nos com ameaças (e, por vezes, a negação) aos direitos conquistados em grande medida pelos movimentos sociais, que estão registrados pela escrita na Carta Magna. É tão somente na Constituição da República Federativa do Brasil, em 1988 (BRASIL, 1988), que corporificamos, de fato, no seu Título II - Dos Direitos e Garantias Fundamentais, Art. 6º, os direitos sociais, quais sejam: "[...] a educação, a saúde, a alimentação, o trabalho, a moradia, o transporte, o lazer, a segurança, a previdência social, a proteção à maternidade e à infância, a assistência aos desamparados, na forma desta Constituição" (BRASIL, 1988, p. 12).

Porém, apenas em 1996 foi sancionada a Lei de Diretrizes e Bases da Educação Nacional n.º 9.394, de 20 de dezembro de 1996, a qual organiza, estrutura, define funções e papéis da educação básica. Tão importante quanto a construção de todo esse ordenamento jurídico normativo, a LDBEN n.º 9.394/1996 valida como modalidades da educação: educação do campo, educação quilombola, indígena, especial, de jovens e adultos.

Legitima, desse modo, as reinvindicações dos diversos movimentos sociais por uma educação laica, gratuita, pública e, no momento atual. Dentre as demandas dos movimentos, destacamos aquelas provenientes dos povos do campo, por uma Educação do/no Campo, em contraposição ao paradigma de educação rural, tendo em vista as contradições inerentes aos embates políticos e econômicos entre a classe dominante e a classe trabalhadora.

Nesse contexto de tensionamento entre uma educação emancipadora — que possui como estratégia a instrumentalização do proletariado para promover ações contra-hegemônicas — e uma educação tecnicista — que tem por fito a manutenção e perpetuação de um modelo de dominação do homem e da mulher, da negação ao acesso, construção e partilha do conhecimento e da informação —, emerge o Movimento Nacional por uma Educação do Campo.

As lutas travadas pelos movimentos em prol de uma Educação do Campo estão presentes na sociedade brasileira desde os primórdios da sua formação, mas se sistematizam a partir da década de 1990 e culminam com a realização do 1° Encontro Nacional de Educadores e Educadoras da Reforma Agrária (Enera), em julho de 1997. Nesse cenário, concebe-se a Educação do/no Campo como

> [...] movimento sociopolítico, pois engendrado na luta pela terra, por direitos, por educação. Movimento direcionado por sujeitos coletivos. Renovação pedagógica por ter como fundamento a construção de um projeto-pedagógico dos sujeitos do campo e não para os sujeitos do campo. (SILVA, 2020, p. 4).

Nessa perspectiva — de "construção de um projeto" coletivo de nação — de sociedade que o Estado brasileiro deveria se interpor no processo (persistente) de fechamento de escolas nas comunidades rurais. Acreditamos que o fechamento de escolas se constitui um retrocesso à educação no Brasil, posto que os avanços científicos e tecnológicos demandam por uma população, na sua totalidade, escolarizada, que seja capaz de ultrapassar as competências básicas e primárias de leitura e cálculo. Faz-se necessário a interpretação das informações amplamente disseminadas na sociedade. Assim, o fechamento de escolas está na contramão da história da educação e, na nossa percepção, em grande medida, são as antípodas das recomendações emanadas das agências multilaterais.

Essa conjuntura econômica, política, histórica e educacional nos conduziu a investigar o processo de fechamento de escolas do campo no Território de Identidade Médio Sudoeste da Bahia[37] e, em específico, no município de Iguaí/BA (Figura 1).

Segundo Censo Demográfico, realizado pelo Instituto Brasileiro de Geografia e Estatística (IBGE, 2010), o município possui 25.705 habitantes e a densidade demográfica é de 31, 05 hab./km². Em 2020, a população estimada pelo IBGE foi de 27.006 habitantes.

---

[37] Municípios que compõem o Território Médio Sudoeste da Bahia: Caatiba, Firmino Alves, Ibicuí, Iguaí, Itambé, Itapetinga, Itarantim, Itororó, Macarani, Maiquinique, Nova Canaã, Potiraguá, Santa Cruz da Vitória.

Figura 1 – Localização do município de Iguaí no estado da Bahia, 2021

Fonte: Wikipedia, 2022

O município está inserido no bioma mata atlântica. Foi denominado Iguaí, que significa "fonte de beber água", em virtude de a povoação ter ocorrido às margens do rio Gongogi, onde os indígenas se abasteciam de água potável.

Procedimentos metodológicos

O método que orienta esta pesquisa é o materialismo histórico-dialético (MHD), por entender que fatos e fenômenos não podem ser considerados fora de um contexto histórico, social, político, cultural e econômico, uma vez que, conforme afirma Marx (2004), o conhecimento está no real, na realidade objetiva concreta. Escobar (2002, p. 3), ao tratar do MHD, proporciona-nos essa compreensão ao explicar que "[...] chama-se materialista porque pressupõe que há independência da matéria em relação ao pensamento e que, a construção do pensamento, enquanto apropriação da matéria, se dá através da prática social".

Essa percepção do fenômeno, do fechamento de escolas do campo, em sua totalidade, encontra respaldo na dialética entre singularidade, particularidade e universalidade. Esclarece Martins (2006, p. 11) que,

> [...] em sua expressão singular, o fenômeno revela o que é em sua imediaticidade (sendo o ponto de partida do conhecimento), em sua expressão universal revela suas complexidades, suas conexões internas, as leis de seu movimento e evolução enfim, a sua totalidade histórico-social.

Pela análise dialética da relação entre o singular (o fechamento de escolas no município de Iguaí) e o universal (o fechamento de escolas nas redes municipais de todo o Brasil, que revela as nuances da sociedade capitalista), é que se torna possível a construção do conhecimento concreto.

Realizamos, também, uma análise documental nos bancos de dados do Censo Escolar do Instituto Nacional de Estudos e Pesquisas Educacionais Anísio Teixeira (Inep) e do Instituto Brasileiro de Geografia e Estatística (IBGE). Nessa busca, averiguamos o quantitativo de escolas do campo das redes municipais que ofertam o ensino fundamental, no período de 2010 a 2020. Ressaltamos que procuramos verificar se o processo de fechamento de escolas do campo se limita à singularidade de um determinado município ou está presente na totalidade das redes municipais de ensino do Brasil.

A educação e a escola do campo como forma de resistência

A educação do campo visa à construção de uma educação transformadora, que possibilite aos sujeitos enfrentarem os desafios postos pelo sistema capitalista neoliberal, que tem por objetivo a subjugação, a desumanização do indivíduo em nome do lucro, por meio dos modos de produção, que reverberam na formulação, implantação e implementação das políticas públicas educacionais. Assim, faz-se necessário "atividades educativas emancipadoras", que permitam ao indivíduo "[...] a apropriação de conhecimentos, habilidades, valores comportamentos, etc. que se constituem em patrimônio acumulado e decantado ao longo da história da humanidade" (TONET, 2005, p. 142), assim como que contribuam para a desconstrução dos discursos assentados nos princípios fundantes do liberalismo clássico — ressignificados pelo neoliberalismo que afirma ser tão somente o indivíduo responsável por seu sucesso ou fracasso.

Nessa direção, observamos que, de forma gradual e contínua, as políticas públicas educacionais favorecem as relações do modo de produção vigente, ou seja, estão colocadas a serviço, ao atendimento dos interesses da classe política e econômica do Brasil, bem como das agências e organismos multilaterais. Interesses esses que por vezes se sobrepõem, por vezes se amalgamam conforme os resultados dos *lobbies* realizados no tensionamento dos embates protagonizados pelas classes. Dessa forma, a inserção das políticas públicas nas agendas políticas do Estado brasileiro, no caso em tela, envolve intenções e negociação dentro do próprio Estado. Há, portanto, um conjunto de valores, pretensões e intenções políticas e diversos atores envolvidos.

Nesse âmbito, o atendimento às necessidades da classe trabalhadora e daqueles/as que estão na condição de pobres, por meio das políticas públicas, é permeado de reinterpretações e reformulações em consonância com os interesses políticos partidários e econômicos. O Estado, atrelado ao capitalismo neoliberal, ao buscar preservar as desigualdades sociais, a dependência da sociedade pelo capital, atua como regulador da economia. Nesse sentido, a educação é organizada ao sabor dos "reformadores empresariais" neoliberais e fornece sustento aos discursos e às práticas empregadas pela classe dominante, que pretensamente visa à melhoria da educação para todos.

Diante dessa realidade, torna-se imprescindível firmarmos o direito à educação, dentre outros direitos sociais ameaçados, sobretudo após a ascensão dos conservadores, neoconservadores dos partidos da direita ao poder. Ratificarmos o direito à educação pública, laica, gratuita e de "gestão pública estatal" e, nessa perspectiva, a Educação dos Povos do Campo. Ratificar, Firmar, Resistir. Nessa conjuntura, a Educação do Campo, à semelhança das demais modalidades, devem ser consideradas, especificamente na atualidade, como estratégias de Resistência e para a Resistência.

O fechamento de escolas do campo nas redes municipais de ensino

O fechamento das escolas do campo condiz com a política neoliberal, adotada pelo Estado brasileiro, para o qual a educação se tornou um bem, um negócio, uma fonte de lucro. Nesse sentido,

> Trata-se, enfim, de transferir a educação *da* esfera da política *para* a esfera do mercado, negando sua condição de direito social e transferindo-a em uma possibilidade de consumo individual, variável segundo o mérito e a capacidade dos consumidores. A educação deve ser pensada como um bem submetido às regras diferenciais da competição. Longe de ser um direito do qual gozam os indivíduos, dada sua con-

> dição de cidadãos, deve ser transparentemente estabelecida como uma oportunidade que se apresenta aos indivíduos empreendedores, aos consumidores. (GENTILI, 1998, p. 19).

Para os empresários da educação, o fechamento de escolas, do campo ou da cidade, contribui para a transferência da educação pública para a esfera privada, por meio da parceria público-privada, legitimada pela Lei n.º 13.019, de 31 de julho de 2014, a qual

> [...] estabelece o regime jurídico das parcerias entre a administração pública e as organizações da sociedade civil, em regime de mútua cooperação, para a consecução de finalidades de interesse público e recíproco, mediante a execução de atividades ou de projetos previamente estabelecidos em planos de trabalho inseridos em termos de colaboração, em termos de fomento ou em acordos de cooperação; define diretrizes para a política de fomento, de colaboração e de cooperação com organizações da sociedade civil. (BRASIL, 2015, p. 1).

Isso significa que as reformas empreendidas pelos detentores dos poderes político e econômico no Brasil organizam e estruturam um arcabouço jurídico normativo que também atenda aos seus interesses.

Como a escola pública do campo não tem nenhum vínculo com as leis de mercado e não preconiza lucros, é mais viável o seu fechamento, obrigando crianças e jovens a buscarem outros meios de escolarização que não seja no campo e nem na escola pública.

A reprodução material capitalista neoliberal, fixada nos fundamentos externos e internos da classe detentora do poder econômico, elabora programas, projetos e ações segundo seus interesses guiados pelo valor e pelo lucro. E a diminuição de matrículas (Tabela 2) nas escolas públicas contribui para a efetivação desses interesses.

Nesse processo excludente, as escolas que não apresentem índices satisfatórios, a exemplo do Índice de Desenvolvimento da Educação Básica (Ideb), devem ser fechadas. Assim, são excluídos os estudantes que não se "esforçaram" como deveriam, bem como os professores que não são "eficientes" são demitidos (FREITAS, 2018). Nesse jogo do capital, retira-se da classe trabalhadora do campo o direito à educação no ambiente de produção da vida, isto é: o Campo.

Tudo isso a fim de, nas palavras de Freitas (2018), desvincular a educação pública da gestão pública, tendo o Estado apenas como provedor de recursos públicos e não mais como gestor. Sob essa perspectiva vem se ampliando o fechamento de escolas do campo em todos os municípios do Brasil, a exemplo de Iguaí, um município do estado da Bahia.

As ações administrativas do poder público do município de Iguaí no estado da Bahia ao longo do tempo vêm ampliando o fechamento de escolas do campo (Tabela 1) com uma política de consolidação do ideário neoliberal, que se estrutura na nucleação de escolas. A nucleação[38] de escolas do campo segue a lógica do custo-benefício e do corte de verbas, isto é, quando a escola possui "poucos" alunos, não compensa mantê-la em funcionamento.

Nessa direção, Hage (2014) aponta que a maioria das escolas do campo é fechada por possuir classes multisseriadas. Essas escolas são consideradas isoladas, por se distanciarem significativamente do centro da cidade. O autor explica que a simples abdicação e negação das escolas multisseriadas não resolverá os problemas que assolam as escolas do campo no Brasil.

A Tabela 1 revela o quantitativo de escolas do campo que ofertavam o ensino fundamental no Brasil, no estado da Bahia e, em específico, no município de Iguaí, no período de 2010-2020 (Censo Escolar/Inep, 2010 a 2020).

Tabela 1 – Escolas do campo fechadas no período de 2010-2020

Ano	Iguaí	Bahia	Brasil
2020	23	7.665	48.407
2019	23	7.875	49.267
2018	24	8.418	51.519
2017	25	9.065	54.571
2016	25	9.536	56.817
2015	25	9.837	58.524
2014	24	10.412	61.353
2013	42	11.148	64.614
2012	42	11.787	67.810
2011	42	12.172	69.627
2010	42	12.690	72.700

Fonte: Censo Escolar/Inep (2010 a 2020)[39]

Por meio desses dados do Censo Escolar/Inep (2010 a 2020), obtidos no site QEdu, podemos observar que, no ano de 2010, tínhamos 42 esco-

---

[38] Nucleação é o processo de agrupamento de pequenas escolas da zona rural em uma única escola, previsto no Parecer CNE/CP 036/2001 (BRASIL, 2002).

[39] Dados obtidos no site QEdu.org.br, por meio de dados coletados do Censo Escolar/Inep.

las em Iguaí. Esse quantitativo permanece sem alteração por quatro anos, mas, no ano de 2014, houve uma redução expressiva de 18 escolas. No ano seguinte, houve o aumento de apenas uma escola, permanecendo assim até o ano de 2017. Em 2018 e 2019, houve novamente o processo de redução. Dados que merecem reflexão, diante da enorme redução de escolas, pois, ao contabilizarmos, verificamos que, de 2010 a 2020, houve uma redução de 19 escolas nas comunidades rurais de Iguaí.

Ao levarmos em consideração o total de escolas da rede municipal de ensino do estado da Bahia, verificamos também o processo de fechamento de escolas do campo, pois, de 2010 a 2020, houve uma redução constante, passando de 12.690 escolas no ano de 2010 para 7.665 em 2020 — uma diminuição de 5.025 escolas. Esse processo que está presente na especificidade de Iguaí também o está na particularidade do estado da Bahia e na totalidade da realidade concreta do Brasil, o qual teve uma diminuição de 24,293 escolas, como podemos observar na Tabela 1.

Os dados do Censo Escolar/Inep demonstram que, no ano de 2010, as redes municipais, que compõem a totalidade da educação básica do 1º ao 9º ano do ensino fundamental no Brasil, contavam com um total de 72.700 escolas, passando para 61.353 no ano de 2014. Nos anos de 2015 a 2020, permaneceu o processo de fechamento de escolas, passando de 58.524 para 48.407, uma redução de 10.117.

Essa contradição revela a história da sociedade brasileira, na qual as elites governantes adotam decisões políticas para a manutenção de seus interesses, pois mesmo quando forçados a incluir demandas da classe trabalhadora, a exemplo da Lei 12.960/2014, eles o fazem de modo que possam garantir que a condução do processo permaneça sob seu controle.

Diante desse cenário, questionamos: quais eram os governos que estavam no poder de decisão nesses períodos de redução do número de escolas do campo? Entre os anos de 2009 a 2012, o município de Iguaí era governado pelo Partido Social Democrático (PSD). Nos anos de 2013 a 2016, período em que mais se fechou escolas do campo, o município tinha no governo o partido Democratas (DEM).

Como assevera Santos (2019a), os governos, representantes da classe dirigente, não objetivam atender às necessidades dos filhos dos trabalhadores:

> É possível inferir, que se mudam os governos mais algumas práticas, sobretudo as educacionais, podem permanecer, visto que independente de governantes, a elite dirigente con-

tinuará a ditar as regras da educação, da economia nacional. (SANTOS, 2019a, p. 94).

A redução de escolas do campo no município de Iguaí, nos demais municípios da Bahia e do Brasil reflete a classe política que estava e está no poder de decisão quanto à implementação de políticas municipais.

Tabela 2 – Quantitativo de matrículas nas escolas do campo nas redes municipais de ensino, do 1º ao 9º ano do ensino fundamental

Ano	Total de matrículas em Iguaí	Total de matrículas na Bahia	Total de matrículas no Brasil
2020	990	480.221	3.054,655
2019	1.050	501.720	3.150,734
2018	1.130	523.578	3.271,044
2017	1.089	544.445	3.376,136
2016	1.124	560.867	3.441,305
2015	1.188	581.834	3.541,943
2014	1.195	607.101	3.650,758
2013	1.293	630.023	3.738,862
2012	1.398	659.621	3.876,309
2011	1.569	699.138	4.023,136
2010	1.690	731.082	4.179,558

Fonte: Santos (2021)[40]

Os dados da Tabela 2, do Censo Escolar/Inep, também obtidos no site QEdu, revelam a diminuição de matrículas em Iguaí e nas redes municipais de ensino da educação básica no campo que compõe a Bahia e o Brasil. No ano de 2010 o município de Iguaí contava com um total de 1.690 matrículas, passando para 1.089 em 2017, uma redução de 601 matrículas em apenas sete anos. No ano de 2018 houve um aumento de 41 matrículas. Entretanto, no ano seguinte ocorreu a redução de 80 matrículas e em 2020 chega-se a um total de apenas 990 matrículas.

Em todo o estado da Bahia e em todo o Brasil, de 2010 a 2020, houve uma constante redução de matrículas do 1º ao 9º ano do ensino fundamental nas escolas municipais localizadas no meio rural. Na Bahia em 2010 tínhamos

---

[40] Dados obtidos no site QEdu.org.br por meio de dados coletados do Censo Escolar/Inep 2010 a 2020.

um total de 731.082 matrículas e em 2020 apenas 480.221, uma redução de 250.861 matrículas. No Brasil, de 2010 a 2020, ocorreu uma diminuição de 1.124.903 matrículas. Constatamos, assim, que o processo de fechamento de escolas do campo está presente na especificidade do município de Iguaí, mas também está presente na totalidade da realidade capitalista em que tanto a Bahia, quanto o Brasil estão inseridos.

Santos (2019b), ao comparar os dados do Inep referentes ao quantitativo de matrículas nas escolas do campo no município de Vitória da Conquista e os da Secretaria de Educação de Vitória da Conquista, verificou divergências. A autora afirma que o acesso a informações sobre o quantitativo de escolas e de matrículas nas redes municipais de ensino não é algo fácil, pois o poder público municipal tende a esconder a realidade:

> [...] agrava-se a imprecisão à medida que os dados dos censos escolares enviados pelos municípios e estados são, em parte, manipulados quanto ao número de alunos e estabelecimentos de ensino, visando a obter recursos federais e estaduais de forma ilegal. (FERREIRA; BRANDÃO, 2017, p. 81-82).

A intensa diminuição de matrículas em Iguaí e em outros municípios do Brasil possibilita compreender que houve migrações de pessoas para outras localidades rurais ou urbanas, uma vez que, sem escola na comunidade, sem acesso a um transporte escolar ou tendo acesso apenas a um veículo precário, sem-terra, sem emprego, as famílias buscam novas alternativas para a continuidade escolar e para a sobrevivência. Mesmo com dificuldades, algumas comunidades conseguem resistir no campo, com sujeitos que mantêm uma relação camponesa de (re)produção na e pela terra, assim, mesmo com a população reduzida, existem crianças e jovens no campo que querem e precisam estudar.

A diminuição de matrículas nas escolas do campo deixa claro que muitas crianças e jovens estão fora do ambiente escolar, da educação formal e, por estarem fora desse espaço, há maior possibilidade de se tornarem adultos analfabetos, situação que favorece o aprofundamento do elitismo e da exclusão social no Brasil.

Considerações finais

Os dados apresentados no texto revelam a enorme redução de escolas do campo em todo o Brasil. Esse processo conduz muitos jovens e até mesmo todo o núcleo familiar para outras localidades geográficas, na maioria das vezes para os espaços urbanos.

As ações governantes giram em torno de decisões autoritárias "de cima para baixo", com o fim último de manutenção dos interesses capitalistas. Nesse sentido, é preciso questionar quais eram/são os governos que estavam/estão no poder, para que as ações contra-hegemônicas sejam organizadas e efetivadas a fim de instaurar as mudanças necessárias para uma sociedade que priorize a educação pública, seja ela no campo ou na cidade.

A Educação do Campo nasce por meio da luta social, da organização coletiva da classe trabalhadora. Por isso, a compreensão da totalidade e da singularidade na sociedade capitalista é algo fundamental na construção de um saber não mais fragmentado. Assim, o caminho para a garantia de escolas do campo deve ser uma junção entre a educação e as lutas sociais contra o fechamento de escolas.

Referências

CALDART, Roseli Salete. Por uma educação do campo: traços de uma identidade em construção. *In*: KOLLING, Edgar Jorge; CERIOLI, Paulo Ricardo; CALDART, Roseli Salete (org.). **Educação do campo e políticas públicas**. Brasília: Articulação Nacional por uma Educação do Campo, 2002, p.18-25.

FERREIRA, Fabiano de Jesus; BRANDÃO, Elias Canuto. Fechamento de escolas do campo no Brasil e o transporte escolar entre 1990 e 2010: na contramão da educação do campo. **Imagens da Educação**, Maringá, v. 7, n. 2, p. 76-86, 2017.

FREITAS, Luiz Carlos de. **A reforma empresarial da educação**: nova direita, velhas ideias. São Paulo: Expressão Popular, 2018.

GENTILI, Pablo. **A falsificação do consenso**: simulacro e imposição na reforma educacional do neoliberalismo. Petrópolis: Vozes, 1998.

HAGE, Salomão Antônio Mufarrej. Transgressão do paradigma da (multi)seriação como referência para a construção da escola pública do campo. **Educ. Soc.**, Campinas, v. 35, n. 129, p. 1165-1182, out./dez. 2014.

HÖFLING, Eloisa de Mattos. Estado e políticas (públicas) sociais. **Cadernos Cedes**, Campinas, v. 21, n. 55, p. 30-41, nov. 2001.

IBGE. Instituto Brasileiro de Geografia Estatística. **Censo Demográfico, 2010**. Rio de Janeiro: IBGE, 2010. Disponível em: https://censo2010.ibge.gov.br/sinopse/index.php?uf=29&dados=10. Acesso em: 20 jul. 2021.

IBGE, Instituto Brasileiro de Geografia Estatística. População de Vitória da Conquista. **IBGE**, [*S.l.*], [20--]. Disponível em: https://cidades.ibge.gov.br/brasil/ba/vitoria-da-conquista/panorama. Acesso em: 28 jul. 2018.

MARTINS, Lígia Márcia. As aparências enganam: divergências entre o materialismo histórico dialético e as abordagens qualitativas de pesquisa. *In*: REUNIÃO ANUAL DA ANPED, 29., 2006, Caxambu. **Trabalhos** [...]. Caxambu: ANPEd, 2006. Disponível em: https://www.scielo.br/j/ccedes/a/pqNtQNWnT6B98Lgjpc5YsHq/?format=pdf&lang=pt. Acesso em: 1 maio 2022.

MARX, Karl. **Manuscritos econômicos filosóficos**. 1. ed. Boitempo Editorial, 2004.

MÉSZÁROS, István. **A educação para além do capital**. 2. ed. São Paulo: Boitempo Editorial, 2008.

SANTOS, Eliane Nascimento dos. **A política do Proinfo no ensino fundamental**: estudo sobre os laboratórios de informática em escolas do campo no município de Vitória da Conquista/BA. Dissertação (Mestrado em Ensino) – UESB, Vitória da Conquista, 2019a.

SANTOS, Vanessa Costa dos. **As diretrizes neoliberais e suas implicações sobre a política de fechamento de escolas do campo em Vitória da Conquista - BA**. Dissertação (Mestrado em Ensino) – UESB, Vitória da Conquista, 2019b.

SILVA, André Luiz Batista. da. A educação do campo no contexto da luta do movimento social. **Revista Brasileira de História da Educação**, Maringá, v. 20, n. 1, e112, 2020.

QEDU. Quantitativo de escolas do campo das redes municipais de ensino da educação básica. **QEdu**, [*S.l.*], [20--]. Disponível em: https://www.qedu.org.br/cidade/5262-iguai/censoescolar?year=2015&localization=2&dependence=3&education_stage=0&item=matriculas-no-ensino-fundamental. Acesso em: 21 jul. 2021.

TONET, Ivo. **Educação, cidadania e emancipação humana**. Ijuí: Ed. Unijuí, 2005. 256 p. (Coleção Fronteiras da Educação).

VENDRAMINI, Célia Regina. Qual o futuro das escolas no campo? **Educação em Revista**, Belo Horizonte, v. 31, n. 03, p. 49-69, jul./set. 2015.

REFLEXÕES SOBRE A EDUCAÇÃO DO CAMPO E OS MOVIMENTOS SOCIAIS

Ana Débora Costa do Nascimento Mascarenhas[41]
Geysa Novais Viana Matias[42]
Arlete Ramos dos Santos[43]

Introdução

Os debates acerca da Educação do Campo no Brasil possuem na sua gênese as lutas sociais por uma escola emancipadora, que atenda às necessidades da comunidade campesina e não as demandas do capital, que concebe a educação como mercadoria. Observamos que a educação do campo se contrapõe à educação rural, notadamente, pelo fato de a Educação do Campo buscar a valorização dos sujeitos, bem como pela sua produção econômica ser voltada para a agricultura familiar (SANTOS, 2017). A diferença também se acentua no tocante à formação do sujeito, que, na perspectiva da Educação Rural, está voltada para a produção em larga escala, como mão de obra especializada para o agronegócio consoante as demandas provenientes do capital (CALDART, 2012).

Os movimentos sociais são, de acordo com Gohn (1997), ações socio-políticas construídas por atores sociais, articulados com certos cenários de conjuntura socioeconômica criando, dessa forma, um campo político de força social na sociedade civil e, portanto, é uma expressão coletiva.

Partindo desses pressupostos, o presente estudo faz uma revisão sobre a importância dos movimentos sociais na busca por uma educação do campo que atenda aos anseios da comunidade campesina, averiguando seus desafios e conquistas ao longo de sua história.

---

[41] Mestranda em Educação pela Universidade Estadual do Sudoeste da Bahia (Uesb). Membro do Grupo de Estudos e Pesquisa em Movimentos Sociais, Diversidade e Educação do Campo (GEPEMDEC/Uesb). Correio eletrônico: anadeboramascarenhas4@gmail.com.

[42] Mestranda em Educação pela Uesb. Membro do Grupo de Estudos e Pesquisa em Movimentos Sociais, Diversidade e Educação do Campo (GEPEMD). Correio eletrônico: geysa.nv@gmail.com.

[43] Pós-doutorado em Educação e movimentos sociais (Unesp); doutora em Educação (FAE/UFMG). Professora adjunta da Universidade Estadual do Sudoeste da Bahia (Uesb). Professora no Programa de Pós-Graduação Mestrado em Formação de Professores para a Educação Básica (DCIE/Uesc) e do PPGED/Uesb. Coordenadora do Centro de Estudos e Pesquisas em Educação e Ciências Humanas (CEPECH); coordenadora do Grupo de Estudos Movimentos Sociais, Diversidade e Educação do Campo. Correio eletrônico: arlerp@hotmail.com.

Para a realização deste estudo foi feita uma pesquisa bibliográfica sobre o tema. Segundo Marconi e Lakatos (2002, p. 27), "[...] a pesquisa bibliográfica é o levantamento de toda a bibliografia já publicada, em forma de livros, revistas, publicações avulsas e imprensa escrita".

Este estudo tem como questão-problema: qual a importância dos movimentos sociais para a educação do campo? Sendo assim, tem como objetivo averiguar o papel dos movimentos sociais na busca pela educação do campo voltada para a valorização do sujeito, sua cultura e seu modo de vida.

Movimentos sociais e a luta por igualdade de direitos

Os movimentos sociais são entendidos como qualquer movimentação social que tem o objetivo de reivindicar algo do Estado ou da sociedade civil, e surgem a partir de uma indignação coletiva sobre determinado aspecto social. Para Gohn (2007, p. 13):

> Movimentos sociais são ações coletivas de caráter sociopolítico e cultural que viabilizam distintas formas da população se organizar e representar suas demandas. São várias as formas dessas ações se manifestarem, de maneira direta e indireta, podendo ser exemplificados com mobilizações, marchas, passeatas, atos de desobediência, entre outros.

Dessa forma, compreende-se que os movimentos sociais, por serem formas de organização em busca de um objetivo determinado, são importantes formas de mobilização, e têm demonstrado sucesso em muitas de suas empreitadas. A busca por melhores condições de trabalho e de educação, entre outros direitos que são negados à população, são exemplos de lutas desses movimentos. Sob esses aspectos, Santos (2013, p. 41) defende que, na perspectiva marxista, os movimentos sociais têm um propósito nas lutas de classes:

> A perspectiva marxista de análise dos movimentos sociais teve como foco o movimento operário e a luta de classes, a qual buscou contribuir para a superação da sociedade capitalista, tendo como meta a transformação política e social. Os conceitos marxistas de mais-valia e modo de produção são usados pelos movimentos sociais de orientação marxista nas suas lutas até os dias atuais. Marx buscou responder às questões de envolvimento e mobilização dos indivíduos em ações coletivas por meio das contradições históricas das lutas de classe entre proletariado e capitalistas.

Logo, observa-se que a luta por direitos é o cerne dos movimentos sociais — sua gênese busca a valorização do sujeito em seu espaço e tempo. Esses movimentos nas últimas décadas viabilizaram a aprovação de algumas políticas públicas, em especial no que se refere à educação do campo e suas especificidades.

Os movimentos sociais no Brasil começaram a partir da década de 1920, com o movimento operário. Na década de 1930, com as mudanças na economia brasileira, esses movimentos se intensificaram e reivindicaram mudanças nas leis trabalhistas, mesmo com atuação limitada. Na década seguinte ganharam força, no período militar foram sufocados, mas na década de 1970 ganharam força: nesse momento surgem a Central Única dos Trabalhadores (CUT) e a Central Geral dos Trabalhadores (CGT), as quais fizeram greves em busca de melhores condições de trabalho.

Outro movimento que surgiu na década de 1980, organizado com o propósito de acesso aos direitos dos trabalhadores, foi o Movimento dos Trabalhadores Rurais Sem Terra (MST) cuja pauta de luta é buscar os direitos pela terra e pela reforma agrária (MONTAÑO; DURIGUETTO, 2010).

Os movimentos sociais da década de 1970 e 1980 no Brasil contribuíram para o avanço e conquista de diversos direitos sociais e para a elaboração da Constituição da República Federativa do Brasil de 1988 no processo de redemocratização do país.

O MST surge tendo como integrantes os participantes dos movimentos pastorais da igreja católica, que tinham como foco a teologia da libertação, coordenada por setores progressistas que priorizavam as discussões políticas e sociais, ao invés das questões relacionadas à religiosidade (MST, 1999).

A busca pela reforma agrária, que é uma luta do MST, é pautada no direito ao uso da terra. A Constituição Federal de 1988 diz que as terras improdutivas devem ser reintegradas e redistribuídas pelo governo (BRASIL, 1988). Considerando o direito à terra, o MST as ocupa para que aconteça a reforma agrária.

A educação que acontece no MST é voltada para a humanização, a coletividade e a emancipação da comunidade campesina. Assim, consolida-se uma educação do campo e não uma educação "para" o campo. O movimento busca a formação de "novos seres humanos" como uma busca coletiva na formação de uma humanização, em que há a reflexão e a elaboração teórica de princípios político-pedagógicos articulados às práticas educativas desenvolvidas no interior das lutas sociais levadas a efeito pelos povos do campo (SAVIANI, 2008).

Conforme os Princípios da Educação no MST, publicados no *Caderno de Educação* número 8, no ano de 1996, os princípios filosóficos são os seguintes:

> Princípios filosóficos:
>
> 1) Educação para a transformação social: educação de classe, massiva, organicamente vinculada ao movimento social, aberta ao mundo para a ação e aberta para o novo.
>
> 2) Educação para o trabalho e a cooperação.
>
> 3) Educação voltada para as várias dimensões da pessoa humana.
>
> 4) Educação com/para valores humanistas e socialistas.
>
> 5) Educação como um processo permanente de formação/transformação humana. (MST, 1996, p. 34).

No final da década de 1990, a educação do campo passou a ser discutida a partir de suas especificidades, de sua localização geográfica, de sua historicidade e também como um modelo de pedagogia diferente da pedagogia tradicional.

No *Caderno de Formação* n.º 18 (1999, p. 3-5), intitulado "O que queremos com as escolas de campo?", o MST enfatiza que, para o movimento, a educação não significa transmissão, mas troca de conhecimento, destacando que "[...] ninguém educa ninguém; ninguém se educa sozinho; as pessoas se educam entre si, através de uma organização coletiva".

Movimentos sociais e a educação do campo

Em seu artigo 205, a Constituição Federal nos diz que:

> A educação, direito de todos e dever do Estado e da família, será promovida e incentivada com a colaboração da sociedade, visando ao pleno desenvolvimento da pessoa, seu preparo para o exercício da cidadania e sua qualificação para o trabalho. (BRASIL, 1988, p. 305).

Durante muito tempo a educação do campo era tida como educação rural. A mesma pedagogia da educação urbana era direcionada para a comunidade campesina, sem atender às necessidades e prerrogativas do sujeito do campo, sendo realizada para atender às demandas da capital — empobrecendo o homem do campo, levando-o ao êxodo rural. Nesse contexto, os movimentos sociais passaram a ter um papel relevante na luta por uma escola de qualidade, voltada para a realidade dos homens e das mulheres do campo, buscando a manutenção do sujeito em seu território. E esse ponto só entrou em debate a partir da década de 1990 no Brasil.

A educação rural foi concebida tendo como base os interesses do capital, que buscava o desenvolvimento do capital no campo e, para tanto, era necessária mão de obra com qualificação para essa finalidade — atender a demanda do capital. Não havia interesse na melhoria da qualidade de vida para a comunidade campesina (RIBEIRO, 2012).

Com a necessidade de se ter uma educação que tivesse como objeto os sujeitos do campo, os movimentos sociais de luta pela educação contra-hegemônica emergem do seio da comunidade. O Movimento dos Trabalhadores Rurais Sem Terra (MST) é o pioneiro nessa busca pela educação libertária e emancipatória. Aflora na década de 1980 com a luta pela terra e por uma educação contra-hegemônica.

De acordo com Santos (2009), um projeto educativo emancipatório, além de considerar todas as condições do multiculturalismo evidente hoje na sociedade globalizada, seria a radical mudança de racionalidade na veiculação do conhecimento. Dessa forma, para alcançá-lo, é preciso que se tenha um conhecimento da realidade e que se faça uso do conhecimento de maneira social. O conhecimento não seria apenas pragmático — concepção arraigada na racionalidade técnica da modernidade —, mas marcado por uma reflexão crítica de seu uso.

Assim, os movimentos sociais de luta pela educação do campo buscam um projeto educacional na forma de política pública que tenha como foco os interesses dos sujeitos diversos que fazem do campo seu território de vida (SANTOS, 2017).

A expressão *Educação do Campo* originou-se no I Encontro Nacional de Educação na Reforma Agrária (Enera), cujas discussões se sucederam com o foco na educação básica do campo no contexto de preparação da I Conferência Nacional por uma Educação Básica do Campo, realizada em Luziânia, Goiás, de 27 a 30 de julho de 1998. A partir daí, passou a ser usada a expressão *Educação do Campo*, por conta das discussões do Seminário Nacional realizado em Brasília de 26 a 29 de novembro de 2002, decisão posteriormente reafirmada nos debates da II Conferência Nacional, realizada em julho de 2004 (CALDART, 2012).

A educação do campo é o resultado da luta de movimentos sociais, em especial o Movimento dos Trabalhadores Sem Terra (MST), que tem a educação como bandeira de luta. Uma educação que tem como foco a emancipação humana, adequada à realidade das famílias do campo, com articulação entre educação e trabalho para o desenvolvimento de jovens e adultos sob a perspectiva freiriana.

> E aí está a grande tarefa humanista e histórica dos oprimidos — liberta-se a si e aos opressores. Estes, que oprimem, exploram e violentam, em razão de seu poder, não podem ter, neste poder, a força de libertação dos oprimidos nem de si mesmos. Só o poder que nasça da debilidade dos oprimidos será suficientemente forte para libertar a ambos. (FREIRE,1996, p. 33).

Na educação do campo, a pedagogia é pensada como libertadora, valorizando a cultura, a história e os valores do campo como uma pedagogia da teoria e prática. Hoje, a educação do campo, com suas pensadas ações, é tida como alternativa para viabilizar outras propostas educativas, que seriam as adaptações de seus processos aos quilombos, às comunidades indígenas e às comunidades de ribeirinhos (CALDART, 2004).

Política públicas para a educação do campo

Política pública é uma forma de regulação do Estado, mas também é a produção de serviços públicos pelo Estado em resposta às necessidades da população. Logo, a política pública tem interferência direta ou indireta em todos os cidadãos. Sendo assim, proclama contradições de classe. De um lado estão os que pretendem manter sua supremacia cultural, econômica e social, valorizando o capital; do outro, a população que carece de mecanismos que favoreçam o bem-estar social (CARVALHO, 2019).

Observa-se que as políticas públicas surgem da contradição dos interesses de classes e dependem da correlação das forças que emergem em um dado momento histórico. As políticas públicas de educação do campo são conquistas alcançadas depois de muitos debates e lutas para que fossem instituídas e praticadas.

Sob a ótica histórico-dialética, faz-se necessário observar o histórico de negação em relação à materialidade do campo e suas especificidades. Durante muito tempo a educação no campo foi implementada a favor do capital, visando à preparação de mão de obra para atender às demandas capitalistas, negando o sujeito do campo.

A educação no campo era feita de maneira hegemônica, ou seja, direcionada para uma finalidade. Para Gramsci (2017), hegemonia não é apenas uma denominação, pois requer uma "direção"; sendo assim, engloba um processo educativo-ideológico, no sentido amplo, disputado entre diferentes grupos sociais e políticos. Trata-se do resultado de uma determinada configuração de forças em um determinado contexto histórico.

A partir de 1996, as políticas públicas de educação do campo instituídas foram: o Programa Nacional de Educação na Reforma Agrária (Pronera), o Programa de Apoio à Formação Superior em Licenciatura em Educação do Campo (Procampo), o Projovem Campo – Saberes da Terra. Esses programas foram instituídos por intermédio da percepção de que existem diferentes momentos no decorrer do processo de edificação de uma política pública específica.

O Pronera constitui um Programa do governo federal administrado pelo Incra. Em termos de macro-objetivos, o supracitado programa visa a: a) oferecer educação formal aos jovens e adultos beneficiários do Plano Nacional de Reforma Agrária (PNRA), abrangendo todos os níveis de ensino e áreas do conhecimento; b) melhorar as condições de acesso à educação do público do PNRA; c) promover melhorias no desenvolvimento dos assentamentos rurais por meio da formação e qualificação do público do PNRA e dos profissionais que desenvolvem atividades educacionais e técnicas nos assentamentos (CARVALHO, 2019).

O decreto n.º 7.352, de 04 de novembro de 2010, institui o Pronera como política pública de educação do campo. O seu manual de operações, que foi criado no governo do então presidente Luiz Inácio Lula da Silva — para quem a educação é um direito prioritário —, defende que o programa deve:

> Fortalecer a educação nas áreas de Reforma Agrária estimulando, propondo, criando, desenvolvendo e coordenando projetos educacionais, utilizando metodologias voltadas para a especificidade do campo, tendo em vista contribuir para a promoção do desenvolvimento sustentável. (BRASIL, 2004, p. 17).

Sendo assim, é notório que a educação do campo surge como elemento transformador que visa à valorização dos sujeitos, contribuindo para a sua manutenção no campo com qualidade de vida e favorecendo o desenvolvimento sustentável. O manual ainda tem como prioridade os seguintes projetos:

> - Alfabetização e escolarização de jovens e adultos no ensino fundamental e capacitação e escolaridade de educadores(as) para o ensino fundamental em áreas da Reforma Agrária;
>
> - Formação continuada e escolaridade de professores(as) de áreas da Reforma Agrária (nível médio na modalidade normal ou em nível superior por meio das licenciaturas);

> - Formação profissional conjugada com a escolaridade em nível médio por meio de cursos de educação profissional de nível técnico ou superior (de âmbito estadual, regional ou nacional) em diferentes áreas do conhecimento voltados para a promoção do desenvolvimento sustentável no campo. (BRASIL, 2004, p. 21).

Esses cursos formam educadores das comunidades, ampliando o acesso à educação básica do campo por meio de convênios com universidades. O programa priorizou cursos profissionalizantes e contribuiu para a produção agrícola com cursos em Administração e Cooperativa, além de Agroecologia (MOLINA; JESUS, 2010).

O marco da educação do campo foi a publicação do Decreto n.º 7.352, de 4 de novembro de 2010, no qual o Estado brasileiro integra o Pronera à política pública de Educação do Campo.

> Art. 6º Os recursos didáticos, pedagógicos, tecnológicos, culturais e literários destinados à educação do campo deverão atender as especificidades e apresentar conteúdos relacionados aos conhecimentos das populações do campo, considerando os saberes próprios das comunidades, em diálogo com os saberes acadêmicos e a construção de propostas de educação no campo contextualizadas. (BRASIL, 2010, p. 4).

Portanto, observa-se que a diversidade de saberes acumulados, a cultura e a historicidade dos sujeitos são valorizadas e trabalhadas de maneira didática com pedagogia específica para essa modalidade de ensino. Entretanto, ainda existe resistência, por parte de instituições que são voltadas para o serviço do capital, em aceitar estudantes oriundos da educação do campo.

O Programa Nacional de Educação do Campo (Pronacampo) é um programa de iniciativa do Ministério da Educação, capitaneado pela Secretaria de Educação Continuada, Alfabetização e Diversidade (Secad), e tem como objetivo a formulação e implementação de políticas públicas que visam ao combate das carências educacionais históricas padecidas pelos sujeitos do campo, procurando valorizar as diversidades nas políticas educacionais (NASCIMENTO, 2002).

O Pronacampo tem a intenção de fortalecer as licenciaturas em Educação do Campo, integrando ensino, pesquisa e extensão, além de valorizar temáticas que sejam significativas para autonomia e reconhecimento das populações campesinas. De acordo com a Lei n.º 7.352 em seu parágrafo único:

> A política de educação do campo destina-se à ampliação e qualificação da oferta de educação básica e superior às popu-

lações do campo, e será desenvolvida pela União em regime de colaboração com os estados, os municípios e o Distrito Federal, de acordo com as diretrizes e metas estabelecidas no Plano Nacional de Educação.

O Programa Pro-Jovem Campo – Saberes da Terra, criado pelo Decreto n.º 6.629 de 4 de novembro de 2008, proporciona a escolarização de jovens e adultos agricultores que ainda não completaram o ensino fundamental e o fazem na modalidade de Educação de Jovens e Adultos (EJA). Esse programa qualifica os sujeitos profissionalmente e foi implementado pelos agentes governamentais da esfera federal no ano de 2005, estando vinculado ao Ministério da Educação (MEC), com sua gestão direta por meio da Secad, tendo como meta estipulada promover a escolarização de 5.000 jovens de áreas agrícolas em vários estados da federação (NASCIMENTO, 2002).

Essa educação do campo tem uma pedagogia que valoriza os saberes dos sujeitos do campo, sua cultura e sua historicidade. Na perspectiva de Freire (1997), é uma dimensão educativa do fazer pedagógico que se realiza de maneira coletiva no fortalecimento de projetos políticos pedagógicos emancipadores.

Para Caldart (2002), a educação do campo tem um projeto que reafirma a finalidade mais expressiva das práticas educativas desenvolvidas no campo, contribuindo para o desenvolvimento mais pleno do ser humano e sua inserção consciente no contexto social do qual faz parte.

A educação do campo desvinculou-se da educação rural com a nova Lei de Diretrizes e Bases, a Lei 9.394/96, bem mais avançada que as anteriores, passando assim a ter uma nova perspectiva.

> [...] uma educação básica do campo voltada aos interesses e ao desenvolvimento sociocultural e econômico dos povos que habitam e trabalham no campo, atendendo as suas diferenças históricas e culturais, para que vivam com dignidade e que, organizados, resistam contra a expulsão e a expropriação. (CALDART; CERIOLI; FERNANDES, 1998, p. 83).

Sendo assim, observa-se que a nova LDB cria novos mecanismos com uma postura diferenciada: a educação do campo passa a ser realizada de maneira a atender as prerrogativas da realidade campesina. O MST, por sua vez, ainda passou a ter mais uma proposta que fosse relacionada à realidade dos sujeitos do campo.

A educação do campo atualmente é viabilizada por meio de políticas públicas específicas para os sujeitos do campo. Essa realidade só é possível depois de lutas de movimentos sociais que buscaram essa educação emancipadora, transformadora e voltada para a valorização da cultura campesina.

Autores como Nascimento (2002), Caldart (2002), Santos (2017), Molina e Jesus (2010) entendem que a possibilidade dessas políticas públicas educacionais tem a finalidade de transformar a vida do sujeito do campo, respeitando sua cultura e diversidade. A qualidade de vida do sujeito do campo em seu ambiente de trabalho, vida e cultura só se tornou viável depois de muitas lutas promovidas pelos movimentos sociais em busca de uma educação transformadora, gratuita e de qualidade.

Dentre os movimentos mais relevantes, encontra-se o MST, que, além da luta pelo direito à terra, tem em suas metas a educação com uma pedagogia diferenciada, desenvolvendo o saber sistematizado contra a hegemonia da sociedade capitalista e desenvolvendo a capacidade de lutar contra a dominação, a favor da liberdade de produzir e preservar.

Sob a ótica freiriana, o saber deve ser contextualizado levando em consideração a cultura de um povo, suas necessidades e sua liberdade de aprender e transformar sua história de vida. Freire é um defensor de que o trabalho pedagógico deve partir da investigação da realidade dos alunos, a realidade próxima. A pedagogia do MST é uma proposta de vida, uma filosofia que visa a rever a proposta pedagógica como uma atividade meramente rotineira das escolas.

Considerações finais

Com a realização deste estudo, verifica-se que a educação do campo só pode ser compreendida a partir de políticas públicas de formação integral do sujeito, levando em consideração toda a sua sabedoria e cultura prévia, sua historicidade e sua ancestralidade. Todavia, a construção de um projeto popular só foi viabilizada por ações de movimentos sociais que possibilitaram as políticas públicas nesse segmento educacional.

Foi possível averiguar o papel dos movimentos sociais na busca pela educação do campo voltada para a valorização do sujeito, sua cultura e modo de vida. Nesse sentido, os movimentos sociais foram pioneiros na busca por uma formação integral, emancipadora e libertária na educação do campo — diferentemente da educação rural, que valorizava a mão de obra para o capital.

Os movimentos sociais e a luta por uma educação de qualidade para a manutenção do homem do campo no campo culminaram com a política pública e o programa Pronera, que valoriza a capacitação dos sujeitos em seu ambiente e defende que suas especificidades sejam não apenas mantidas, mas respeitadas e cultivadas.

Durante muito tempo a cultura campesina foi desvalorizada, descartada e muitas vezes apresentada de maneira preconceituosa. Com essas novas formas de entendimento sobre a educação do campo, a diversidade cultural e representatividade da comunidade campesina passa a ser valorizada, respeitada e articulada de maneira a favorecer o processo de aprendizagem desses povos, sejam eles quilombolas, assentados ou ribeirinhos.

Referências

BRASIL. [Constituição (1988)]. **Constituição da República Federativa do Brasil de 1988**. Brasília: Presidência da República, [1998]. Disponível em: https://www.planalto.gov.br/ccivil_03/constituicao/constituicao.htm. Acesso em: 17 maio 2021.

BRASIL. Ministério do Desenvolvimento Agrário. **Pronera**: manual de operações. Brasília: Ministério do Desenvolvimento Agrário, 2004.

BRASIL. **Decreto nº 7.352, de 4 de novembro de 2010**. Dispõe sobre a política de educação do campo e o Programa Nacional de Educação na Reforma Agrária – Pronera. Brasília: Presidência da República, [2010]. Disponível em: http://www.planalto.gov.br/ccivil_03/_ato2007-010/2010/decreto/d7352.htm. Acesso em: 17 maio 2021.

CALDART, Roseli Salete. Por uma educação do campo: traços de uma identidade em construção. *In*: KOLLING, Edgar Jorge; CERIOLI, Paulo Ricardo; CALDART, Roseli Salete (org.). **Educação do campo e políticas públicas**. Brasília: Articulação Nacional por uma Educação do Campo, 2002. (Coleção por uma Educação do Campo, n. 4). Disponível em: https://www.gepec.ufscar.br/publicacoes/livros-e-colecoes/livros-diversos/educacao-do-campo-identidade-e-politicas-publicas.pdf. Acesso em: 15 maio 2023.

CALDART, Roseli. Sobre educação do campo. *In*: SEMINÁRIO DO PROGRAMA NACIONAL DE EDUCAÇÃO NA REFORMA AGRÁRIA (PRONERA), 3, 2007, Luziânia. **Anais** p. 35-64.Disponível em: https://www.scielo.br/j/tes/a/z6Ljzp-G6H8ghXxbGtMsYG3f/?format=pdf&lang=pt. Acesso em: 15 maio 2023.

CALDART, Roseli Salete *et al.* (org.). **Dicionário da educação do campo**. São Paulo: Expressão Popular, 2012.

CARVALHO, Mauro dos Santos. **Percepções da equipe técnica, dos professores e beneficiários sobre a gestão Pronera no período de 2004 a 2013**: o caso da UESB. Dissertação (Mestrado em Educação) – Uesb, Vitória da Conquista, 2019.

COMO fazemos a escola de educação fundamental. **Caderno de educação**. Porto Alegre: Secretaria de Estado da Educação do Rio Grande do Sul, n. 9, 1. ed., 1999.

FREIRE, Paulo. **Pedagogia da autonomia**: saberes necessários à prática educativa. 7. ed. São Paulo: Paz e Terra, 1998.

GRAMSCI, Antônio. **Cadernos do cárcere**. Rio de Janeiro: Civilização Brasileira, 2001. v. 2.

GOHN, Maria da Glória. **Teoria dos movimentos sociais**. São Paulo: Edições Loyola, 1997.

LAKATOS, Eva Maria; MARCONI, Marina de Andrade. **Fundamentos de metodologia científica**. 5. ed. São Paulo: Atlas, 2003.

MOLINA, Mônica Castagna. **A contribuição do Pronera na construção de políticas públicas de educação do campo e desenvolvimento sustentável**. 2003. Tese (Doutorado em Desenvolvimento Sustentável) – Centro de Desenvolvimento Sustentável da Universidade de Brasília, Universidade de Brasília, Brasília, 2003.

MONTAÑO, Carlos E.; DURIGUETTO, Maria Lúcia. **Estado, classe e movimento social**. São Paulo: Cortez, 2010.

NASCIMENTO, C. G. Educação e cultura: as escolas do campo em movimento. **Fragmentos de Cultura**, Goiânia, v. 12, n. 3, p. 453-469, maio/jun. 2002.

Princípios da educação no MST. **Caderno de Educação**. São Paulo: Gráfica e Editora Peres, n. 8, 1996.

RIBEIRO, Marlene. Educação rural. *In*: CALDART, Roseli Salete *et al.* (org.). **Dicionário da educação do campo**. São Paulo: Expressão Popular, v. 2, p. 67-89, 2012.

SANTOS, Arlete Ramos dos. Educação do campo e agronegócio: território de disputas. **Educação em Revista**, Marília, v. 18, n. 2, p. 71-90, jul./dez. 2017.

SANTOS, Arlete Ramos. **"Ocupar, resistir e produzir também na educação"**: o MST e a burocracia estatal: negação e consenso. Jundiaí: Paco Editorial, 2013.

SANTOS, Boaventura de Souza. **Introdução a uma ciência pós-moderna**. Rio de Janeiro: Graal, 1989.

SAVIANI, Demerval. **A pedagogia no Brasil**: história e teoria. Campinas: Autores Associados, 2008.

A EDUCAÇÃO DO CAMPO COMO UMA POLÍTICA PÚBLICA CONSTITUÍDA: CONQUISTAS E RETROCESSOS

Rosimeiry Souza Santana[44]
Jaqueline Braga Morais Cajaiba[45]
Rosilda Costa Fernandes[46]
Arlete Ramos dos Santos[47]

Introdução

Este artigo tem entre seus objetivos apresentar uma discussão referente às políticas públicas educacionais para o campo, bem como sobre o retrocesso político configurado pela destituição de direitos constituídos, medida da atual gestão do governo Bolsonaro em âmbito federal. Na oportunidade, faremos uma reflexão sobre as políticas de fechamento de escolas em espaços rurais, assim como demonstraremos a importância das ações

---

[44] Mestranda do Programa de Pós-Graduação em Educação pela Universidade Estadual do Sudoeste da Bahia (Uesb). Especializada em Educação e Diversidade Étnico Cultural pela Uesb. Bacharela em Psicologia pela Faculdade Juvêncio Terra. Pesquisadora do Grupo de Estudos e Pesquisas em Movimentos Sociais, Diversidade, Educação do Campo e da Cidade (GEPEMDECC/CNPq). Pesquisadora do Grupo de Estudos e Pesquisa em Educação do Campo (GEPEC/CNPq). Correio eletrônico: rosysantana007@hotmail.com.

[45] Mestranda pelo Programa de Pós-Graduação em Educação (PPGED) da Universidade Estadual do Sudoeste da Bahia (Uesb), Especialista em Psicologia da Educação pela Faculdade Juvêncio Terra. Especialista em Gestão em Saúde Pública pela Universidade Estadual de Santa Cruz. Graduada em Psicologia pela Faculdade de Tecnologia e Ciências (FTC) e em Letras Vernáculas pela Universidade Estadual de Santa Cruz (Uesc). Docente no ensino superior em instituições particulares no interior da Bahia. Técnica de proteção social básica no Centro de Referência de Assistência Social (Cras), no município de Brejões, Bahia. Integrante do Grupo de Estudos e Pesquisa em Movimentos Sociais, Diversidade Educação do Campo e da Cidade (GEPEMDECC/ CNPq), vinculado à Universidade Estadual do Sudoeste da Bahia (Uesb), bolsista da CAPES. Correio eletrônico: jaqueline.braga.psi@gmail.com

[46] Mestra pelo Programa de Pós-Graduação em Educação (PPGED) da Universidade Estadual do Sudoeste da Bahia (Uesb). Especialista em Matemática pela Uesb. Licenciada em Ciências Exatas com habilitação em Matemática pela Uesb. Professora do ensino médio da rede estadual do estado da Bahia; membro do Grupo de Estudos Movimentos Sociais, Diversidade Cultural e Educação do Campo e da Cidade (GEPEMDEC). Pesquisadora do Grupo de Estudos e Pesquisa em Educação do Campo (GEPEC/CNPq). Correio eletrônico: fernandesrosilda.rf19@gmail.com.

[47] Pós-doutorado pela Unesp; doutora em Educação pela FAE/UFMG. Professora adjunta da Universidade Estadual do Sudoeste da Bahia (Uesb) e professora da pós-graduação da Universidade Estadual de Santa Cruz (Uesc). Coordenadora do Grupo de Estudos Movimentos Sociais; Diversidade Cultural e Educação do Campo, o qual está inserido no Centro de Estudos e Pesquisas em Educação e Ciências Humanas da Educação (CEPECH/ DCIE/Uesc), com registro no CNPq. Correio eletrônico: arlerp@hotmail.com.

dos movimentos sociais do campo para o enfrentamento desses retrocessos no município de Vitória da Conquista. Para tanto, a discussão está ancorada nas dissertações de Santos[48] (2019) e Fernandes (2021)[49].

Em tempo, salientamos que não temos a intenção de fazer estudos epistemológicos[50] das pesquisas mencionadas, mas apenas evidenciar que o Programa de Pós-Graduação em Educação da Universidade Estadual do Sudoeste da Bahia (Uesb), em suas respectivas linhas de pesquisas, tem proporcionado aos seus pesquisadores/as oportunidade de estudar como as questões sociais, políticas e econômicas afetam a população, sobretudo, a camada menos favorecida economicamente.

Nessa perspectiva, compreendemos que é também nosso dever, como integrante discente acadêmico, demonstrar qual a repercussão dessas questões na sociedade, bem como problematizar sobre o contexto em que surgem essas questões e sua relação com as organizações sociais e outros coletivos da sociedade civil que nos representa. Com isso, será possível adotar posicionamentos com a finalidade de traçar estratégias de enfrentamento dessas questões.

No transcorrer das discussões, trataremos da reconfiguração do Sistema Nacional Educação (SNE), que se consolida a partir da Base Nacional Comum Curricular (2018), e da Reforma do Ensino Médio, que reverberou no contexto da formação profissionalizante por meio de um processo educacional alicerçado em bases mercadológicas, cuja perspectiva atende aos interesses do capitalismo. Essas propostas estabelecem os conceitos de habilidades e competências ao invés de conhecimentos universais que visam ao desenvolvimento humano integral, ou seja, uma educação que contemple a formação humana no contexto omnilateral[51].

A pesquisa é resultado das atividades do Grupo de Estudos Pesquisa em Movimentos Sociais, Diversidade e Educação do Campo e da Cidade (GEPEMDECC) e do Grupo de Estudos e Pesquisa em educação do Campo (Gepec), vinculados à Universidade Estadual do Sudoeste da Bahia (Uesb).

---

[48] Disponível no banco de dissertação do Programa de Pós-Graduação em Ensino (PPGeb) da Universidade Estadual do Sudoeste da Bahia.

[49] Disponível no banco de dissertação do Programa de Pós-Graduação em Educação (PPGed) da Universidade Estadual do Sudoeste da Bahia.

[50] Ver: GAMBOA, S. S. **Pesquisa em educação, método epistemológico**. 2. ed. Chapecó: Argos, 2012.

[51] "O homem se apropria da sua essência omnilateral de uma maneira omnilateral, portanto, como um homem total. Cada uma das suas relações humanas com o mundo, ver, ouvir, cheirar, degustar, sentir, pensar, intuir, perceber, querer, ser ativo, amar, enfim todos os órgãos da sua individualidade, assim como os órgãos que são em sua forma comunitários, são no seu comportamento objetivo, ou no seu comportamento para com o objeto apropriados por ele" (MARX, 2004, p. 108).

O artigo baseia-se em levantamento bibliográfico, fundamentado nos pressupostos do materialismo histórico-dialético (MHD), método de interpretação da realidade social baseado nas contradições entre capital e trabalho. Para Frigotto (2001, p. 77), o método está vinculado a uma concepção de realidade, de mundo e de vida no seu conjunto: "Este constitui-se numa espécie de mediação no processo de apreender, revelar e expor a estruturação, o desenvolvimento e transformação dos fenômenos sociais". Sendo assim, compreendemos que um estudo na perspectiva do MHD proporciona um movimento de apreender o objeto, cuja finalidade é construir uma síntese desse objeto na sua aparência, a ponto de esse ser revelado em sua totalidade, isto é, em sua essência, conforme postula Cheptulin (1982).

Políticas públicas educacionais no contexto contemporâneo

Os estudos direcionados à temática das políticas educacionais na atualidade remetem-nos ao grande desafio de perpassar pelo contexto histórico acerca do direito à educação no Brasil, que vai da implementação da Lei de Diretrizes e Bases (LDB 9394 de 1996) até a luta pela educação no campo no Brasil, consolidada como Educação do Campo no ano de 1997.

Ao acessar as plataformas repositórias de teses e dissertações, bem como a variedade de periódicos que pesquisam as temáticas educacionais, verificamos, em torno dos conteúdos das publicações, algumas preocupações referentes às reformas educacionais no Brasil, assim como à redução de políticas públicas educacionais no cenário nacional. Outro aspecto que nos despertou atenção está relacionado à destituição de políticas educacionais já constitucionalizadas, por ordem atual do governo federal de Jair Bolsonaro.

Essa prática de destituir direitos legitimados tem se tornado cada vez mais comum entre os governos de alinhamento com a extrema direita em todos os entes federados. Segundo Taffarel e Carvalho (2019), o governo federal, com sua gestão autoritária e conservadora, tem extinguido e destituído setores que elaboram e coordenam políticas que dão sustentação aos programas da pasta da educação, sobretudo as políticas educacionais direcionadas à população do campo.

Essas medidas de destituição de direitos — que, da atual gestão em âmbito federal, reverbera em âmbito municipal — é administrada por bandeira da direita. Nesse contexto, compreendemos que essas atitudes afetam apenas os setores da sociedade menos favorecidos economicamente, ou seja, a grande camada da população que mais necessita das políticas do Estado. Isso tem motivado estudos e pesquisas sobre a atual conjuntura educacional do país, principalmente no que se refere à Educação do Campo, bem como em relação a outros direitos sociais previstos na Constituição Federal de 1988 e que vêm sendo negligenciados pelos gestores públicos.

Nessa perspectiva, é salutar trazer para o bojo dessa discussão as devidas problematizações, assim como as reflexões sobre a realidade das políticas públicas educacionais em uma conjuntura de retrocesso, para que — junto aos movimentos sociais, sindicais, e às organizações acadêmicas comprometidas na defesa da democracia — sejam elaboradas ações e estratégias de enfrentamento, com a finalidade de frear as medidas adotadas por esse governo.

Mesmo diante de problemáticas que envolvem as políticas educacionais no cenário nacional, é pertinente fazer um recorte em contexto municipal da temática enunciada, com enfoque em Vitória da Conquista, localizada no Território de Identidade Sudoeste Baiano[52], interior da Bahia.

As modalidades educacionais são implementadas pelos diferentes governos estaduais e municipais por meio das suas secretarias de educação, responsáveis pelas propostas pedagógicas que assegurem apenas uma escolarização hierárquica, pensada por aqueles que representam o Estado, os quais desrespeitam o conhecimento que está presente na realidade dos sujeitos. Isso reflete na pouca participação da comunidade na elaboração do currículo, embora isso esteja previsto pela legislação educacional que objetiva legitimar a Educação do Campo.

O conceito de educação do campo aqui empregado, construído por Caldart (2012, p. 257, grifos da autora), ressalta que

> [...] a Educação do Campo nomeia um *fenômeno da realidade brasileira atual*, protagonizado pelos trabalhadores do campo e suas organizações, que visa incidir sobre a política de educação, desde os interesses sociais das comunidades camponesas [...].

Os objetivos e os sujeitos remetem às questões do trabalho, da cultura, do conhecimento e das lutas sociais dos camponeses, assim como ao embate (de classe) entre projetos de campo e lógicas de agricultura que têm implicações no projeto de país e de sociedade e que interferem nas con-

---

[52] Os Territórios de Identidade foram conceituados pela Secretaria de Planejamento da Bahia "[...] como um espaço físico, geograficamente definido, geralmente contínuo, caracterizado por critérios multidimensionais, tais como o ambiente, a economia, a sociedade, a cultura, a política e as instituições, e uma população com grupos sociais relativamente distintos, que se relacionam interna e externamente por meio de processos específicos, onde se pode distinguir um ou mais elementos que indicam identidade, coesão social, cultural e territorial" (SEPLAN, 2021, s/p).

cepções de política pública, de educação e de formação humana, conforme pontuam Molina e Sá (2012).

Educação do campo: uma contextualização necessária

É conveniente ressaltar que registros históricos evidenciam que a educação, como política para espaços rurais no Brasil, tem marco aproximado no ano de 1945, quando o país precisava se restabelecer economicamente, supostamente devido à situação de caos, por conta do período pós-Segunda Guerra Mundial. Para tanto, traçamos uma linha do tempo sobre os parâmetros que justificam a implementação de políticas educacionais para espaços rurais no país.

A análise histórica demonstra como aspecto positivo que mesmo diante de políticas educacionais pautadas em uma perspectiva não libertadora[53] — como proposto pelas pedagogias tecnicistas e profissionalizantes —, o Estado teve seus avanços ao planejar estratégias educacionais para formação escolar no ambiente rural. Não obstante, lutar por um projeto histórico de formação humana para a classe trabalhadora sempre esteve entre as motivações dos movimentos sociais, sobretudo os movimentos sociais do campo, entre outras organizações que defendem uma proposta para Educação do Campo pautada por uma pedagogia crítica, transformadora e revolucionária.

A pouca efetividade referente às políticas educacionais no Brasil devem ser visualizadas em sua totalidade, advindo daí a importância de uma contextualização que considere as articulações do país com instituições internacionais, pois são essas instituições que elaboraram as metas para educação que orientam todo o sistema educativo da nação — a exemplo do Plano Nacional de Educação (PNE). Nessa perspectiva, é possível inferir que o Sistema Nacional de Educação não é um sistema independente do ponto de vista da organização das diretrizes educacionais[54].

---

[53] Compreende-se como processo de formação não libertadora, neste estudo, a formação educacional que não contempla as bases pedagógicas em uma perspectiva crítica, revolucionária e transformadora, conforme estabelecido em conceitos definidos por Saviani, Freire, Pistrak, Manacorda, Makarenco.

[54] As Diretrizes da UNESCO fomentam "auxiliar os países membros a atingir as metas de Educação para Todos, promovendo o acesso e a qualidade da educação em todos os níveis e modalidades, incluindo a educação de jovens e adultos". Para isso, a organização desenvolve ações direcionadas ao fortalecimento das capacidades nacionais, além de prover acompanhamento técnico e apoio à implementação de políticas nacionais de educação, tendo sempre como foco a relevância da educação como valor estratégico para o desenvolvimento social e econômico dos países (UNESCO, 2021).

Essa confirmação ganha consistência com base nos estudos de Barreiro (2010). A autora faz uma interpretação da atual conjuntura sobre o sistema educacional brasileiro, e apresenta as questões históricas referentes ao período pós-Segunda Guerra Mundial, quando os Estados Unidos, por intermédio da Organização das Nações Unidas[55] (ONU), estabeleceu vários acordos direcionados ao desenvolvimento econômico dos países periféricos, com a finalidade de impor a ordem social no mundo, visando a fortalecer a política do capital nos diferentes mercados internacionais.

Portanto, faz-se pertinente enfatizar que foi nesse mesmo contexto pós-Segunda Guerra Mundial que surge a Campanha Nacional de Educação Rural (CNER), por meio do Decreto n.º 38.955, de 27 de março de 1956, que dispõe sobre a criação dessa campanha. O referido decreto propõe a educação nos espaços rurais de forma generalizada, visando a minimizar os conflitos entre Estado e movimentos sociais provenientes da luta pelo direito à educação. Nesse panorama, observa-se que o terceiro artigo do CNER pauta-se em — de maneira bem clara sobre objetivos da Campanha, conforme estabelecido pela legislação — "preparar técnicos para atender às necessidades da Educação de Base ou Fundamental" (BRASIL, 1956, s/p).

Para Ribeiro (2013), a escola rural é um modelo que existe apenas para suprir as necessidades do capitalismo, sobretudo na conjuntura do agronegócio[56]. A educação rural está configurada pelo processo de escolarização, distanciada da realidade, do trabalho e da vida dos agricultores, uma vez que a educação tem sido instrumento de manipulação da classe dominante no poder para manter a classe trabalhadora subordinada aos seus interesses do capital.

Ainda de acordo com a autora, não existe proposta para a educação no campo dissociada da realidade do campo, principalmente no que diz respeito a outras políticas de subsistência e possibilidades para a população nos espaços rurais. Por isso, é importante salientar que em todo esse processo, em que se consolida a política para educação no campo, existiram várias tendências na tentativa de elucidar o problema relacionado às

---

[55] A Organização das Nações Unidas (ONU) é uma organização internacional formada por países que se reuniram voluntariamente para trabalhar pela paz e pelo desenvolvimento mundial. Depois da Segunda Guerra Mundial, que devastou dezenas de países e tomou a vida de milhões de seres humanos, existia na comunidade internacional um sentimento generalizado de que era necessário encontrar uma forma de manter a paz entre os países. Informação disponível em: https://nacoesunidas.org/conheca/historia/. Acesso em: 16 jun. 2021.

[56] O termo *agronegócio*, de uso relativamente recente em nosso país, guarda correspondência com a noção de *agribusiness*, cunhado pelos professores norte-americanos John Davis e Ray Goldberg, nos anos 1950. O termo foi criado para expressar as relações econômicas (mercantis, financeiras e tecnológicas) entre o setor agropecuário e aqueles situados na esfera industrial (LEITE; MEDEIRO, 2012, p. 81).

especificidades da Educação do Campo como ferramenta de liberdade, de emancipação e de autonomia.

Ribeiro (2013) ressalta que os Movimentos Camponeses tiveram atuação importantíssima nesse processo, pois conseguiram mapear a necessidade de implementação de política pública que atendesse às demandas do homem e da mulher do campo, pensando a educação no campo em todas as etapas de ensino, desde a educação infantil, perpassando pela educação básica, finalizando com a educação profissional de nível técnico, sem perder de vista a educação superior, bem como a transversalidade entre o trabalho produtivo agrícola e a educação institucional mediada pela escola.

Observa-se que o artigo 205 da Constituição Federal de 1988 enfatiza que o financiamento da educação é responsabilidade do Estado:

> A educação, direito de todos e dever do Estado e da família, será promovida e incentivada com a colaboração da sociedade, visando ao pleno desenvolvimento da pessoa, seu preparo para o exercício da cidadania e sua qualificação para o trabalho. (BRASIL, 1988, s/p).

As políticas educacionais, como direito constitucional adquirido e legitimado, perpassou pela CF/1988 e se ancorou por intermédio das lutas dos movimentos sociais, entre os anos de 1980 e 1996, com uma legislação própria, configurada pela Lei de Diretrizes e Base para a Educação Nacional.

> Conceber a educação como direito humano significa incluí-la entre os direitos necessários à realização da dignidade humana plena. Assim, dizer que algo é um direito humano é dizer que ele deve ser garantido a todos os seres humanos, independentemente de qualquer condição pessoal. (HADDAD, 2012, p. 217).

Ainda de acordo com Haddad (2012, p. 217), a "[...] Educação escolar é uma base constitutiva na formação das pessoas, assim como as auxilia na defesa e na promoção de outros direitos", ou seja, é por meio da educação que o indivíduo se emancipa e se fortalece na tomada do conhecimento sobre suas lutas pela garantia de direito.

Entre as políticas educacionais constituídas e o retrocesso na perspectiva do direito

O MST (2011), ao apresentar os dados do Censo Escolar do Inep/MEC (2002-2009), afirma que a realidade da educação brasileira é ainda precária, com 14,1 milhões de analfabetos, sendo que um em cada cinco brasileiros é analfabeto funcional. Especialmente entre as pessoas com mais de 15 anos consideradas analfabetas funcionais, mais de um terço vive no Nordeste; dessas, mais da metade vive no meio rural. Esses dados demonstram que o Brasil é reflexo do favorecimento do agronegócio em função da manutenção do sistema capitalista, em que uma classe explora a outra. A construção da política educacional na sociedade capitalista é organizada como manipulação para a perpetuação das relações dominantes de poder.

Nesse panorama, inferimos que existem diversos fatores que desencadearam a precarização da educação escolar do campo. Como observado nas discussões anteriores, o fechamento das escolas do campo faz parte da estratégia do capitalismo para implementar o modelo de desenvolvimento econômico baseado no agronegócio (TAFFAREL; CARVALHO, 2019). Os dados numéricos corroboram essa afirmação, pois, segundo o *Censo escolar* do Instituto Nacional de Estudos e Pesquisas Educacionais Anísio Teixeira (Inep), no ano de 2014, foram fechadas 4.084 escolas no Brasil. O MST (2015) afirma que, se pesquisarmos os últimos 15 anos, essa quantidade avança para mais de 37 mil unidades escolares educacionais desativadas nos espaços rurais.

Segundo os dados do Inep apresentados pelo MST (2015), a maioria das escolas fechadas pertence a uma rede municipal. Dentre as regiões, as que mais fecharam escolas no ano de 2014 foram a região Norte e Nordeste. Só no estado da Bahia foram 872 escolas fechadas, seguido do Maranhão com 407 e Piauí com 377, Ceará com 375 e Pará com 332. As regiões Sul e Sudeste, sobretudo o estado de Minas Gerais, apresentam o maior número de fechamento de escolas do campo, com 290, seguido do Rio Grande do Sul, com 107, Santa Catarina, com 84, São Paulo, com 59, e Espírito Santo, com 84 escolas fechadas somente no ano de 2014.

O MST (2015) afirma que dentre as principais justificativas das prefeituras para o fechamento está a alegação de ter um número reduzido de alunos matriculados nas escolas do campo, de modo que fica insuficiente economicamente manter em funcionamento essas escolas. Percebe-se, assim, um período de contradição, tendo em vista que, no ano de 2014, houve a aprovação do decreto 12.960/2014 que aumenta o nível de exigência para que uma escola do campo seja fechada. Entretanto, na prática, essa exigência não se efetivou.

Em decorrência dessa lógica de manutenção do poder para uma pequena parcela da sociedade, as escolas do campo no Brasil enfrentam problemas de infraestrutura, adequação de conteúdos e formação inadequada dos professores à realidade dos sujeitos do campo que, historicamente, apresentam menores níveis de escolarização, maiores níveis de reprovação, abandono, defasagem idade-série e analfabetismo (VENDRAMIN, 2015).

Diante do quadro atual da educação e do fechamento de escolas, compreendemos que um posicionamento crítico direcionador deve ser (re)elaborado constantemente, diante dos fatos e acontecimentos, tanto em outros momentos históricos quanto na atualidade, o que é fundamental para a transformação social no país. Conforme Freire (1987, p. 128), a escola não "[...] está espontaneamente conscientizada a ponto de gerar a conscientização dos alunos", por isso, torna-se necessário buscar também novos espaços de educação não formal, em vista da necessidade da luta e do enfrentamento em prol de assegurar nossos direitos constituídos.

Assim como Gentili (1996), acreditamos que a atividade política só será democrática quando tornar-se um mecanismo de transformação e construção social, mediante a emancipação dos sujeitos. Os fatos e fenômenos abordados na escola não podem ser considerados fora de um contexto histórico, social, político, cultural e econômico. Estamos cientes de que a educação não pode ser uma competição, uma formação de mão de obra para o mercado, mas deve primar por uma (re)organização e por uma nova proposta de sociedade.

Em nossas considerações iniciais, bem como no enunciado temático desses estudos, salientamos as problematizações no que se refere à atual conjuntura do retrocesso, do ponto de vista de destituição de direitos, por conta de medidas adotadas pelo governo Bolsonaro. Um dos importantes órgãos públicos que fez parte do desmonte de políticas pelo atual governo federal, foi a Secretaria de Educação Continuada, Alfabetização, Diversidade e Inclusão (Secadi), que acolhia e dava sustentação às políticas direcionadas às especificidades do campo. A destituição desta secretaria simbolizou um imenso retrocesso para a educação do campo no processo de formação humana. O público-alvo que estava sendo beneficiado por essas políticas públicas passou a ser silenciado pelo Ministério da Educação.

A extinção da Secadi se deu por meio do Decreto n.º 9.465, de 2 de janeiro de 2019, e se consolidou como um retrocesso no campo dos direitos educacionais, além de mostrar-se uma medida contraditória do ponto de vista da formação humana. Compreendemos que a extinção da Secadi vai na contramão da política do reconhecimento da diversidade na educação, assim como da promoção da igualdade de direitos, da equidade e do fortalecimento da inclusão mediada pelo processo educativo.

Outra política de desenvolvimento educacional, econômico, social e rural que perdeu espaços significativos nas disputas políticas — que perpassam e fazem parte de um projeto histórico atrelado ao Instituto Nacional de Colonização e Reforma Agrária (Incra) — foi o Programa Nacional de Educação na Reforma Agrária (Pronera)[57], que estabelece orientações pedagógicas e curriculares para a política de formação inicial e profissional de natureza técnica e especializada para os jovens e adultos assentados em áreas de Reforma Agrária, bem como a capacitação para os educadores e educadoras que atuam nas áreas de assentamentos, tendo como base a diversidade cultural e socioterritorial, como revela o documento que trata sobre a democratização do conhecimento.

O Programa Nacional de Educação na área de Reforma Agrária foi criado em 1998, fruto das lutas dos movimentos sociais e sindicais com o objetivo de garantir o acesso ao processo de escolarização de jovens e adultos que faziam parte do grupo de indivíduos não alfabetizados em áreas de assentamentos, alargando-se posteriormente para o atendimento à educação profissional e superior (MDA, 2004).

No dia 21 de fevereiro de 2020, mais uma política, resultado das lutas dos movimentos sociais do campo, foi inviabilizada quando o governo Bolsonaro assinou o Decreto 10.252, que trata do remanejamento do Instituto Nacional de Colonização e Reforma Agrária (Incra). O Decreto não objetivou apenas a modificação institucional da pasta do Incra, mas também providências acerca do Programa Nacional de Educação na Reforma Agrária (Pronera).

As políticas públicas referidas foram conquistadas por intermédio de ações e mobilizações dos movimentos sociais no Brasil, conforme destaca Souza (2016). Entretanto, o Estado, atrelado ao capitalismo, por meio da sua política de desenvolvimento econômico pautada na exploração do homem e da natureza, vem invadindo o espaço social do campo e expulsando as famílias camponesas das suas terras para dar lugar ao agronegócio, promovendo a desertificação do espaço rural. Tais políticas vêm sendo destruídas em nome de um novo paradigma social que se estabelece no país e traz em seu âmbito um projeto de desenvolvimento econômico em lugar da formação humana e emancipatória

---

[57] O Pronera nasceu em 1998, em função das lutas dos movimentos sociais e sindicais do campo. Desde seu nascedouro, o programa vem garantindo acesso à escolarização a milhares de jovens e adultos, trabalhadores das áreas de reforma agrária que, até então, não haviam tido o direito de se alfabetizar, tampouco o direito de continuar os estudos em diferentes níveis de ensino.

Toda essa conjuntura nos mostra que é preciso estarmos atentos diante dos acontecimentos que assolam a educação como direito social no país. Neste momento atual, o Estado capitalista atenta contra os diferentes direitos sociais, principalmente os que envolvem saúde, educação, em nome do desenvolvimento econômico. Segundo Stédile (2019), estamos vivenciando um período de crise, em que o trabalhador e a trabalhadora está pagando a fatura proveniente da crise do capital; os direitos sociais destituídos, ou em constante ameaça de destituição, direitos básicos, estão sendo vistos como uma mercadoria, uma moeda de troca, junto ao processo de privatização das nossas estatais. Desse modo, a sociedade precisa ficar atenta aos desmandos políticos para, com isso, assegurar as conquistas do passado e os direitos que dão vida digna à classe trabalhadora.

De acordo com Taffarel (2017), as manobras políticas da quebra da normalidade institucional, ora materializada pelo que chamamos de Golpe de 2016, caminham nos trilhos do capitalismo. Diante disso, inferimos que o golpe também gera as tentativas de concretizar as possibilidades de privatização das estatais (empresas públicas de interesse privado), a exemplo da Petrobrás, Caixa Econômica, Banco do Brasil, Casa da Moeda e Correios.

Nessa perspectiva, ressaltamos a importância da classe trabalhadora, em seus respectivos movimentos sociais organizados, atentar-se e estar de prontidão, em posição de luta, para os devidos enfrentamentos nesse processo de disputa — legitimado pelo Estado em desfavor da classe trabalhadora — entre o capitalismo, como modo de produção que direciona a economia, e a política da nossa sociedade.

Nesse contexto, marcados pela negação de direitos, pela intensificação do fechamento de escolas, os movimentos sociais, as organizações e as lideranças de diversos segmentos sociais, em especial o Movimento dos Trabalhadores Rurais Sem Terra (MST), denunciaram o intenso fechamento das escolas do campo, além de divulgarem dados e alertarem sobre a necessidade de impedir o fechamento de escolas, prática que concretiza o desrespeito aos direitos da população.

O contexto do município de Vitória da Conquista na Bahia

O Sistema Nacional de Educação no Brasil tem sido também objeto de estudo e de interesse dos/as pesquisadores/as nos ambientes universitários acadêmicos (SAVIANI, 2017). Como mencionamos anteriormente, o retrocesso no âmbito das políticas públicas para a educação, sobretudo no cenário do campo, tem ocasionado sérios prejuízos às populações que sobrevivem nesses espaços. Ao destituir um direito social garantido, legitimado e /ou efetivado pelas políticas públicas, gestores, seja qual for o nível de sua representação administrativa, acomete todas as manifestações e história de luta de consolidação dos direitos em qualquer instância governamental.

Por essa razão, Taffarel (2019) alerta para os riscos das políticas de fechamento de escolas do campo, práticas administrativas camufladas por falsos argumentos que afirmam, com isso, proporcionar o melhor para a comunidade quando, na verdade, o intuito é fechar escolas para conter despesas ou para reproduzir um formato de ensino tecnicista que favorece as relações capitalistas, além de desqualificar a população, que fica privada do desenvolvimento do conhecimento e da formação humana.

Nesse cenário, observa-se que a atual conjuntura das políticas educacionais no Brasil, em especial a Educação do Campo, tem sido motivo de preocupações, tanto para a população campesina beneficiada pelos serviços educacionais, como para os profissionais da educação e pesquisadores do tema, ou seja, o retrocesso político adentra nos setores da educação, a exemplo da docência, da gestão, do financiamento, o que culmina na insuficiência de investimentos. A Lei n.º 12.960, de 2014, um adendo no parágrafo único que altera o Artigo 28º da LDB 9394/1996, sustenta-se na possibilidade de mais um requisito para a preservação das escolas no campo no país.

A produção do conhecimento de Santos (2019) revela que é preciso pensar estratégias de enfrentamento para conter a medida de fechamento de escolas em espaços rurais no Brasil. Por outro lado, Fernandes (2021) reforça esse posicionamento.

A Lei nº 12.960, de 2014, define que:

> O fechamento de escolas do campo, indígenas e quilombolas será precedido de manifestação do órgão normativo do respectivo sistema de ensino, que considerará a justificativa apresentada pela Secretaria de Educação, a análise do diagnóstico do impacto da ação e a manifestação da comunidade escolar. (BRASIL, 2014, s/p).

Dois aspectos direcionados à temática merecem destaque nessa discussão que versa sobre o documento normativo contrário ao fechamento de escolas em espaços rurais. Primeiro, destacamos a dissertação intitulada *As diretrizes neoliberais e suas implicações sobre a política de fechamento de esco-*

las do campo em Vitória da Conquista – Ba, de Santos (2019), que apresenta um quadro demonstrativo do quantitativo de escolas do campo que foram desativadas em Vitória da Conquista, interior da Bahia, entre os anos de 2002 a 2019. A autora tece críticas sobre o desrespeito e o descompromisso com a Educação do Campo nesse respectivo município.

O segundo destaque versa sobre a pesquisa de mestrado de Fernandes (2021), *As ações dos movimentos sociais do campo, contra o fechamento das escolas do campo, lutas e enfrentamentos,* em que a autora enfatiza a necessidade de os movimentos sociais do campo, entre outras organizações sociais em defesa da Educação do Campo, manterem-se em posicionamento de resistência perante o projeto neoliberal conservador, preconizado pelo presidente da república Jari Bolsonaro, bem como pela gestão municipal configurada pela Secretaria de Educação de Vitória da Conquista.

Observa-se que as duas pesquisadoras em suas respectivas dissertações de mestrado, em diferentes Programas de Pós-Graduação da Universidade Estadual do Sudoeste da Bahia (Uesb), retratam a realidade de descaso para com as políticas educacionais nos espaços rurais neste município.

A Tabela 01 apresenta que houve uma alteração no quantitativo de escolas do campo em Vitória da Conquista entre os anos de 2002 a 2019. A questão se torna mais evidente quando se faz uma comparação entre os períodos.

Tabela 01 — Quantitativo de escolas do campo em Vitória da Conquista entre os anos 2002-2019

Ano	Escolas em espaços rurais	Número
2002	Marco zero dos estudos de Santos (2019)	168 escolas
2003	02 escolas fechadas	171 escolas
2004	01 escola fechadas	170 escolas
2005	01 escola fechadas	169 escolas
2006	02 escolas fechadas	167 escolas
2007	14 escolas a fechadas	153 escolas
2008	14 escolas fechadas	139 escolas
2009	01 escola a mais	140 escolas
2010	Nenhuma alteração no quadro	140 escolas
2011	01 escola fechadas	139 escolas

Ano	Escolas em espaços rurais	Número
2012	01 escola mais	140 escolas
2013	02 escolas fechadas	138 escolas
2014	04 escolas fechadas	134 escolas
2015	11 escolas fechadas	123 escolas
2016	07 escolas fechadas	116 escolas
2017	Nenhuma alteração no quadro	116 escolas
2018	09 escolas fechadas	107 escolas
2019	06 escolas fechadas	101 escolas

Fonte: adaptada de Santos (2019)

A análise dos estudos mencionados sugere algumas indagações, entre elas, a observação sobre o que há de novo, dada a realidade apresentada tanto na defesa da dissertação de Santos (2019) como de Fernandes (2001). Nessa perspectiva, surge a seguinte resposta: há de novo a possibilidade de evidenciar para a sociedade a problemática em questão, enunciada pelas autoras, bem como a oportunidade de visualizarmos, mais uma vez, o cenário do retrocesso das políticas de fechamento de escolas nos espaços rurais no referido município.

É pertinente registrar que existem muitas consonâncias entre as duas temáticas. A primeira trata da questão social educacional acerca do fechamento de escolas no campo, já a segunda revela o contexto da luta da classe trabalhadora por intermédio das contribuições dos movimentos sociais do campo na conquista dos direitos para os espaços campesinos, assim como a importância da luta e da resistência desses movimentos.

Essa conjuntura indica que estamos vivenciando uma experiência marcada por 17 anos de retrocesso, ou seja, as políticas de fechamento de escolas em espaços rurais, em Vitória da Conquista, não são exclusividade da gestão de direita. Os antecessores da atual gestão eram do Partido dos Trabalhadores (PT), que atuou entre os anos anteriores a 2002 até o ano de 2016. No entanto, observa-se que nesse período, entre os anos 2006 a 2008, a administração municipal desativou em espaços rurais 28 escolas. Entre os anos de 2014 a 2016, registra-se um quantitativo de mais 17 escolas desativadas.

Em 28 de junho de 2021, a atualização do QEdu 2020 registra que o município de Vitória da Conquista possui o quantitativo de apenas 80 escolas localizadas nos espaços rurais. Para uma melhor visualização dessa problemática, selecionamos o ano 2003, com maior quantitativo de escolas (171), e comparamos ao ano de 2020, com menor quantitativo, 80 escolas, e concluímos mais uma subtração. Em síntese, um total de 91 escolas do campo foram desativadas em um período de 18 anos.

Nesse sentido, reiteramos que o fechamento das escolas do campo nos remete ao abismo nos avanços das lutas dos movimentos sociais, os quais em outro momento experienciaram suas reivindicações saírem do campo abstrato e serem impressas, no sentido concreto da palavra.

O I Encontro de Educadores e Educadoras da Reforma Agrária (Enera), de 1997, foi o marco inicial de luta de educadores e educadoras do campo. Entre suas pautas foram discutidas as contradições da educação que não atende nem às necessidades, nem à realidade da população rural, em sua maioria desfavorecida economicamente (em suas comunidades rurais). Por isso, trabalhadores e trabalhadoras lutam pela Reforma Agrária por meio dos encontros de Educadores e Educadoras da Reforma Agrária para discutir a promoção de políticas públicas para as pessoas que vivem no campo e estudam nas escolas do campo.

De acordo Caldart (2012), o Enera foi um espaço de grande relevância para os Movimentos Sociais do Campo. Nessa perspectiva, apreendemos que o Enera representou uma das primeiras articulações em âmbito nacional, após as lutas pela Reforma Agrária, como um ato que repercutiu nos debates sobre o campo da Educação do Campo (FERNANDES; MOLINA, 2004). Esse evento demarcou que a Educação do Campo não representa apenas a existência de uma escola no campo, mas toda uma correlação entre a educação e a realidade pedagógica no contexto do trabalho. Nesse sentido, inferimos que a Educação do Campo decorre de um posicionamento político, tanto de práticas dos Movimentos Sociais do Campo como da produção teórica do conhecimento.

A I Conferência Nacional por uma Educação do Campo, em 1998, constituiu o conceito de Educação do Campo. Cabe destacar que existem muito mais elementos que constituem a Educação do Campo, já que esse termo foi e vem sendo forjado pelo Projeto Histórico de Educação para classe trabalhadora (ARROYO, 2004). A realização da II Conferência Nacional por uma Educação do Campo demarca a luta e todas as conquistas da Educação do Campo ancoradas nos termos da legislação, e a resistência dos Movimentos Sociais do Campo que, em meio às lutas e às conquistas, se mantiveram na formação e produção do conhecimento, traçando caminhos e diretrizes para um projeto educacional proposto a partir da realidade, da especificidade e do trabalho.

O II Encontro Nacional de Educadores e Educadoras da Reforma Agrária em 2015 é também um marco histórico no contexto em que, um ano após a celebrarmos a Educação do Campo, como sinônimo de realidade de projeto histórico educacional, fomos sobressaltados pelo Golpe na democracia, conforme destaca Taffarel (2019), e perdemos, para além dos direitos sociais, o direito de dialogar com o Estado. No entanto, compreendemos que o II Enera marca uma história da necessidade de nos forjarmos no contexto da busca por conhecimento pelo viés da educação popular para que possamos nos manter firmes nas trincheiras dos enfrentamentos.

É preciso salientar que foi nas mesas de diálogo entre com o governo e os movimentos sociais que a Educação do Campo se consolidou como política pública de Estado, criando possibilidade para a implementação de outras políticas sociais para o campo. Fernandes (2021) afirma que os movimentos sociais do campo se mantêm resistentes em suas ações, lutas e enfrentamentos, no que concerne às políticas do retrocesso no Brasil.

Considerações finais

O levantamento bibliográfico proposto na metodologia deste manuscrito, bem como o estudo de documentos que constituem a Educação do Campo, junto às legislações que ancoram as medidas adotadas para regulamentar as políticas de retrocesso configuradas pela destituição de direitos, permitem-nos fazer as seguintes considerações: a destituição das políticas públicas direcionadas para a educação do campo tem implicações relevantes e negativas para a população que mais demanda por acesso a políticas públicas. A falta de investimento na educação básica, os ataques ao Fundo de Manutenção e Desenvolvimento da Educação Básica e de Valorização dos Profissionais da Educação (Fundeb), o fechamento das escolas do campo, o remanejamento do Incra e da Secadi, do Programa Nacional de Educação em áreas de Reforma Agrária (Pronera), a Reforma do Ensino Médio, assim como a consolidação de uma BNCC que não observa as especificidades educacionais, ao invés de fomentar uma educação para emancipação humana, objetivam apenas propostas educacionais de natureza técnica e profissionalizantes. Portanto, essas medidas são motivo de posicionamentos críticos. Isso reforça a necessidade de acendermos nossos sinais de alerta por estarmos à beira de um abismo diante dos ataques do Estado.

A atual conjuntura aponta para a necessidade de maior articulação da classe trabalhadora por meio dos movimentos sociais para vislumbrar estratégias de enfrentamento e resistência em prol da reconquista de espaços na sociedade política. Precisamos lutar por uma Escola que atenda a todos os níveis de formação e fases do sujeito, ou seja, da pré-escola à fase adulta. Compreendemos que só por intermédio da educação que o sujeito poderá se forjar e se fortalecer para o enfrentamento dos desafios da vida contemporânea.

Diante dessa situação, presumimos que, mesmo diante da Lei 12.960/2014, às medidas adotadas para fechar escolas no município de Vitória da Conquista permanecem como tentativa de redução de despesas na unidade administrativa mencionada. Para tanto, compreendemos que é preciso estarmos em constante estado de vigília para qualquer eventualidade de ações governamentais antidemocráticas, tanto no contexto nacional, como na sua realidade municipal.

Reiteramos que é necessário estarmos atentos/as. A convocação é geral: movimentos sociais, movimentos sindicais, grupos de pesquisas, universidades, Fórum de Educação do Campo, Conselhos de Educação, enfim, todas as entidades sociais organizadas, com bandeiras de luta do proletariado, contra o Estado e a burguesia que acentua seus ataques contra a classe trabalhadora, que fica sem tempo hábil para reagir.

Referências

ARROYO, Miguel Gonzales; CALDART, Roseli Salete; MOLINA, Mônica Castagna (org.). **Por uma educação do campo**. Petrópolis: Vozes, 2004.

BARBOSA, Marcos. João Pedro Stédile: "Todos os pesos da crise estão jogando nas costas do trabalhador". Entrevistado: João Pedro Stédile. **Revista Brasil de Fato**, Recife, 24 maio 2019. Disponível em: https://www.brasildefatope.com.br/2019/05/24/joao-pedro-stedile-todos-os-pesos-da-crise-estao-jogando-nas-costas-do-trabalhador. Acesso em: 30 maio 2018.

BARREIRO, Iraíde Marques de Freitas. **Política de educação no campo**: para além da alfabetização (1952-1963). São Paulo: Editora UNESP. 149 p. Disponível em: https://static.scielo.org/scielobooks/q7zxz/pdf/barreiro-9788579831300.pdf. Acesso em: 16 jun. 2021.

BRASIL. **Decreto nº 38.955 de 27/03/1956.** Dispõe sobre a Campanha Nacional de Educação Rural (CNER). Rio de Janeiro: Presidência da República, [1956]. Disponível em: https://www2.camara.leg.br/legin/fed/decret/1950-1959/decreto-38955-27-marco-1956-327902-publicacaooriginal-1-pe.html#:~:text=N%-C3%A3o%20ser%C3%A1%20permitida%20a%20aplica%C3%A7%C3%A3o,por%20cento)%20do%20respectivo%20or%C3%A7amento. Acesso em: 16 jun. 2021.

BRASIL. [Constituição (1988)]. **Constituição da República Federativa do Brasil de 1988.** Brasília: Presidência da República, [1998]. Disponível em: https://www.planalto.gov.br/ccivil_03/constituicao/constituicao.htm. Acesso em: 17 maio 2021.

BRASIL. **Lei de Diretrizes e Bases da Educação Brasileira n.º 9394 de 20 de dezembro de 1996.** Brasília: Presidência da República, [1996]. Disponível em: http://www.planalto.gov.br/ccivil_03/leis/l9394.htm. Acesso em: 3 ago. 2021.

BRASIL. Ministério da Educação e Cultura. Secretaria de Educação Continuada, Alfabetização e Diversidade. **Parecer CNE/CEB nº 36/2001.** Diretrizes Operacionais para Educação Básica para as Escolas do Campo. Brasília: MEC, 2002.

BRASIL. **Decreto 7.352 de 04 de novembro de 2010.** Dispõe sobre a política de educação do campo e o Programa Nacional de Educação na Reforma Agrária (PRONERA). Brasília: Presidência da República, [2010]. Disponível em: http://www.planalto.gov.br/ccivil_03/_ato2007-2010/2010/decreto/d7352.htm. Acesso em: 14 jun. 2019.

BRASIL. **Decreto nº 9.465, de 2 de janeiro de 2019.** Brasília: Presidência da República, [2019]. Disponível em: https://www.conjur.com.br/dl/decreto-9465-janeiro-2019-ensino-militar.pdf. Acesso em: 23 jul. 2019.

BRASIL. **Decreto nº 9.465, de 2 de janeiro de 2019.** Aprova a Estrutura Regimental e o Quadro Demonstrativo dos Cargos em Comissão e das Funções de Confiança do Ministério da Educação, remaneja cargos em comissão e funções de confiança e transforma cargos em comissão do Grupo-Direção e Assessoramento Superiores - DAS e Funções Comissionadas do Poder Executivo - FCPE. Brasília: Presidência da República, [2019]. Disponível em: https://www.in.gov.br/materia/-/asset_publisher/Kujrw0TZC2Mb/content/id/57633286. Acesso em: 3 ago. 2021.

BRASIL. **Decreto 10.252 de 21 de janeiro de 2020.** Brasília: Presidência da República, [2020]. Disponível em: http://www.planalto.gov.br/ccivil_03/_ato2019-2022/2020/decreto/D10252.htm#anexo1. Acesso em: 3 ago. 2021.

CALDART, Roseli Salete *et al.* (org.). **Dicionário da educação do campo**. São Paulo: Expressão Popular, 2012.

CHEPTULIN, Alexandre. **A dialética materialista**: categorias e leis da dialética. São Paulo: Editora Alfa Omega, 1982.

FERNANDES, Rosilda Costa. **Ações dos Movimentos Sociais contra o fechamento das escolas do campo luta e enfretamentos**. Dissertação (Mestrado em Educação) – Uesb, Vitória da Conquista, 2020. Disponível em: http://www2.uesb. br/ppg/ppged/wp-content/uploads/2021/04/ROSILDA-COSTA-FERNANDES. pdf. Acesso em: 3 ago. 2021.

FREIRE, Paulo. **Pedagogia do oprimido**. 39. ed. Rio de Janeiro: Paz e Terra, 1987.

FRIGOTTO, Gaudêncio. O enfoque da dialética materialista histórica na pesquisa educacional. *In*: FAZENDA, Ivani (org.) **Metodologia da pesquisa educacional**. 7. ed. São Paulo: Paz e Terra, 2001. p. 71-90.

GENTILI, Pablo A. A. Neoliberalismo e educação: manual do usuário. *In*: SILVA, Tomas Tadeu da; GENTILI, Pablo (org.). **Escola S.A.**: quem ganha e quem perde no mercado educacional do neoliberalismo. Brasília: CNTE, 1996. p. 9-49.

HADDAD, Sergio. Escolarização no Brasil, um direito a ser conquistado. *In*: CALDART, Roseli Salete *et al.* (org.). **Dicionário da educação do campo**. São Paulo: Expressão Popular, 2012. p. 217

LEITE, Sergio Pereira; MEDEIROS, Leonilde Servolo. Agronegócio. *In*: CALDART, Roseli Salete *et al.* **Dicionário de educação do campo**. 2. ed. São Paulo: Expressão Popular, 2012, p. 81-87.

MARCONI, Marina de Andrade; LAKATO, Eva Maria. **Técnica de pesquisa**. 7. ed. São Paulo: Editora Atlas, 2012.

MARX, Karl. **Contribuição à crítica da economia política**. São Paulo: Abril Cultural, 1974. (Coleção Os pensadores).

MARX, Karl. **O capital** – crítica da economia política. Rio de Janeiro: Civilização Brasileira, 2002.

MARX, Karl. **Manuscritos econômico-filosóficos**. São Paulo: Boitempo, 2004.

MARX, Karl; ENGELS, Friedrich. **A ideologia alemã**. São Paulo: Boitempo, 2007.

MARX, Karl. **Manuscritos econômico-filosóficos – (1818-1883)**. 4. reimp. São Paulo: Boitempo, 2010.

MDA, MINISTÉRIO DO DESENVOLVIMENTO AGRÁRIO. **Secretaria Especial de Agricultura familiar e Desenvolvimento Agrário**, 2004. Disponível em: https://www.gov.br/agricultura/pt-br/assuntos/mda/secretaria-de-agricultura--familiar-e-cooperativismo. Acesso em: 30 maio 2018.

MEC. Ministério da educação. **Uma nota sobre a UNESCO.** Disponível em: http://portal.mec.gov.br/encceja-2/480-gabinete-do-ministro-1578890832/assessoria-internacional-1377578466/20747-unesco. Acesso em: 30 maio 2018.

MEC, Ministério da Educação e Cultura. **Sobre Escola da Terra.** Disponível em: http://portal.mec.gov.br/pet/194-secretarias-112877938/secad-educacao-continuada-223369541/18725-escola-da-terra. Acesso em: 30 maio 2021.

MEC. Conselho Nacional de Educação. Câmara de Educação Básica. **Resolução CNE/CEB 1, de 03 de abril de 2002.** Institui diretrizes operacionais para a educação básica nas escolas do campo. Brasília: CNE/CEB, 2003. Disponível em: http://pronacampo.mec.gov.br/images/pdf/mn_resolucao_%201_de_3_de_abril_de_2002.pdf. Acesso em: 14 jun. 2019.

MOLINA, Mônica Castagna; SÁ, Laís Mourão. Educalção do Campo. *In*: CALDART, Roseli Salete *et al.* (org.). **Dicionário da educação do campo**. São Paulo: Expressão Popular, 2012. p. 327.

RIBEIRO, Marlene. **O movimento camponês, trabalho e educação** - liberdade autonomia, emancipação: princípios/fins da formação humana. 2. ed. São Paulo: Expressão Popular, 2013.

SANTOS, Arlete Ramos dos. **Aliança (neo)desenvolvimentista e decadência ideológica no campo**: movimentos socais e reforma agrária do consenso. Curitiba: Editora CRV, 2016.

SANTOS, Arlete Ramos dos. **Ocupar, resistir e produzir, também na educação!** O MST e a burocracia estatal: negação e consenso. Jundiaí: Paco Editorial, 2013.

SANTOS, Cláudio Eduardo Félix Santos; TEIXIERA, David Romão. A política de Educação do Campo e a luta de classes no Brasil Contemporâneo: questões para análise da conjuntura. **Germinal**: Marxismo e Educação em Debate, Salvador, v. 6, n. 1, p. 175-183, jun. 2014.

SANTOS, Vanessa Costa dos. **As diretrizes neoliberais e suas implicações sobre a política de fechamento de escolas do campo em Vitória da Conquista - BA**. Dissertação (Mestrado em Educação) – Universidade Estadual do Sudoeste da Bahia, Vitória da Conquista, 2019. Disponível em: http://www2.uesb.br/ppg/ppgen/wpcontent/uploads/2019/08/DISSERTA%C3%87%C3%83O-VERS%C3%83O-FINAL-Vanessa-Costa-dos-Santos_compressed.pdf. Acesso em: 3 ago. 2021.

SAVIANI, Dermeval. **Sistema nacional de educação e plano nacional de educação**: significados, controvérsias e perspectivas. 2. ed. ampl. Campinas: Autores Associados, 2017.

SEPLAN. Secretaria do Planejamento do Estado da Bahia. Territórios de identidade. **Página virtual da SEPLAN**, [*S.l.*], 2021. Disponível em: http://www.seplan.ba.gov.br/modules/conteudo/conteudo.php?conteudo=17. Acesso em: 3 ago. 2021.

SOUZA, Maria Antonia. **Educação e movimentos socias do campo:** a produção de conhecimento no período de 1987 a 2015. 2. ed. Curitiba: Editora UFPR, 2016.

TAFFAREL, Celi Nelza Zulke; CARVALHO, Marize Souza Carvalho. A extinção da SECADI: um golpe fatal nas conquistas no campo da educação. **Cadernos GPOSSHE On-line**, Fortaleza, v. 2, n. 1, p. 84-90, 2019. Disponível em: https://revistas.uece.br/index.php/CadernosdoGPOSSHE/article/view/1523. Acesso em: 30 maio 2018.

VENDRAMINI, Célia Regina. Qual o futuro das escolas no campo? **Educação em Revista**, Belo Horizonte, v. 31, n. 3, p. 49-69, jul./set. 2015.

APONTAMENTOS SOBRE OS IMPACTOS DO COVID-19 NA LICENCIATURA EM EDUCAÇÃO DO CAMPO CFP-UFRB

Alex Verdério[58]
Janaine Zdebski da Silva[59]

Introdução

A presente elaboração está inscrita nos processos de investigação articulados pela Rede Latino-Americana de Estudos e Pesquisas Marxistas em Educação do Campo e toma concretude a partir da sistematização e da análise iniciais dos dados empíricos relacionados ao projeto de pesquisa intitulado "Educação e escolas do campo em tempos de pandemia da Covid-19".

A pesquisa realizada em rede conta com a participação de pesquisadoras e pesquisadores vinculadas/os a cinco Grupos de Pesquisa[60] e a cinco Instituições de Educação Superior públicas[61]. O objetivo geral da pesquisa é analisar as condições objetivas da Educação e das Escolas nas comunidades do campo, das águas e das florestas e suas consequências em tempos de pandemia do COVID-19, desdobrando-se nos seguintes objetivos específicos: i) Investigar como as comunidades do campo, das águas e das florestas estão sendo afetadas pela pandemia COVID-19, identificando suas principais dificuldades e suas perspectivas de enfrentamento; ii) Identificar os principais desafios enfrentados pelos povos do campo, das águas e das

---

[58] Professor do magistério superior no Centro de Formação de Professores (CFP), da Universidade Federal do Recôncavo da Bahia (UFRB), Amargosa, Bahia. Pesquisador do Grupo de Pesquisa em Educação do Campo, Agroecologia e Movimentos Sociais (GECA-UFRB). Correio eletrônico: alexverderio@ufrb.edu.br.

[59] Professora do magistério superior no Centro de Formação de Professores (CFP), da Universidade Federal do Recôncavo da Bahia (UFRB), Amargosa, Bahia. Pesquisadora do Grupo de Pesquisa em Educação do Campo, Agroecologia e Movimentos Sociais (GECA-UFRB). Correio eletrônico: janaine@ufrb.edu.br.

[60] Grupo de Pesquisa em Educação do Campo, Cooperação e Agroecologia (Gecca-UFFS); Grupo de Estudos e Pesquisa em Educação, Escola do Campo e Agroecologia (Geca-UFSC); Grupo de Pesquisa: Educação, Campo, Trabalho, Práxis e Questão Agrária (Naluta-UFPR/Setor Litoral); Grupo de Pesquisa em Campo, Movimentos Sociais e Educação do Campo (Movecampo/Unicentro); e Grupo de Pesquisa em Educação do Campo, Agroecologia e Movimentos Sociais (Geca-UFRB/CFP).

[61] Universidade Federal de Santa Catarina (UFSC), Universidade Federal da Fronteira Sul - Campus Laranjeiras do Sul (UFFS), Universidade Federal do Paraná – Setor Litoral (UFPR/Setor Litoral), Universidade Estadual do Centro-Oeste (Unicentro) e Universidade Federal do Recôncavo da Bahia – Centro de Formação de Professores (UFRB-CFP).

floritas em relação ao acesso à educação nos diferentes níveis de ensino, bem como as consequências e as possíveis alternativas para sua superação; ii) Relacionar aspectos da situação conjuntural de pandemia com aspectos estruturais e históricos das condições de vida e educação dos povos do campo, das águas e das florestas.

No âmbito dos procedimentos metodológicos, utilizamos um questionário *online* constituído por 45 questões, encaminhado às licenciandas e aos licenciandos do curso de Licenciatura do Campo, do curso de Pedagogia da Terra, do curso de Pedagogia para Educadores do Campo e do curso de Pedagogia Indígena. O questionário *online* foi organizado em 10 sessões, quais sejam: 1) Apresentação da Pesquisa; 2) Termo de Consentimento (1 questão); 3) Dados pessoais (5 questões); 4) Identificação (11 questões); 5) Sobre a residência (2 questões); 6) Sobre o acesso à *internet* (3 questões); 7) Impactos da Pandemia (9 questões); 8) Trabalho e renda (4 questões); 9) Sobre a educação (9 questões); 10) Questão final (1 questão).

O projeto de pesquisa foi institucionalizado na UFSC e conta com a aprovação do Conselho de ética da UFSC e os devidos registros na Plataforma Brasil.

O recorte de dados empíricos aqui sistematizados, e que possibilitou um primeiro delineamento analítico, volta-se para a realidade do curso de Licenciatura em Educação do Campo – Ciências Agrárias, do Centro de Formação de Professores (CFP) na Universidade Federal do Recôncavo da Bahia (UFRB).

Os contatos e o envio do questionário *online* foram realizados por meio de listas de Correio eletrônicos cadastrados no Sistema Integrado de Gestão de Atividades Acadêmicas (Sigaa) da UFRB até junho de 2020. Para esse contato e envio também foram utilizadas as redes sociais WhatsApp e Facebook. Isso permitiu delimitar o escopo do público participante da pesquisa por meio do contato via Correio eletrônico com grupos de redes sociais e de forma individualizada com os estudantes do curso.

De modo geral, a análise dos dados produzidos a partir do questionário *online*, acerca dos impactos da pandemia e da realização da educação em tal contexto, no caso do curso de licenciatura em Educação do Campo – Ciências Agrárias do CFP-UFRB, permitiu pontuar algumas questões que, na correlação com a realização das atividades remotas na universidade, evidenciam de maneira inequívoca, entre outras questões, a exclusão educacional potencializada pelo contexto da pandemia do COVID-19, que afeta de maneira contundente os povos trabalhadores do campo, das águas e das florestas.

Contextualização do curso de licenciatura em Educação do Campo – Ciências Agrárias CFP-UFRB

O curso de licenciatura em Educação do Campo – Ciências Agrárias (CFP-UFRB) teve a primeira entrada de estudantes efetivada no ano de 2013, por meio do Edital 02/2009 MEC/SECADI (BRASIL, 2009). A organização do curso ocorre por meio do regime de alternância entre Tempo Universidade e Tempo Comunidade. O primeiro (Tempo Universidade) é um momento presencial, no qual os estudantes estão em aulas com os docentes; já no segundo momento (Tempo Comunidade), os estudantes estão em suas comunidades desenvolvendo atividades curriculares (UFRB, 2013).

O profissional egresso desse curso (UFRB, 2013) poderá atuar na docência e na gestão de processos educativos escolares na educação básica, e ainda na docência e gestão de processos educativos e sociais nas comunidades e assentamentos rurais.

De acordo com informações disponíveis no Sigaa, no final do primeiro semestre de 2020, quando as atividades da UFRB foram suspensas em função da crise sanitária estabelecida com o avanço da pandemia do COVID-19 no Brasil, a licenciatura em Educação do Campo – Ciências Agrárias do CFP-UFRB contava com 288 estudantes inscritos no curso.

Esses 288 estudantes da licenciatura em Educação do Campo – Ciências Agrárias do CFP-UFRB são oriundos de diversos municípios baianos, dentre os quais destacamos: Mutuípe, Brejões, Laje, Jiquiriçá, Iraquara, Cairu, Ilha de Maré, Salinas de Margarida, Seabra, Valença, Teolândia, Bonito, Ruy Barbisa, Manoel Vitorino, Morro do Chapéu, Ipirá, Itaetê, Castro Alves, Irará, Poções, Jequié, Santaluz, Santo Antonio de Jesus, Ubaíra, São Miguel das Matas, Monte Santo, Salvador, Nova Itarana, Santanópolis, Urandi, Igrapiúna, Urandi, Itaberaba, Maragogipe, Irajuba, Ituberá, Milagres, Gandu, Santo Amaro, Itiúba, Simões Filho, Wagner, Santa Inês, Cansação, Camamu, Jaguaquara, Valente, Jacobina, Maracás, Licínio de Almeida, Pinheiro, Juazeiro, Iramaia, Quejingue, Orobó e Campo Formoso. Notamos que a maioria desses estudantes reside nas comunidades camponesas, das águas e florestas.

O quantitativo e a diversidade de contextos, culturas e sujeitos constituem uma das riquezas identificadas no curso. Porém, no período pandêmico vivenciado a partir do primeiro semestre de 2020, a extensão territorial de abrangência do curso, colada à histórica negação de acesso a políticas públicas ao campo e aos seus sujeitos (FERNANDES; CERIOLI; CALDART, 1999), tem tido implicações desumanas com o aprofundamento da desigualdade e da histórica negação de direitos (VERDÉRIO, 2011). É nesse contexto que se desenha a construção da pesquisa que dá origem a este texto.

Os sujeitos participantes da pesquisa: dados preliminares

No contexto da licenciatura em Educação do Campo – Ciências Agrárias do CFP-UFRB, o questionário *online* foi enviado para todos os 288 estudantes do curso e esteve disponível para o público participante no período de 20/06/2020 e 02/07/2020. Dos questionários enviados, retornaram 110 respondidos, assim, a amostra considerada na pesquisa é de 110 estudantes, no universo de 288 estudantes do curso. Dessa maneira, o questionário foi respondido por 38,2% dos estudantes ativos ou com pré-matrícula efetivada no curso.

Na Tabela 1 são apresentados os semestres de vinculação dos 110 estudantes do CFP-UFRB que responderam ao questionário.

Tabela 1 – Semestre de inserção no curso

Semestre / Fase	Nº de participantes	Semestre / Fase	Nº de participantes
1º Semestre/Fase	17	5º Semestre/Fase	23
2º Semestre/Fase	4	7º Semestre/Fase	2
3º Semestre/Fase	13	8º Semestre/Fase	27
4º Semestre/Fase	1	9º Semestre/Fase	3
		Com pendências	11
		Formandos/as	4
		Não informaram	5
Subtotais estudantes	**35**	75	
Total de Participantes	110		

Fonte: elaborada pelos autores

Do total dos 110 questionários respondidos, 31,8% são provenientes de estudantes matriculados do 1º ao 4º semestre do curso; 63,6% correspondem aos estudantes matriculados entre o 5º e 9º semestres, somados àqueles que apresentavam alguma pendência e aos formandos do curso. Salientamos que o significativo número de estudantes respondentes ao comparar os semestres/fases, é de estudantes vinculados ao 8º semestre (27 estudantes), isso demonstra uma maior atenção desses, devido à possibilidade de provável formatura, que passa a ser acompanhada pela preocupação relacionada às ações propostas pela universidade, em especial no período pandêmico. Essa inquietação dos prováveis formandos foi sendo evidenciada durante as reuniões, aulas e demais atividades realizadas no mesmo período ou em períodos posteriores à coleta de dados via questionário *online*.

Considerando o total de 110 estudantes que participaram da pesquisa, destacamos que 17 estudantes eram calouros que estavam no primeiro semestre letivo, mas ainda não haviam iniciado as aulas. Esse dado evidencia a expectativa de inserção na universidade, sendo a resposta ao questionário um dos mecanismos para afirmação do vínculo, o que se comprova com o início das atividades remotas a partir de setembro de 2020.

O razoável percentual de respostas recebidas (38,2% dos questionários enviados), a disposição de envolvimento dos estudantes calouros que responderam ao questionário (17 estudantes) e o percentual de 63,6% do total de respostas de estudantes que estão entre o 5º e o 9º semestres, com alguma pendência ou na expectativa da formatura, coloca em evidência a necessidade de a universidade e o curso proporem mecanismos viáveis de manutenção dos vínculos entre todos os estudantes e a universidade no contexto da pandemia e de atividades remotas, sobretudo para os estudantes calouros e os que estão nas fases finais do curso.

Conforme Gráfico 1, quando questionados sobre sua autoidentificação, 66 dos 110 participantes da pesquisa afirmaram ser Agricultor/a Familiar, isso representa 60% dos estudantes que responderam ao questionário.

Gráfico 1 – Autoidentificação dos participantes da pesquisa

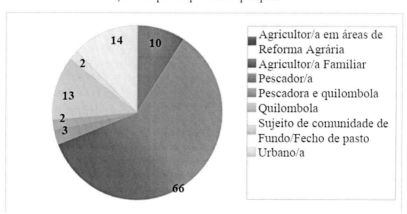

Fonte: elaborado pelos autores

Os demais sujeitos respondentes, que totalizam 44 estudantes, autoidentificam-se como agricultores em áreas de reforma agrária, pescadores, quilombolas, sujeitos de comunidades de fundo e fecho de pasto e, dentre eles, apenas 2 se autoidentificam como urbanos. Esse dado, ao considerar as respostas de 110 estudantes, ilustra a afirmação trazida anteriormente de que a imensa maioria dos estudantes do curso reside em área do campo, das águas ou das florestas.

Ainda no que tange ao perfil das/os participantes da pesquisa, 88 identificam-se como do gênero feminino e 22 do masculino, isso evidencia a sobrepujança da inserção de mulheres em cursos de graduação para formação de professores, mesmo considerando a área de habilitação que é voltada para as Ciências Agrárias.

De acordo com o Gráfico 2, dos 110 participantes da pesquisa, 62 estudantes se autodeclaram da cor preta, 40 de cor parda, 6 da cor branca e 2 da cor amarela.

Gráfico 2 – Autodeclaração da cor de pele dos participantes

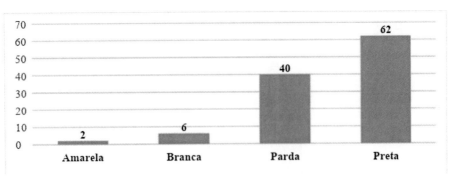

Fonte: elaborado pelos autores

Desse modo, o curso de licenciatura em Educação do Campo – Ciências Agrárias reafirma o perfil dos estudantes da UFRB (UFRB, 2019) que é majoritariamente composto pela população autoidentificada de cor preta e parda, característica histórica e social da região do recôncavo da Bahia, espaço de ampla e desumana escravização de africanos nos períodos colonial e monárquico.

Como expresso na Tabela 2, do total de participantes da pesquisa, cerca de 82% têm idade entre 15 e 30 anos, o que registra a grande maioria dos estudantes respondentes situados na fase da juventude.

Tabela 2 – Faixa etária dos participantes da pesquisa

Faixa etária	Nº de participantes
De 15 até 20 anos	21
De 21 até 30 anos	69
De 31 até 40 anos	13
De 41 até 50 anos	6
De 51 até 60 anos	1
Subtotais estudantes	**110**

Fonte: elaborada pelos autores

A expressiva inserção de jovens do campo no curso nos possibilita afirmar que esses jovens dos diferentes espaços do campo, das águas e das florestas têm buscado, nessa fase da vida, formação em graduação que possibilite a atuação profissional futura no próprio espaço do campo, o que, em certa medida, tensiona e contrapõe a histórica associação do acesso à educação superior com a saída de jovens do campo (CASTRO *et al.*, 2009).

Nesse contexto destacado, salientamos que a conquista e efetivação das licenciaturas em Educação do Campo em diversas universidades brasileiras se colocam desde a luta por uma Educação do Campo em que os sujeitos do campo, jovens ou não, passam a ter, a partir das lutas, algumas conquistas que vislumbram a educação superior como possibilidade concreta nas vidas dos camponeses, contribuindo, nesse caso, para a permanência no campo com dignidade.

No que se refere à renda mensal das famílias — composta pela soma do rendimento aproximado de cada membro da família —, conforme expresso no Gráfico 3, 68,18% dos participantes (75 estudantes) que responderam ao questionário indicam ter uma renda familiar de até R$ 1.000,00; desses, 38 participantes afirmaram ter renda familiar de até R$ 500,00.

Gráfico 3 – Rendimento mensal da família – soma dos valores aproximados recebidos por cada membro da família

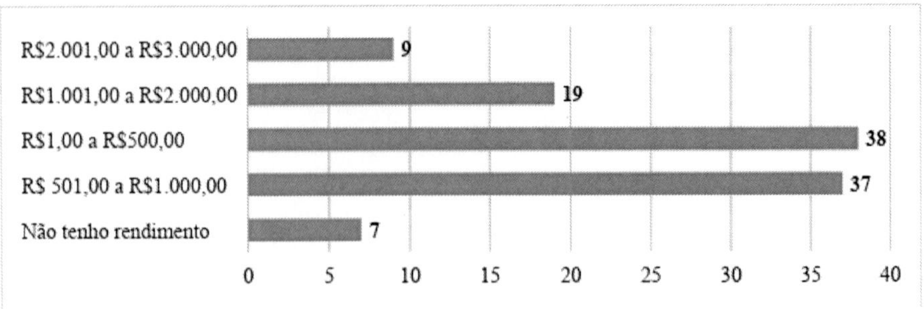

Fonte: elaborado pelos autores

Os dados indicam que a situação de pobreza e vulnerabilidade social é realidade para a maioria dos estudantes respondentes. Além de um quantitativo bastante grande ter indicado uma renda familiar ínfima, ainda são identificados 7 estudantes que apontam não possuir nenhum rendimento. Na situação de pandemia vivenciada no Brasil, essa realidade se coloca de forma ainda mais determinante na condição de vida dos sujeitos camponeses. Nessa perspectiva, os dados levantados ainda nos mostram que, sobre o rendimento mensal familiar, 72 participantes da pesquisa afirmaram que essa renda foi afetada pela pandemia do COVID-19.

Sabe-se que o campo brasileiro se configura historicamente como um espaço de negação de direitos aos seus sujeitos trabalhadores e trabalhadoras: inexistência de escolas, péssima conservação das vias de acesso, raros postos de saúde, falta de cobertura de rede de telefonia, dentre outros (SANTOS, 2012). Essa negação de direitos que foi sendo naturalizada ao campo e aos camponeses, também se reflete na ausência de redes de internet, tão importante e necessária nas últimas décadas e tão imprescindível no período atual. No contexto de ensino remoto emergencial, o acesso e conexão de qualidade com a internet são indispensáveis para a manutenção do vínculo acadêmico dos estudantes de origem camponesa participantes da pesquisa.

Conforme Gráfico 4, 46% dos participantes da pesquisa afirmaram utilizar apenas o celular, enquanto 48% utilizam celular e computador (notebook ou desktop) ou tablet e apenas 6% utilizam somente o computador para acesso à internet.

Gráfico 4 – Equipamentos utilizados para acessar a internet

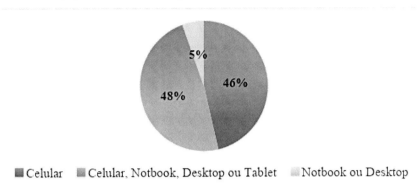

Fonte: elaborado pelos autores

Sublinhamos ainda que 46 participantes indicam ter apenas o celular como equipamento para acessar as aulas remotas e realizar os trabalhos acadêmicos. Para esses estudantes, o mesmo aparelho que é utilizado para receber e fazer ligações, ter acesso a redes sociais e outros aplicativos, também tem seu uso orientado para assistir a aulas, fazer pesquisas, digitar e enviar trabalhos, fotografar e enviar trabalhos manuscritos etc.

Quando questionados/as sobre suas condições para realizar atividades da universidade a distância, conforme Gráfico 5, 45 participantes afirmam não ter condições, 29 participantes afirmam ter condições e 30 participantes pontuaram ter condições em partes; além disso, 6 não responderam à questão.

Gráfico 5 – Considera que possui condições para realizar atividades da universidade a distância?

Fonte: elaborado pelos autores

Percebemos, assim, que de um total de 110 participantes da pesquisa, apenas 29 afirmam ter condições de realizar atividades da universidade a distância nesse período pandêmico. Esse dado está diretamente relacionado à dificuldade de acesso à internet e à falta de equipamentos demonstrada no Gráfico 4, dentre outros determinantes.

Outra questão que foi apresentada aos participantes da pesquisa se referia ao seu posicionamento pessoal quanto à realização de atividades remotas e virtuais pela universidade. O gráfico 6 ilustra as respostas obtidas.

Gráfico 6 – Você é favorável à realização de atividades em modo remoto/virtual na universidade?

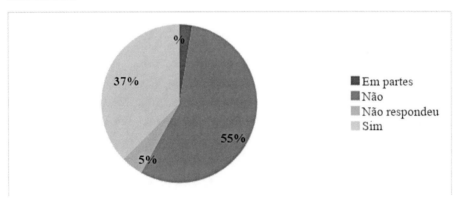

Fonte: elaborado pelos autores

Em relação à realização de atividades da universidade de modo excepcional, com atividades não presenciais, 55% dos participantes não são favoráveis a esses encaminhamentos e 37% são favoráveis; 5% dos participantes não responderam o questionamento e 3% indicaram que em partes são favoráveis. Pode-se visualizar que a maioria dos estudantes do curso participantes da pesquisa se declaram desfavoráveis ao desenvolvimento de atividades remotas e virtuais, como aulas, por exemplo.

Do mesmo modo, ao analisar as respostas recebidas em retorno ao questionário, identificamos que naquele momento 68 participantes eram contrários à realização de atividades não presenciais e optavam pela suspensão do semestre com reposição presencial quando possível, 36 participantes eram favoráveis em aderir à situação excepcional de ensino não presencial e 6 participantes não responderam à questão.

Os impactos do COVID-19 nos estudantes da licenciatura em Educação do Campo – Ciências Agrárias do CFP-UFRB

Ao tomar por referência a inquietação que orientou a elaboração dessa síntese inicial, bem como o delineamento de apontamentos analíticos, consideramos como fonte primeira o conjunto de dados empíricos produzidos a partir da aplicação do questionário *online*. Contudo, uma das sessões do referido questionário toma maior ênfase ao voltar-se para a reflexão sobre os impactos do COVID-19 nos estudantes do curso.

Como mencionado anteriormente, dentre as 10 sessões que compunham o questionário, havia uma delas direcionada para o registro de como a pandemia afetou a vida dos estudantes e de suas famílias. Dessa sessão que se voltou para os impactos da pandemia, uma das perguntas que vale ser analisada mais detalhadamente questionou os colaboradores da pesquisa sobre "Como a Pandemia está afetando sua vida? (Pode assinalar mais de uma resposta)". Para responder a essa questão, os estudantes poderiam assinalar uma ou mais das 13 alternativas com respostas pré-estabelecidas, constituindo-se assim uma questão de respostas de múltipla escolha. Os respondentes também poderiam assinalar a alternativa "Outro" e escrever com suas próprias palavras a resposta para a referida pergunta. As alternativas que poderiam ser assinaladas em resposta à pergunta em destaque foram as seguintes:

- Estou insatisfeita por estar longe de familiares ou amigos/as;
- Estou passando mais tempo nas redes sociais;
- Estou trabalhando mais horas por dia agora (presencialmente ou de forma remota/teletrabalho/à distância);
- Estou cuidando de pessoas na minha casa;
- Tenho que acompanhar as atividades escolares do/a(s) filho/a(s) ou outras crianças/jovens da residência;
- Estou insatisfeita por estar mais tempo ao lado da minha família;
- Estou sofrendo de ansiedade, depressão ou outros problemas emocionais;
- Estou sofrendo problemas de violência doméstica;
- Estou me alimentando mal;
- Estou me alimentando melhor;

- Estou estudando mais horas por dia;
- Estou satisfeita por estar mais tempo ao lado da minha família;
- Não mudou nada;
- Outros.

Ao analisar as respostas assinaladas pelos estudantes na questão em destaque, constatamos que, dentre as 13 respostas preestabelecidas, a que teve maior número de registro entre os 110 respondentes, totalizando 45 respostas, evidencia que os estudantes foram afetados pela pandemia ao se sentirem insatisfeitos por estarem longe de seus familiares ou amigos/as.

A insatisfação posta pelo distanciamento físico de pessoas da família e do círculo de amigos dos estudantes vem colada, em muitos casos, à satisfação por estar mais tempo ao lado da família, do núcleo familiar menor — quando considerado o quantitativo de registros que indicam essa satisfação. Ao todo, foram 33 estudantes que assinalaram a alternativa referente à satisfação em estar mais tempo com a família nesse período inicial da pandemia. Verificamos ainda que nenhum dos estudantes assinalou a opção que indicava insatisfação por estar mais tempo ao lado da família.

Esses dados refletem as duas possibilidades de respostas que mais foram assinaladas pelos estudantes quando indagados sobre "Como a Pandemia está afetando sua vida?". Isso demonstra como a questão do isolamento social, tão necessário para conter a transmissão da doença, afetou também os estudantes que nesse caso possuíam anteriormente uma rotina de estudo e vivências para além do espaço familiar e domiciliar.

No período em que os estudantes responderam ao questionário *online*, entre os meses de junho e julho de 2020, o isolamento era uma realidade vivenciada e houve momentos posteriores em que ele se efetivou de forma mais intensa ainda. No ano de 2021, por exemplo, o governo estadual da Bahia decretou *lockdown* em 90% das cidades do estado (ARAÚJO, 2021).

Dentre as respostas assinaladas pelos estudantes, outra alternativa marcada por uma grande quantidade de pessoas — totalizando 27 registros — se refere à afirmação de estar sofrendo de ansiedade, depressão ou problemas emocionais naquele período. É perceptível que o número de 27 estudantes de um total de 110 seja bastante alto e preocupante já naquele momento inicial de vivência e enfrentamento à pandemia.

A UFRB dispõe de atendimento psicológico aos estudantes, o que poderia contribuir nesses casos, porém, nesse período a procura pelo atendimento aumentou muito e nem todos que procuraram o serviço puderam ser atendidos de imediato. Ressalta-se que esse dado de 27 estudantes se refere apenas ao público de um curso de graduação, tomando apenas o contexto do CFP-UFRB — tendo em vista que esse centro de ensino possui mais outros 7 cursos de licenciatura.

Outro dado que chama atenção diz respeito a uma das alternativas assinaladas, na qual 29 estudantes registraram a afirmação de que estavam passando mais tempo nas redes sociais. Ao destacar esse dado e, colocando-o em paralelo com as informações de que a maioria dos estudantes respondentes ao questionário se enquadra na faixa etária jovem, sendo 69 estudantes com idade entre 21 e 30 anos (Tabela 2) e que o aparelho celular é utilizado como único meio de acesso à internet para 46% dos participantes da pesquisa como evidenciado no Gráfico 4, identificamos uma pujança na utilização de aparelhos celulares, corroborando para um maior envolvimento do público participante da pesquisa com sua utilização e registrando uma certa concorrência entre o uso destinado para os estudos e para atividades de relacionamento virtual.

Mesmo sem ter realizado o cruzamento mais efetivo entre esses dados, é perceptível que as redes sociais acabam sendo um refúgio para muitos desses jovens. O elevado índice de problemas emocionais, ansiedade e depressão em alguns casos, desencadeados no período de isolamento social, tornam ainda mais preocupante esse quadro, dada a capacidade que os aplicativos e redes sociais de internet possuem em agravar ainda mais os problemas de saúde mencionados nas respostas ao questionário *online*. Esse novo contexto vivenciado e o aumento exacerbado na utilização das redes sociais podem atuar como uma distração que acaba por colocar em segundo plano a necessidade de buscar ajuda ou tratamento profissional.

Essas questões precisam ser analisadas também considerando o grande quantitativo de estudantes com baixa renda familiar, como indicado no Gráfico 3, em que identificamos 75 jovens entre 110 participantes da pesquisa, que possuem renda familiar entre R$ 1,00 e R$ 1.000,00 reais.

Vale sublinhar também o dado de que a imensa maioria dos estudantes respondentes se autodeclaram de cor preta ou parda. De 110 respondentes, 102 são pretos ou pardos. Os dados preliminares permitem afirmar que estudantes, em sua grande maioria jovem, de cor preta e parda, com baixa renda familiar têm sofrido de ansiedade, depressão e outros problemas emocionais durante o período inicial da pandemia, e têm sofrido no espaço do campo, onde o acesso às políticas públicas é historicamente negligenciado (FERNANDES; CERIOLI; CALDART, 1999), contando com a única satisfação de poder estar, naquele momento, mais próximo à sua família, passando muitos deles a estarem mais tempo nas redes sociais naquele período.

Ressalta-se ainda que os estudantes que responderam ao questionário — conforme expresso no Gráfico 1 — são em sua extensa maioria agricultores/as familiares, pescadores/as, quilombolas e sujeitos de comunidade de fundo e fecho de pasto, que residem em comunidades no campo, nas águas ou nas florestas, territórios nos quais a convivência coletiva e os laços de pertencimento em comunidade são características sócio-históricas, culturais e territoriais comuns (FERNANDES, 2008), e que a pandemia, nesse caso, pode ter afetado ainda mais esses sujeitos.

Em se tratando de sujeitos camponeses, pescadores e quilombolas em sua extensa maioria, salientamos que as respostas à pergunta sobre como a pandemia afetou a vida também evidenciou reflexões positivas no quesito alimentação. Um total de 24 estudantes responderam que passaram a se alimentar melhor. Esse dado leva à suposição, tendo em conta o conjunto de respostas recebidas, de que o fato de esses estudantes estarem mais tempo no espaço do campo, poderem cultivar a terra, colherem seus frutos e prepararem a comida para consumo familiar qualificou sua alimentação.

Salientamos ainda que 12 estudantes, ao responderem como a pandemia os afetou, assinalaram que estavam se alimentando mal naquele período. Faz-se necessário, na continuidade de análise dos dados levantados, identificar se esses 12 estudantes são pessoas que residem no espaço urbano ou rural, se são os que possuem as rendas mais baixas ou não, se são os que estavam com problemas de ansiedade, depressão ou questões emocionais, se existe alguma correlação possível para explicar esse dado também relevante.

Outro elemento que não pode passar despercebido nas respostas dos estudantes é referente à sobrecarga que passa a existir, sobretudo no caso das mulheres, nesse período em que o isolamento é uma realidade domiciliar nas comunidades camponesas, pescadoras e quilombolas. Essa questão é perceptível nas opções escolhidas por 23 estudantes que afirmaram estar cuidando de pessoas na mesma casa naquele período. Há indícios no conjunto das respostas de que sejam pessoas de idade avançada, pessoas que ficaram doentes naquele período ou mesmo crianças que passaram a não frequentar a escola presencialmente e demandaram cuidados domiciliares por um período maior do dia. Essa responsabilidade de cuidar de outras pessoas na mesma casa não era atribuída aos estudantes em momento anterior à pandemia quando estavam em etapa do Tempo Universidade.

Nessa mesma linha de acúmulo de demandas e funções a que o isolamento impeliu os estudantes que responderam ao questionário, 12 estudantes registraram a necessidade de acompanhar as atividades escolares de seus filhos ou de outras crianças ou jovens da mesma residência. Cabe avançar na correlação desses dados considerando a variante de gênero, pois, em suma, as estudantes mulheres potencialmente são as mais afetadas pela necessidade de assumir o acompanhamento às atividades escolares e o cuidado de pessoas que demandam maior atenção nesse período.

Um dado que pode ser interpretado de maneira positiva, mesmo em meio às inúmeras contradições existentes, é que 26 estudantes afirmam, dentre as opções escolhidas, ter ampliado o quantitativo de horas de estudo por dia naquele período. Por sua vez, é preciso ponderar que 12 estudantes afirmam entre suas respostas que estavam trabalhando mais horas por dia, o que é um impacto negativo da pandemia, dada a necessidade de aumento de renda familiar. Apenas quatro estudantes assinalaram a alternativa que indicou que a pandemia não afetou suas vidas, correspondendo à escolha da resposta que afirmava: "Não mudou nada".

Considerações finais

Na finalização deste texto, optamos por trazer nossas considerações a partir da exposição dos comentários trazidos pelos estudantes no espaço do questionário *online* destinado a inserir as respostas com palavras próprias. Foram 17 estudantes que optaram por inserir comentários. Ao ler os comentários registrados, são colocadas questões complementares que buscam explicar melhor como a pandemia afetou a vida dos estudantes. As respostas são relacionadas à dificuldade de adaptação; à preocupação com a contaminação; à mudança de rotina; aos sentimentos de angústia; à exaustão; à insegurança; ao desespero; à dificuldades de infraestrutura que dificultam o acesso à internet no campo; à insatisfação por ter parado os estudos; a não estar conseguindo estudar; à falta de produtividade nos estudos e na construção do Trabalho de Conclusão de Curso; a estar atrasando a conclusão do curso; às condições de vida e de existência, como estar sem trabalho; à impossibilidade de trabalhar; a não conseguir pagar as contas; à dificuldade no escoamento da produção pelo fechamento da feira livre; à diminuição das encomendas de artesanato, afetando a renda — é um elemento também importante relacionado à gestão do governo federal diante da pandemia, indicada nas palavras do/da estudante, como a preocupação com a insegurança provocada pelo ação do governo. Apenas 3, dentre os 17 estudantes, colocaram comentários mais positivos ou não externalizaram negatividade em relação àquele momento inicial da pandemia, pontuando que na vida cotidiana mudou pouca coisa, expressando o sentimento de gratidão e também ponderando que a situação era tranquila até aquele momento.

Compreende-se que, mesmo na limitação de dados preliminares que carecem de um cruzamento maior das variáveis, tendo em conta as possíveis relações entre faixa etária, gênero, condições de renda, questão racial e espaço de vivência, é possível afirmar que os impactos da pandemia do COVID-19 nos estudantes do curso de Licenciatura em Educação do Campo – Ciências Agrárias, nas suas famílias e comunidades são amplamente negativos e demonstram que esse período aprofundou a história desigualdade que assevera e limita a vida e as condições de existência dos povos do campos, das águas e das florestas.

As implicações e os impactos da pandemia se efetivam na piora das condições de vida, dificuldades financeiras para manutenção da existência individual e familiar, aparecimento de doenças como depressão, transtorno da ansiedade e outros problemas emocionais, assim como sentimentos de insegurança e angústia, dentre outros.

Outro ponto relevante de reflexão diz respeito à ampla preocupação dos próprios estudantes em relação aos seus estudos e ainda a evidência da dificuldade em relação à permanência na educação superior para esses sujeitos, seja pelas condições de infraestrutura de acesso à internet ou pelos problemas financeiros e de saúde que implicam diversas dificuldades, impactando e asseverando a exclusão educacional historicamente vivenciada por esses sujeitos no Brasil.

Referências

ARAÚJO, Jamile. Bahia terá "lockdown" em 90% das cidades a partir de sexta-feira (26). **Brasil de Fato**, Bahia, 25 fev. 2021. Disponível em: https://www.brasildefato. com.br/2021/02/25/bahia-tera-restricao-total-de-atividades-nao-essenciais-a-partir-de-sexta-feira-26. Acesso em: 30 jun. 2021.

BRASIL. Ministério da Educação. Secretaria de Educação Continuada, Alfabetização e Diversidade. **Edital de Convocação nº 09, de 29 de abril de 2009.** Brasília: MEC, 2009. Disponível em: http://portal.mec.gov.br/dmdocuments/edital_procampo_20092.pdf. Acesso em: 30 jun. 2021.

CASTRO, Elisa Guaraná de *et al.* **Os jovens estão indo embora?** Juventude rural e a construção de um ator político. Rio de Janeiro: Mauad X, 2009.

FERNANDES, Bernardo Mançano. Educação do campo e território camponês no Brasil. *In:* SANTOS, Clarice Aparecida dos (org.). **Por uma educação do campo:** campo – políticas públicas – educação. Brasília: INCRA, 2008. (Coleção por uma Educação do Campo, n. 7). p. 39-66.

FERNANDES, Bernardo Mançano; CERIOLI, Paulo Ricardo; CALDART, Roseli Salete. Por uma educação básica do campo texto-base. *In:* KOLLING, Edgar Jorge; NÉRY, Israel; MOLINA, Mônica Castagna (org.). **Por uma educação básica do campo** – memória. 3. ed. Brasília: Fundação Universidade de Brasília, 1999. p. 21-29.

SANTOS, Clarice Aparecida dos. **Educação do campo e políticas públicas no Brasil:** o protagonismo dos movimentos sociais do campo na instituição de políticas públicas e a licenciatura em educação do campo na UnB. Brasília: Liber Livro; Faculdade de Educação/ Universidade de Brasília, 2012.

UFRB. Universidade Federal do Recôncavo da Bahia. **Projeto Pedagógico do Curso Licenciatura (Plena) em Educação do Campo Área do Conhecimento Ciências Agrárias.** Amargosa, BA: UFRB, 2013. Disponível em: https://www.ufrb.edu.br/cfp/images/NUGTEAC_2019/PPC_de_Educacao_do_Campo.pdf. Acesso em: 30 jun. 2021.

UFRB. Universidade Federal do Recôncavo da Bahia. **Plano de Desenvolvimento Institucional PDI 2019-2030.** [*S.l.: s. n.*], 2019. Disponível em: https://www.ufrb.edu.br/pdi/images/documentos/pdi-ufrb-2019-2030.pdf. Acesso em: 30 jun. 2021.

VERDÉRIO, Alex. **A materialidade da educação do campo e sua incidência nos processos formativos que a sustentam:** uma análise acerca do curso de pedagogia da terra na UNIOESTE. 2011. 210 f. Dissertação (Mestrado em Educação) – Universidade Estadual do Oeste do Paraná, Cascavel, 2011.

A DIVERSIDADE DAS LUTAS CAMPONESAS E DAS AÇÕES DOS MOVIMENTOS SOCIOTERRITORIAIS NA PANDEMIA: CONTRIBUIÇÕES E OLHARES A PARTIR DO DATALUTA

João Paulo de Almeida Lopes[62]
Janaina Francisca de Souza Campos Vinha[63]
Naiara Diniz Mota[64]
Gabriela Soares Antunes[65]

Introdução

A luta pela terra no Brasil é um dos principais elementos da questão agrária brasileira. Ela perpassa gerações e capítulos da história e aflora a desigualdade socioeconômica ainda vigente. A disputa territorial, travada entre a agricultura capitalista, o Estado e os povos do campo, das florestas e das águas, escancarara um Brasil marcado pela conflitualidade no campo (FERNANDES, 2005).

Diversos movimentos socioterritoriais participaram da luta pela e na terra no Brasil. A luta se faz presente em todo o decurso histórico da formação territorial brasileira, que se modifica e se adapta à conjuntura política, social e econômica. Essas lutas se transformam incessantemente e ratificam a imprescindibilidade do debate e estudo sobre a questão agrária, que, em pleno século XXI, continua marcada pela concentrada e desigual estrutura fundiária.

O presente trabalho busca refletir parte desse processo de lutas territoriais no campo por meio do Banco de Dados da Luta pela Terra (DATALUTA). O DATALUTA é um projeto de extensão interinstitucional que

---

[62] Graduando em licenciatura em Geografia pela Universidade Federal do Triângulo Mineiro (UFTM). Pesquisador do Núcleo de Estudos Territoriais e Agrários (NaTERRA) e Extensionista DATALUTA vinculado ao Programa de Extensão Universitária (Proext) da UFTM. Correio eletrônico: jpaulo.geouftm@gmail.com.

[63] Docente no Departamento de Geografia (Degeo) da UFTM. Docente no Programa de Pós-Graduação em Desenvolvimento Territorial na América Latina e Caribe, da Universidade Estadual Paulista (Unesp). Coordenadora do Núcleo de Estudos Territoriais e Agrários (NaTERRA). Correio eletrônico: janaina.vinha@uftm.edu.br.

[64] Graduanda em Serviço Social pela Universidade Federal do Triângulo Mineiro (UFTM). Pesquisadora do Núcleo de Estudos Territoriais e Agrários (NaTERRA) e Extensionista DATALUTA vinculada ao Programa de Extensão Universitária (Proext) da UFTM. Correio eletrônico: naiaradinizdm@gmail.com.

[65] Graduanda em licenciatura em Geografia pela Universidade Federal do Triângulo Mineiro (UFTM), pesquisadora do Núcleo de Estudos Territoriais e Agrários (NaTERRA) e extensionista DATALUTA vinculada ao Programa de Extensão Universitária (Proext) da UFTM. Correio eletrônico: gabiantuness19@gmail.com.

registra, desde 1998, as ações dos movimentos socioterritoriais camponeses no Brasil. O projeto foi ampliado para uma dezena de centros de pesquisa e universidades públicas, concretizando a Rede DATALUTA.

Neste texto, discutimos as mudanças da conjuntura agrária, sobretudo as diferentes formas da luta pela terra, e as ações de solidariedade promovidas pelos movimentos no ano de 2020, marcado pelo início da pandemia provocada pela COVID-19. No intento de acompanhar essas mudanças, também foram realizadas modificações metodológicas junto ao DATALUTA, as quais buscaram compreender as dimensões da luta, enfrentamento e resistência diante da pandemia.

O método de análise que guia a proposta é o materialismo histórico-dialético. Nesse método, para conhecer determinado objeto, o pesquisador precisa estudá-lo em seus diversos aspectos, relações e contradições, sem tratar o conhecimento como algo rígido e acabado, compreendendo o movimento constante da realidade. Ele parte do sistema econômico e das suas interrelações, permitindo uma visão de enfrentamento e superação das estruturas econômicas fundadas no capitalismo. Assim, neste estudo, é preciso compreender que o processo de luta pela terra, embora apresente caráter contestador à lógica do capitalismo no campo, sobretudo na crítica à propriedade privada e no cumprimento da função social da terra, é permeado por contradições.

Fundamentados nos pressupostos do materialismo-histórico, foram empregados dois procedimentos metodológicos: a revisão bibliográfica de temas como questão agrária, luta pela terra e movimentos socioterritoriais; b. coleta, organização e sistematização dos dados e informações do DATALUTA. Com a contribuição o Núcleo de Estudos Territoriais e Agrários (NaTERRA), vinculado à Universidade Federal do Triângulo Mineiro (UFTM), de que participa a Rede DATALUTA, foram compilados, entre janeiro e dezembro de 2020, cerca de 713 registros sobre as ações de solidariedade.

Além desta introdução e das considerações finais, o texto está organizado em quatro eixos principais. O primeiro discute a luta pela terra, com destaque à conjuntura política e às estratégias dos movimentos socioterritoriais e grupos sociais organizados. O segundo versa sobre o DATALUTA e as mudanças metodológicas, discutindo a práxis como um elemento constitutivo para a compreensão da questão agrária brasileira e das novas realidades que necessitam ser interpretadas. A terceira e a quarta parte abordam as ações de solidariedade e as relações de gênero, entendidas como dimensões da luta e resistência camponesa.

Luta pela terra: entre permanências e reinvenções

A luta pela terra se faz presente em todo o processo de formação socioespacial no Brasil. As elites agrárias perpetuaram seus poderes por meio do controle e domínio de grandes extensões de terras. De outro lado, há uma significativa parcela de camponeses e povos originários oprimidos, que resistiram às grandes investidas do capital e lutaram pelo seu território. Com o passar dos anos, e com o aumento das desigualdades socioeconômicas, esses embates se acirraram consideravelmente.

Um desses conflitos ocorreu no sertão da Bahia, na região de Belo Monte, em que camponeses e ex-escravizados excluídos resistiram e reivindicaram o acesso à terra no período republicano. Com a marcante figura de Antônio Conselheiro, criou-se o arraial de Canudos e, em 1893, na fazenda de Canudos, conviveram cerca de 10 mil pessoas que passaram a desenvolver a produção familiar. Acusados falsamente de defender o retorno da monarquia, foram atacados por expedições militares entre outubro de 1896 e outubro de 1897, ficando conhecidos como um dos maiores grupos organizados de resistência brasileira (FERNANDES, 1999).

Nesse e em outros momentos da história brasileira, a questão agrária se constituía tendo como elemento fundante a desigual estrutura fundiária do país e as consequentes lutas de resistência pelo acesso à terra. Fernandes (2007, p. 139) afirma que "[...] a luta pela terra avança alheia à existência ou não de um plano de reforma agrária", ou seja, as ações autônomas dos movimentos socioterritoriais permaneceram resistindo e lutando pelo direito ao território. Esse é o caso, por exemplo, do Movimento dos Trabalhadores Rurais Sem Terra (MST), criado oficialmente em 1984. A partir da década de 1970, há os primeiros indícios de retomada dos movimentos socioterritoriais no campo, e o MST surge em um momento de forte repressão e ausência de políticas que viabilizassem a reforma agrária, contexto que não impediu que ações e estratégias fossem traçadas.

Todavia, mesmo diante da mobilização popular e dos planos de reforma agrária que surgiram após a implementação da Constituição Federal de 1988, o poder público tomou poucas medidas para atender a essas demandas. Esses planos são, em parte, resultado das ações dos movimentos do campo. Na década de 1980, mesmo período em que o Brasil passava pelo processo de redemocratização pós-golpe militar, as ações dos movimentos socioterritoriais foram retomadas e cresceram. A economia global passava por mudanças, e o neoliberalismo despontava como uma realidade cada vez mais próxima, e mobilização para promover a reforma agrária diante das desigualdades se acirrou. Como explica Carter (2010, p. 37):

> A crescente urbanização no Terceiro Mundo, o aumento da produção agrícola com a introdução de tecnologias modernas, a queda do comunismo, a ascensão do neoliberalismo e a expansão dos conglomerados do *agribusiness* global contribuíram para a formação desse novo clima de opinião com respeito à redistribuição fundiária. Nesse contexto, uma curiosa contratendência começou a se desenvolver no Brasil. Na década de 1980, surgiram diversas mobilizações populares pressionando o Estado a promover a reforma agrária, criando no processo um dos movimentos sociais mais duradouros da história: o MST.

Os movimentos socioterritoriais do campo deram continuidade às suas lutas, entretanto, no decorrer dos anos, diversos percalços dificultaram ainda mais esses embates. Um dos fatores principais que pode ser apontado é a criminalização dos movimentos. Carter (2010, p. 40) explica essa criminalização: "[...] nos últimos anos, a direita chegou a ponto de caracterizar as ocupações em massa organizadas pelo MST em grandes propriedades rurais, em sua maioria ociosas, como 'atos de terrorismo'".

Miguel Carter fez essa leitura em 2010 e, contextualizando com a realidade atual, é perceptível que essa questão se agrava dia após dia, principalmente após a vitória do presidente da república Jair Messias Bolsonaro, que se autodeclara, explicitamente, contrário às políticas públicas voltadas a reforma agrária, demarcação de terras indígenas e quilombolas.

Em decorrência dessas investidas da direita ultraconservadora brasileira, a luta pela terra se torna uma disputa ainda mais árdua. A título de exemplo, recentemente, em plena quarentena em decorrência do COVID-19, um acampamento que resiste há mais de duas décadas em Campo do Meio, localizado no sul do estado de Minas Gerais, sofreu uma tentativa de reintegração de posse, fato que comoveu e mobilizou as redes sociais. Notícias semelhantes se mostram cada vez mais presentes nos veículos (des) informativos, repetindo-se e escancarando o descaso e a violência regada de brutalidade que esses indivíduos vivenciam cotidianamente.

Em um período em que os movimentos socioterritoriais são criminalizados, uma outra face é desenvolvida pelos movimentos: as ações de solidariedade. Elas se mostraram como uma estratégia de luta que se reinventou no espaço e no tempo, ganhando destaque nesse período pandêmico de COVID 19. Assim, compreendemos que a luta pela terra se materializa e territorializa de diversas formas, pois, além das manifestações empreendidas em espaços públicos, bloqueios de estradas, rodovias, ferrovias, marchas, caminhadas, vigílias e das ocupações de terras e acampamentos (PEREIRA, 2015), as ações de solidariedade dão continuidade às ações dos movimentos, entendidas como instrumentos de luta e resistência pela reforma agrária popular.

No entanto, antes de adentrar nessa discussão, abordaremos, a seguir, as contribuições do DATALUTA para a leitura desse processo.

O DATALUTA e as mudanças metodológicas

O DATALUTA é um projeto de pesquisa e extensão que registra as movimentações e articulações da luta camponesa no Brasil. É promovido por uma rede de pesquisadores, a REDE DATALUTA, em parceria com representantes dos movimentos socioterritoriais do campo. O projeto surgiu em 1998 no Núcleo de Estudos, Pesquisas e Projetos de Reforma Agrária (Nera), da Universidade Estadual Paulista Júlio de Mesquita Filho (Unesp), campus Presidente Prudente, e atualmente conta com universidades parceiras espalhadas por todas as regiões do Brasil. A Rede fortalece a ação coletiva no registro dos dados sobre o campesinato brasileiro em suas diferentes nuances, promovendo a discussão e a reflexão acerca das disputas territoriais em todo o Brasil.

O conjunto de procedimentos para sistematização dos dados advém de fontes primárias e secundárias nas escalas municipal, estadual, macrorregional e nacional (DATALUTA, 2019). As fontes conhecidas como "primárias" são aquelas enviadas diretamente para a equipe do projeto e são, também, transmitidas pelos integrantes dos movimentos socioterritoriais. Há também as fontes secundárias, que são notícias publicadas em veículos informativos, como jornais, folhetins e redes sociais. Esses registros são organizados, sistematizados e tabulados, publicizados no Relatório DATA-LUTA Brasil[66], publicado anualmente desde 1999.

Entretanto, ao longo dos anos, conforme a conjuntura agrária se transformava, rebatendo novas nuances à questão agrária, a metodologia

---

[66] Disponível em: http://catedra.editoraunesp.com.br/publicacoes_noticias.asp?tpl_id=1&id=252. Acesso em: 28 abr. 2023.

procurou acompanhar tais mudanças. É parte dessa dinâmica que procuramos evidenciar nas próximas linhas, refletindo como o DATALUTA é um projeto pautado pela práxis, em que a realidade é mola propulsora para que o conhecimento seja (re)formulado.

Os registros são organizados em categorias temáticas, que, ao passar dos anos, sofreram alterações. Eram sete categorias até 2019: ocupações de terras, assentamentos rurais, estrutura fundiária, manifestações do campo, movimentos socioterritoriais, estrangeirização de terras e Jornadas Universitárias em Defesa da Reforma Agrária (Jura).

Porém, no que se refere à cronologia dos registros, há também uma diferenciação temporal: os dados de assentamentos rurais são contabilizados a partir de 1979, as ocupações (1988), as manifestações (2000), a estrangeirização de terras (2013) e as Jornadas Universitárias em Defesa da Reforma Agrária (2019).

Figura 1 – Escalas, categorias e fontes do DATALUTA até 2019

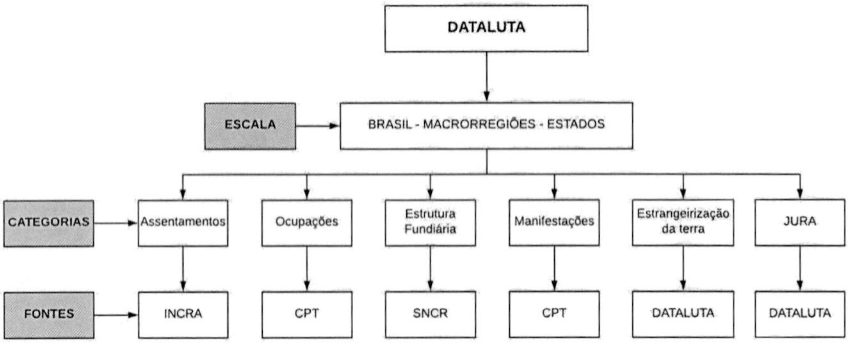

Fonte: relatório DATALUTA (2018)

Ao longo da trajetória da Rede, as universidades e os demais grupos de pesquisa se mostraram fundamentais na execução da metodologia adotada. Até 2019, os grupos eram responsáveis pela coleta de dados referentes ao estado federativo. Sendo assim, os respectivos integrantes realizavam o trabalho de acompanhar a conjuntura agrária do seu estado, pela perspectiva de três categorias principais, organizadas em planilhas do Microsoft Excel: manifestações do campo, ocupação de terras e estrangeirização de terras.

Entretanto, durante o XIII Encontro Nacional da Rede DATALUTA, que ocorreu em 2019 no mês de dezembro, em São Paulo, no Instituto de Políticas Públicas e Relações Internacionais (Ippri), da Universidade Estadual Paulista, foram apresentadas mudanças metodológicas. A partir desse evento, que contou com a participação da maior parte dos pesquisadores, foi deliberado que a Rede passaria por mudanças estruturais, afetando diretamente as categorias e o modelo de registro. A mudança desencadeou um processo de aprendizagem para os grupos que, desde então, são responsáveis pela coleta de dados em escala nacional, rompendo a barreira estadual anteriormente citada. Com isso, ao invés das sete categorias mencionadas, em 2020 os grupos ficaram responsáveis por três categorias: Movimentos Socioterritoriais, Estrangeirização de Terras e Jura.

A adoção da nova metodologia possibilitou a incorporação de um número elevado de notícias relacionadas à questão agrária. A pluralidade de notícias chama atenção, pois, desde então, todas as notícias referentes à luta pelo/no território se tornaram objeto de registros para a Rede (Categoria Movimentos Socioterritoriais), evidenciando que a luta campesina possui múltiplas facetas e expressões que perpassam as cercas e trincheiras do latifúndio e do agronegócio. Temas como a saúde no campo, agroecologia, feiras, ações de solidariedade e as doações de alimentos e outros insumos para comunidades em estado de vulnerabilidade social passaram a ser registrados. Foram mais de 700 registros efetuados entre janeiro e dezembro de 2020 somente pela equipe do NaTERRA-UFTM[67].

Em 2021, outras mudanças continuaram sendo incorporadas e os grupos de pesquisa foram organizados de modo a trabalharem em conjunto. Se antes o trabalho de registro era feito por cada grupo de pesquisa por meio das categorias, a partir desse ano, os pesquisadores passaram a se organizar por áreas de trabalho das categorias — Movimentos socioterritoriais (agrário, urbano, água e floresta), Jura e Estrangeirização de terras.

Assim, em uma mesma categoria, podem estar pesquisadores de várias universidades, fomentando a participação dos membros de maneira integral em todo o processo de coleta e sistematização dos dados. Além disso, a partir das reuniões semanais de cada grupo, os pesquisadores têm um espaço para a discussão das notícias, possibilitando o compartilhamento de

---

[67] O DATALUTA está presente como Projeto de Extensão Universitária na Universidade Federal do Triângulo Mineiro (UFTM) de maneira contínua desde 2015, junto ao Núcleo de Estudos Territoriais e Agrários (NaTERRA), sendo um dos representantes do estado de Minas Gerais, ao lado da Universidade Federal de Uberlândia (UFU) e da Universidade Federal de Alfenas (UNIFAL). Todas essas universidades integram a REDE DATALUTA.

ideias e uma leitura crítica espacial e territorial. Isso é determinante para a compreensão das novas formas de luta dos movimentos socioterritoriais e socioespaciais no Brasil.

Desde sua origem, o DATALUTA propõe subsidiar, a partir do registro, da sistematização e da tabulação, as lutas dos sujeitos do campo, reafirmando a importância das políticas de reforma agrária. A práxis é um elemento fundamental para compreender a metodologia DATALUTA, já que essa é construída a partir do acompanhamento da realidade — nesse caso, da questão agrária brasileira. Ao passo que a conjuntura agrária se modifica, as estratégias de luta pelo/no território também vão sendo alteradas, fazendo com que a metodologia de registro dessas lutas seja/deva ser repensadas. A prática, aqui representada pelas lutas camponesas, amplia os horizontes teóricos do DATALUTA. As lutas não se enquadram na rigidez dos aportes teóricos, mas carregam em si suas próprias contradições que precisam ser permanentemente avaliadas. Assim, práxis é, ao mesmo tempo, teoria/ prática, e precisa ser concebida para que a questão agrária seja analisada.

As ações de solidariedade em meio à pandemia

Por muito tempo, um dos principais instrumentos de luta no campo foram as ocupações, ações que espacializam a luta pela terra no enfrenta- mento direto contra o capital no campo (FERNANDES, 2001). No entanto, com o tempo, os movimentos compuseram outras diferentes formas de luta, e uma delas são as ações de solidariedade (VINHA, *et al.* 2021). Antes de adentrar nessa discussão, abordaremos, sucintamente, o contexto dessas ações na atualidade pandêmica.

Em março de 2020, uma nova realidade foi imposta por um vírus desconhecido. Com diferentes tipos de *lockdowns*, a quarentena em decor- rência da COVID-19 foi instaurada. Após dois anos, já é possível afirmar que todas e todos foram afetados de diferentes maneiras. Durante esse processo, acompanhamos as recuadas econômicas e o fechamento de diversos setores empregatícios. A taxa de desemprego subiu consideravelmente e aqueles que já enfrentavam a vulnerabilidade socioeconômica se depararam com mais um obstáculo.

No Brasil, após muita insistência, houve a implantação do denominado Auxílio Emergencial, que *a priori* se pautava em três parcelas distribuídas mensalmente no valor de 600 reais, e que posteriormente foi estendido até

A EDUCAÇÃO DO CAMPO COMO PROCESSO DE DISPUTA NO CONTEXTO DO CAPITAL

o mês de dezembro no valor de 300 reais. Entretanto, essas medidas passaram por diversos percalços no decorrer da sua implantação, como falhas no sistema de cadastro, cortes inexplicáveis, entre outros fatores que cabem ser avaliados em outro estudo. Acompanhamos diversas reportagens que denunciavam as irregularidades e ineficiências no processo para cadastramento, e até mesmo o recebimento do valor calculado.

Como citamos anteriormente, as vulnerabilidades socioeconômicas foram se acirrando e demonstrando, de maneira ainda mais aguda, as desigualdades enfrentadas no país. Grupos de pesquisas dedicados a acompanhar e fortalecer a luta campesina deram continuidade às suas atividades de maneira remota e, como foi explicado no tópico anterior, o DATALUTA é um exemplo claro desse trabalho, que não parou mesmo durante esse processo. A Rede DATALUTA, monitorando as movimentações ocorridas no campo, percebeu que as temáticas registradas foram mudando, reforçando, mais uma vez, que a luta no campo se altera diante da conjuntura social e política do país.

Sendo assim, a equipe DATALUTA registrou ações dos movimentos socioterritoriais que, em diversas ocasiões, se mobilizaram e propuseram a promover doações de alimentos e outros insumos para comunidades carentes no meio urbano e rural. Contudo, essas ações não foram tão divulgadas pela grande mídia, bem como não foram transmitidas em jornais no horário nobre, e tampouco ganharam o reconhecimento em outras mídias de grande audiência.

Entre março e dezembro de 2020, apenas o NaTERRA registrou que mais de 3.370 toneladas de alimentos foram doadas em mais de 117 ações de solidariedade (DATALUTA-NaTERRA, 2021). Dentre as modalidades, a doação de alimentos, insumos (como álcool) e cestas (básicas e de legumes e verduras) se destacaram, com cerca de 100 ações, sem contar a doação de 7.900 refeições e marmitas (DATALUTA-NaTERRA, 2021).

O MST é o principal sujeito dessas ações. Das 117 ações estudadas, 65% foram realizadas pelo movimento, enquanto outras 20% foram feitas pelo movimento em parceria com outros movimentos, instituições, associações e grupos, como Movimento dos Pequenos Agricultores (MPA), Comissão Pastoral da Terra (CPT), Movimento pela Soberania Popular na Mineração (MAM), Movimento dos Atingidos por Barragens (MAB), Central Única dos Trabalhadores (CUT), Frente Nacional pela Luta Campo e Cidade (FNL), movimentos indígenas, quilombolas e caiçaras (DATALUTA- NaTERRA, 2021).

As doações são ações de solidariedade, expressões da luta pela terra, em especial, pela Reforma Agrária Popular. Elas dão continuidade ao processo de lutas dos movimentos, articuladas entre campo e cidade na busca por um modelo agrícola alternativo, contra-hegemônico, edificado na soberania alimentar.

As ações de solidariedade estão atreladas ao projeto de Reforma Agrária Popular do MST, que remonta do final da década de 1990, em um contexto de avanço da política neoliberal no campo. O projeto em questão aparece no segundo Programa Agrário do MST, formulado em 2007, período em que se fortalece a ideia de pensar e lutar por ações que vão além da democratização fundiária. A partir disso, preconizou-se um modelo agrícola que se mostrasse contrário à lógica capitalista — uma reforma agrária de base agroecológica, que promove práticas como a produção de alimentos saudáveis, livre de agrotóxicos e da transgenia, de respeito à natureza e acessíveis aos trabalhadores do campo e da cidade.

As ações de solidariedade promovidas pelos movimentos socioterritoriais na pandemia integram a política de Reforma Agrária Popular, projeto que tem como pilar principal a garantia da soberania alimentar. Essas ações ressaltam a importância e a necessidade da produção e da distribuição de alimentos saudáveis nas periferias urbanas, e possuem a potencialidade de reinventar as lutas em plena pandemia, reforçando o papel dos movimentos do campo como provedores de alimentos saudáveis para as cidades. Ainda, as ações buscam destacar a relevância e o protagonismo dos movimentos na construção de alternativas que contestem e superem as desigualdades impostas pela dinâmica capitalista.

Em 2020, o MST lançou o Plano Emergencial de Reforma Agrária Popular, que visava a promover a defesa dos bens naturais para o enfrentamento da COVID-19 e da fome. Por meio do plano, nota-se que a política de reforma agrária está inserida em um contexto mais amplo de curto e longo prazo, alicerçado em quatro pilares fundamentais, sendo um deles a produção de alimentos saudáveis.

Defende-se a retomada emergencial do Programa de Aquisição de Alimentos (PAA), sucateado nos governos Temer e Bolsonaro; a continuidade ao PNAE (Programa Nacional de Alimentação Escolar) na pandemia; a liberação de recursos para o plano nacional de agroecologia, inclusive nas cidades, com a criação de hortas urbanas; e o acesso à linhas de crédito especiais desburocratizadas, de forma a assegurar a produção de alimentos.

Como forma de contribuir para a divulgação das ações realizadas, o NaTERRA, em sua página no Instagram e Facebook, com um alcance de aproximadamente 2 mil acessos — contabilizando ambas —, promoveu uma publicação. Além disso, o grupo promoveu ações estimulando o compartilhamento, aumentando assim, seu engajamento (Figura 2).

Figura 2 – Publicação autoral do grupo de pesquisa NaTERRA, no Instagram e no Facebook, evidenciando as ações de solidariedade dos movimentos socioterritoriais

Fonte: DATALUTA (2020)[68]

Os canais de comunicação sob a ótica de gênero no campo

Além das ações de solidariedade, passamos a avançar nas discussões que englobam gênero e os canais de comunicação. Os estudos e debates sobre

---

[68] Publicado em 12 de junho de 2020. Disponível em: https://www.instagram.com/p/CBVz7GypbbW/. Acesso em: 25 nov. 2020.

o feminismo têm avançado recentemente no mundo todo, por meio dos casamentos igualitários, das leis da violência contra a mulher, da legalização do aborto, do posicionamento acerca do papel da mulher e até mesmo da ocorrência de mudanças na organização e atuação política.

É de fundamental importância compreender o processo sócio-histórico das mulheres, sobretudo as pautas que incluem a retirada de direitos, as questões de classe, os questionamentos libertários, o papel da mídia e a padronização, a misoginia, a violência, a participação política, entre outros. As lutas feministas do século XIX a XXI contestam esse contexto e, mesmo na era da globalização (SANTOS, 2009), continuamos lutando por direitos fundamentais à vida. Desse modo, pode-se afirmar que surgem algumas ferramentas linguísticas, tal como gênero, "[...] que redefinem o mundo que muitas mulheres encontram diariamente e abrem caminho para começar a mudá-lo" (SONILT, 2015, p. 40).

O conceito de gênero trata das relações de subordinação/dominação existentes para homens e mulheres. Para Joan Scott (1995, p. 86), o conceito de gênero "[...] é um elemento constitutivo das relações sociais fundadas sobre as diferenças percebidas entre os sexos, e também um modo primordial de dar significado às relações de poder". Consequentemente, as características classificadas como "femininas" e/ou "masculinas" mudam conforme a sociedade analisada.

Descobrimos como ambos gêneros sofrem com essa classificação, mas é ainda as mulheres o grupo subordinado (SILVA, 1998). A Geografia Feminista auxilia no estudo das contribuições das teorias do feminismo com a perspectiva voltada aos fatos geográficos, em que o gênero é uma parte influente dessa análise (SILVA, 1998).

Como já mencionado, o espaço revela a luta de classes e a estrutura de poder existente entre as relações sociais. O gênero é parte dessas relações que constroem o espaço, aporte significativo para a compreensão das estruturas desiguais que foram agravadas com o desenvolvimento do modo de produção capitalista.

Durante a trajetória da pesquisa DATALUTA, em 2020, passamos a registrar na UFTM as ações que envolvem a questão de gênero e a sexualidade. Foram registradas notícias com temáticas que envolvem: a busca e a luta das mulheres que pautam melhorias cotidianas no campo; a vida da mulher camponesa; a inserção de alternativas virtuais para escoamento da produção agrícola; o empenho em torno de uma forma de geração de renda e de trabalho; o acentuamento da falta de acesso a saúde pública no contexto de pandemia; o desejo de trazer para a comunidade camponesa uma educação de qualidade; a produção de gêneros alimentícios; o reconhecimento LGBTQIA+; e a demanda da moradia.

Há grandes desafios e dificuldades para sistematizar notícias relacionadas ao gênero, uma vez que os canais de comunicação retiram de sua chamada principal a representação das mulheres. Como observado na Figura 3, o título da notícia não faz menção ao movimento das mulheres camponesas, mas durante a leitura pudemos vislumbrar o protagonismo dessas, sendo as principais responsáveis pela Feira Virtual de Quixeramobim.

Figura 3 – Feira virtual com protagonismo das mulheres

Fonte: Governo do Estado do Ceará (2020)

A visibilidade da mulher tem sido apagada historicamente, fato constatado nos meios de comunicação impressos (Figura 4), que optam por não detalhar o substantivo feminino "mulheres" para demonstrar o trabalho na agricultura feito na cidade de Pedra Preta. Portanto, "[...] [a] mídia, de uma forma geral, ajuda no sentido de formar mentalidades, construir valores e narrar a realidade à sua maneira, interferindo na construção das identidades" (SCORALICK, 2009, p. 192).

Figura 4 – Agricultoras familiares (mulheres)

Fonte: Governo do Mato Grosso (2021)

As conquistas das mulheres são retiradas de cena por vários atores, e um dos grandes responsáveis são os canais de comunicação. Isso mostra a importância da luta das mulheres para uma tentativa de emancipação histórica, e evidencia que esse confronto deve ser escancarado para que ocorram mudanças na estrutura patriarcal sobre a qual a sociedade está edificada.

Considerações finais

A luta pela terra no Brasil perpassa gerações e se perpetua em conjunto com a opressão daqueles que buscam um território para viver e produzir. As ações dos movimentos socioterritoriais traduzem parte dessas lutas, ao reunir milhares de indivíduos que possuem um propósito em comum: a reforma agrária. Sem amparo do Estado, a luta pela terra escancara um Brasil desigual, voltado à grande produção capitalista, e que despreza aqueles que não comungam da lógica produtivista e paradoxal.

O DATALUTA e a Rede DATALUTA fortalecem esse horizonte de lutas ao levar para o espaço acadêmico a reflexão, discussão e promoção a política de reforma agrária. A partir de seus registros, mostra que a luta se faz presente dia após dia, dando visibilidade às ações de sujeitos sociais que historicamente foram apagadas e excluídas. São ações que se modificam e se adaptam à conjuntura política e social, revitalizando a questão agrária brasileira.

Esse fato se mostrou ainda mais forte diante da pandemia. Em um período de diversos recuos e retrocessos, as ações se voltaram à solidariedade de comunidades do campo e da cidade que se encontram em vulnerabilidade socioeconômica. Ainda, com o DATALUTA, foi possível ampliar a análise para as relações de gênero e os meios de comunicação, direcionando o olhar para as lutas das mulheres camponesas pela emancipação e contra as estruturas patriarcais da sociedade capitalista. Em suma, é possível afirmar que as mudanças metodológicas do DATALUTA colaboraram para que as inúmeras e variadas formas de luta pela terra pudessem ser melhor interpretadas, redimensionando e atualizando a leitura sobre a questão agrária brasileira a partir da práxis.

Referências

CARTER, Miguel. **Combatendo a desigualdade social**: o MST e a reforma agrária no Brasil. Tradução: Cristina Yamagami. São Paulo: Unesp, 2010.

FERNANDES, Bernardo Mançano; OLIVEIRA, Ariovaldo Umbelino de. **Contribuição ao estudo do campesinato brasileiro**: formação e territorialização do Movimento dos Trabalhadores Rurais Sem Terra - MST (1979-1999). Tese (Doutorado em Geografia) – Universidade de São Paulo, São Paulo, 1999.

FERNANDES, Bernardo Mançano. Questão agrária: conflitualidade e desenvolvimento territorial. *In*: BUAINAIN, Antonio Márcio (org.). **Luta pela terra, reforma agrária e gestão de conflitos no Brasil**. Campinas: Unicamp, 2005.

FERNANDES, Bernardo Mançano. **A ocupação como forma de acesso à terra**. São Paulo: [*s. n.*], 2001. Disponível em: http://www2.fct.unesp.br/nera/publicacoes/fernandes_ocupacao.pdf. Acesso em: 10 dez. 2021.

FERNANDES, Bernardo Mançano. Formação e territorialização do MST no Brasil: 1979-2005. *In*: MARAFON, Glaucio José; RUA, João; RIBEIRO, Miguel Angelo. **Abordagens teórico-metodológicas em geografia agrária**. Rio de Janeiro: Eduerj, 2007. p. 139-168.

FERNANDES, Bernardo Mançano. **DATALUTA**: banco de dados da luta pela terra. São Paulo: Universidade Estadual Paulista (UNESP), 2003. Disponível em: http://hdl.handle.net/11449/148450. Acesso em: 2 mar. 2021.

PEREIRA, Danilo Valentim. **Participação política, desenvolvimento territorial, e mudança social**: um estudo das manifestações dos movimentos socioterritoriais do campo no estado de São Paulo no período 2000-2012. Dissertação (Mestrado em Ciências) – Escola de Artes, Ciências e Humanidades, Universidade de São Paulo (USP), São Paulo, 2015.

SANTOS, Milton. **Por uma outra globalização**: do pensamento único à consciência universal. Rio de janeiro: Editora Record, 2009.

SCORALICK, Kelly. A representação das minorias marginalizadas no telejornalismo. **Revista de C. Humanas**, Viçosa, v. 9, n. 2, p. 191-203, jul./dez. 2009.

SCOTT, Joan. Gênero, uma categoria útil de análise histórica. *In*: SCOTT, Joan. **Educação e realidade**. [*S.l.: s.n.*], 1989.

SILVA, Susana Maria Veleda. Geografia e gênero/geografia feminista – o que é isto? **Boletim Gaúcho de Geografia**, Porto Alegre, n. 23, p. 105-110, 1998.

SOBREIRO FILHO, José *et al*. **Relatório DATALUTA Brasil 2019**. Presidente Prudente: [*s. n.*], 2020.

SOLNIT, Rebecca. **Os homens explicam tudo para mim**. São Paulo: Cultrix, 2017.

VINHA. Janaina F. de S. C. *et al*. Reinventando as lutas na pandemia de COVID-19: movimentos socioterritoriais e a construção da soberania alimentar no Brasil. *In*: VASCONCELOS, Daniel Bruno *et al*. **Geografia e Covid-19**: reflexões e análises sobre a pandemia. São Paulo: FFLCH/USP, 2021. p. 275-305.

O PROJETO DE DESENVOLVIMENTO SUSTENTÁVEL DO SEMIÁRIDO E A LUTA PELO ACESSO AO ENSINO SUPERIOR NO CARIRI PARAIBANO: A CENTRALIDADE DA EDUCAÇÃO DO CAMPO

Geovânio Lima Batista[69]
Maria do Socorro Silva[70]

Introdução

O presente texto é resultado da dissertação do mestrado em Educação desenvolvida na linha de pesquisa de História, Gestão e Políticas Educacionais da Universidade Federal de Campina Grande. A investigação buscou compreender como se constituíram as Políticas Educacionais do Campo no território do Cariri Ocidental Paraibano, no período de 2003 a 2013; e quais os sujeitos e organizações do poder público e sociedade civil que se envolveram na sua formulação e implementação.

Neste artigo realizamos um recorte sobre como essa mobilização contribuiu para o surgimento do ensino superior no território, com a criação do Centro de Desenvolvimento Sustentável do Semiárido, campus da UFCG, em 2009, e consequentemente, com a oferta da licenciatura em Educação do Campo como um curso regular dessa instituição.

A partir de 2003, o governo federal estabeleceu uma política de desenvolvimento territorial, por meio da criação de Territórios Rurais Sustentáveis, com a implementação do Programa de Desenvolvimento Sustentável dos Territórios Rurais (PDSTR). Dessa maneira, buscou estimular a territorialização da governança (gestão social), a territorialização das políticas públicas e a territorialização do desenvolvimento, a fim de superar as políticas setoriais e responder a antigos desafios da sociedade e da economia nacional, como a pobreza e a desigualdade regional (ECHEVERRI, 2003).

---

[69] Mestre em Educação pelo Programa de Pós-Graduação e Educação (PPGEd/UFCG). Licenciado em Educação do Campo (UFCG/CDSA). Serra Branca-PB. Correio eletrônico:geovaniolimabatista@gmail.com.

[70] Doutora em Educação pelo Programa de Pós-Graduação em Educação da UFPE. Professora do Programa de Pós-Graduação em Educação (PPGEd/UFCG) e licenciatura em Educação do Campo da Unidade Acadêmica de Educação do Campo (Uaeduc/CDSA). Sumé-PB. Correio eletrônico: maria.socorro@professor.ufcg.edu.br. ORCID: 0000-0002-9480-7619.

Com essa perspectiva de reordenamento/reorganização da estratégia administrativa (desconcentração) e da estratégia política (descentralização), surgiu uma nova esfera de governança, o Fórum Territorial de Desenvolvimento Rural Sustentável[71], como um espaço de discussão, participação e articulação de sujeitos sociais, organizações sociais, gestores públicos para formulação de políticas públicas para o desenvolvimento sustentável. É nesse lastro de disputas, parcerias e contradições que se desenvolveu a luta por uma Educação do Campo contextualizada, tematizando a necessidade da organização escolar específica para a realidade do território; e, no segundo momento, a luta pela construção da política de formação docente específica para as escolas do campo, que se materializou com a conquista do CDSA e nele, a licenciatura em Educação do Campo (BATISTA, 2019).

Nesse mesmo período, ocorreram três ações que vão confluir ao debate que emergiu no território sobre Educação do Campo, quais sejam: 1) a implementação do Projeto Universidade Camponesa, coordenado por docentes da Universidade Federal de Campina Grande (UFCG), campus Campina Grande, que passam a realizar formação com as comunidades assentadas do território; 2) a ação do Projeto Dom Hélder Câmara, instituição do MDA, que desenvolve trabalhos de extensão rural nos assentamentos, e faz uma parceria com o Serviço de Tecnologia Alternativa (Serta), uma organização não governamental (ONG) de Pernambuco para realizar uma formação continuada para professoras das escolas no campo; 3) a luta pela terra e o aumento dos números de assentamentos, com a presença da Comissão Pastoral da Terra, do Movimento dos Trabalhadores Sem Terra e do Sindicalismo Cutista.

A confluência dessas ações suscitou, por um lado, a reivindicação do acesso ao ensino superior com a interiorização da UFCG, com o campus de Sumé, e nele a licenciatura em Educação do Campo, desencadeando a partir daí o debate e a mobilização pela formação inicial e continuada dos educadores/as das escolas no/do campo; e, por outro lado, como parte deste processo, a luta e a defesa das escolas no campo como um direito das populações camponesas e como estratégia para implementação da política de desenvolvimento territorial sustentável.

---

[71] Teve como objetivo "[...] apoiar a organização e o fortalecimento institucional dos atores sociais locais na gestão participativa do desenvolvimento sustentável dos territórios rurais e promover a implementação e integração de políticas públicas", destacando três eixos estratégicos: organização e o fortalecimento dos atores sociais, adoção de princípios e práticas da gestão social e promoção da implementação e integração de políticas públicas (BRASIL, 2005a, p. 38).

O processo de construção do ensino superior público no território: sujeitos coletivos autores da proposição

No início dos anos 2000, duas experiências educativas não escolares se territorializaram no Cariri e passaram, de forma integrada, a estimular um debate sobre identidade camponesa, agroecologia, convivência com o semiárido, educação contextualizada, desenvolvimento sustentável, organização social, dentre outros. Ambas iniciaram suas atividades em 2003, tiveram como fundamento uma pesquisa de campo, realizada pelo Programa de Pós-Graduação em Sociologia (PPGS) da UFCG e o Projeto Dom Helder Câmara, recentemente criado pelo governo federal para atuar nos territórios localizados na região Nordeste.

A pesquisa denominada *O Território do Cariri Paraibano*, baseada em documentos, observação participante e levantamento de dados em campo, construiu um perfil do potencial econômico, cultural, social, ambiental, educacional e organizacional do território, enfatizando o papel da agricultura familiar (CANIELLO, 2001, p. 3). Conforme relato a seguir,

> [...] havia uma demanda do Projeto Hélder Câmara para o Programa de Pós-Graduação em Sociologia aqui na área de Sociologia Rural, no sentido de um pesquisador pudesse ir até aquele território. Tava no início dessa discussão sobre território, políticas territoriais e etc. no Brasil, para fazer a identificação do território e realizar um diagnóstico econômico-social e educacional do território. (informação verbal, P3)[72].

Esse diagnóstico da realidade fomentou a inserção do Projeto Dom Helder Câmara no território pesquisado, sobretudo nas suas ações, majoritariamente nos assentamentos. Do mesmo modo, serviu como base para a construção do projeto de extensão, também sob coordenação do PPGS, em conjunto com o Cirad, o PDHC, a Contag e movimentos presentes nos assentamentos que surgiam no cariri paraibano, dentre os quais podemos destacar a Comissão Pastoral da Terra e o Movimento dos Trabalhadores Sem Terra. Esse coletivo de movimentos sociais, em parceria com a universidade, deu origem à Universidade Camponesa.

---

[72] Adotamos os seguintes critérios de identificação: representantes do poder público a letra (P), para representantes da sociedade civil a letra (S) e educadores/as identificados com a letra (E), todos seguidos com o número indicando a ordem de entrevista realizada.

a) Projeto Universidade Camponesa – UniCampo

A UniCampo, segundo Caniello e Tonneau (2006), surgiu em 2003 com um projeto de extensão na parceria entre UFCG, Cirad, Projeto Dom Hélder Câmara e a Contag para realizar formação com as lideranças camponesas do território do cariri paraibano. A sede do Projeto Unicampo localizou-se no município de Sumé, na área ocupada pela Escola Agrotécnica de Sumé, que posteriormente, com a criação do campus da UFCG, passou a se localizar nesse mesmo espaço. Os autores descrevem três demandas que nortearam a princípio a proposta do projeto, conforme descritas no Quadro 1.

Quadro 1 – Demandas do Projeto Unicampo

Formar "Competências para o Desenvolvimento Sustentável" esta demanda parte do princípio do aprimoramento do "capital cultural" dos sujeitos do cariri, com o intuito de ampliar as ações destes em seu território, através do agir crítico na formação das políticas públicas com ênfase nas potencialidades de sua região, visando o desenvolvimento sustentável a partir do conhecimento da realidade do lugar onde vivem os sujeitos.	Perspectiva de aprendizagem que se pautava pelo respeito ao "Aprender a Aprender", esta demanda se constituiu por um processo reflexivo entre a teoria, como um agente norteador do conhecimento e a prática, como um processo da materialização do conhecimento, neste sentido o "aprender a aprender" possibilitou aos sujeitos um agir consciente na construção do conhecimento, bem como a autonomia na difusão do conhecimento, através das ações no cotidiano.	"Reconhecer-se para Conhecer", esta demanda parte do princípio do pensar/agir coletivo, com o intuito da transformação da realidade, a partir da reflexão acerca da condição que os sujeitos ocupam na sociedade, estimulando o processo da autorreflexão, para impulsionar as ações dos sujeitos no território seguindo o paradigma do desenvolvimento sustentável.

Fonte: Relatório UniCampo (2003)

Quanto às metodologias adotadas no projeto UniCampo para alcançar as demandas descritas anteriormente, Caniello e Tonneau (2006) identificam três pedagogias que fundamentam o projeto: uma metodologia dialógica e problematizadora, uma educação contextualizada e uma pedagogia da práxis. Essas metodologias evidenciavam que o conhecimento deveria ser construído mediante a realidade dos sujeitos, de uma contextualização sobre os conhecimentos e os conteúdos trabalhados, do movimento dialógico conceituado por Freire (2011). Dessa forma, o conhecimento produzido surge por intermédio do processo de diálogo entre educador, educando e o contexto em que vivem, e de um outro conhecimento que tivesse uma vinculação com a realidade e que possibilitasse uma intervenção nela.

O processo de construção da proposta da UniCampo no Cariri envolveu a articulação entre diferentes integrantes de ministérios, da UFCG, de pesquisadores, ONGs, sindicatos, escolas e representantes do poder público do município de Sumé. Tinham como intuito ofertar um curso de extensão, cujo público-alvo era lideranças camponesas do território do Cariri Paraibano.

> Neste sentido, o Projeto UniCampo objetiva oferecer prioritariamente aos jovens camponeses do semiárido paraibano - e também as lideranças adultas - uma oportunidade de desenvolvimento social através de sua participação nas ações típicas da universidade - ensino, pesquisa e extensão. Metodologicamente, o projeto caracteriza-se pela promoção de uma interação crítica e positiva entre os "saberes e fazeres" dos agricultores familiares, do seu modo de vida, da sua identidade e da sua tradição, com o conhecimento e as inovações advindas do progresso da ciência e da técnica. (PROJETO UNICAMPO, 2003, s/p).

Nessas circunstâncias, a construção do desenvolvimento sustentável estava fundamentada no processo educativo, construído por meio dos saberes e fazeres historicamente produzidos pelos sujeitos como base material para a produção do saber científico. Os princípios que norteavam a construção da proposta do projeto eram: "contribuir para o desenvolvimento sustentável e uma agricultura familiar autônoma e um processo de construção da consciência coletiva" (PROJETO UNICAMPO, 2003, s/p). Como diretrizes para tais princípios, a recuperação do *ethos* camponês, a formação voltada aos interesses sociais dos sujeitos envolvidos no processo de formação e a crítica ao modelo de produção capitalista — no qual a agricultura está vinculada ao padrão de alto consumo e de subordinação ao modelo industrial, por meio dos insumos e equipamentos agrícolas — tornaram-se uma referência fundamental para o processo de aprendizagem incialmente desenvolvido. Portanto,

> [...] um processo de aprendizagem pautado no resgate do ethos camponês, na construção de um modelo técnico apropriado à agricultura familiar e no estímulo à ação coletiva para atingir o desenvolvimento sustentável que o

Projeto UniCampo quer acompanhar e favorecer. (PROJETO UNICAMPO, 2003, s/p).

Os princípios e a intencionalidade da proposta da UniCampo, voltados para uma formação dos sujeitos jovens e adultos campesinos, e o diálogo com os movimentos sociais suscitaram a reflexão sobre o modelo de desenvolvimento socioeconômico existente no território e sobre a educação escolar. Essas diferentes práticas poderiam fortalecer a identidade dos sujeitos campesinos, conforme podemos verificar em Silva (2007, p. 7):

> O balanço que eu faço é que foi importante pelos ganhos e identidade isso tem se evidenciado nas pesquisas que a gente tem feito: o fortalecimento da identidade, né? E desde do início da Universidade Camponesa a base sempre foi essa: a identidade como elemento motivador das pessoas. Dois tipos de identidade: a identidade territorial e a identidade produtiva. Quem eu sou? Um camponês. De onde? Do cariri e quero continuar vivendo aqui. Isso foi fortalecido.

Para além de um projeto de extensão, tratou-se de ser uma práxis articulada com um processo de construção de uma universidade que pensasse a formação camponesa e que possibilitasse refletir sobre o campo e o papel do campesinato na história, à medida que direcionava a discussão da formação intelectual com referência na classe social, como parte de um projeto de democratização da educação.

b) O Projeto Dom Helder Câmara e o Serviço de Tecnologia Alternativa: a proposta da educação contextualizada

No início dos anos 2000, o Projeto Dom Helder Câmara (PDHC) começou suas atividades na região do Cariri por meio da assistência técnica aos assentamentos da Reforma Agrária. Nesse contexto, a inserção do PDHC, programa governamental vinculado ao Ministério do Desenvolvimento Agrário, para desenvolver as ações nos territórios do semiárido nordestino, efetivou-se em uma articulação direta tanto com o Projeto UniCampo, como com a Articulação do Semiárido (ASA), recentemente constituída como resultado de um processo de mobilização na região Nordeste no final dos anos de 1990, em contraposição às políticas de combate à seca, historicamente implantadas no semiárido nordestino.

O Projeto Dom Helder começou seu trabalho no território com o acompanhamento às ações e políticas definidas no plano territorial para serem desenvolvidas, destacando o processo formativo dos sujeitos para a gestão das políticas, com especial atenção para o trabalho a ser desenvolvido nos assentamentos existentes no território.

Seguindo essas características, a atuação do Projeto Dom Helder Câmara foi pautada por algumas atividades centrais como: coordenar a assistência técnica nos assentamentos da região, em parcerias com organizações como a Articulação do Semiárido (ASA); produzir e difundir as tecnologias sociais; fomentar um processo de reflexão teórica/prática acerca da vida camponesa, coordenação da política territorial.

Dentre as ações do Dom Hélder, destacam-se a assistência técnica e a mobilização social. A primeira trazia uma concepção de desenvolvimento sustentável, com a autonomia dos sujeitos, e propostas de organização da produção, inclusive com o estímulo ao cooperativismo, conforme retrata a fala abaixo:

> [...] a única alternativa para o semiárido, sob meu ponto de vista como pesquisador, é você ter um sistema produtivo de baixo impacto ambiental". Para além de ser de baixo impacto, o modelo sustentável idealizado para o território consiste, fundamentalmente, no modelo de produção familiar camponesa: "é o modelo sustentável, o modelo familiar camponês, a partir de um processo de organização produtiva em cooperativa etc. (informação verbal, P3).

A segunda ação dizia respeito à mobilização social, na formação de lideranças das comunidades para atuarem como mobilizadores, animadores, organizadores da ação coletiva, contribuindo para a comunidade refletir e planejar sua estratégia de participação dos espaços políticos do território, e reivindicar o acesso e o controle social das políticas públicas, como podemos observar nos relatos a seguir.

> A ação do Projeto Dom Helder, também buscava formar os mobilizadores sociais, e aí tem outra coisa que a gente passou enquanto liderança da comunidade. A gente era o mobilizador social, que não existia, né? Dentro de nenhum programa do governo não existia o mobilizador social. Assistência técnica tinha, até pela EMATER, mas o mobilizador social não existia que é o que? Uma pessoa dentro da comunidade que dá uma assistência mais uma questão social do que técnica. Ajudar

> a comunidade a se desenvolver, a buscar informações, né? Parceria, até com o município, né? Facilitar. E aí as políticas públicas foi chegando na comunidade por conta disso, do mobilizador social. O Dom Helder investindo financeiramente, dando assistência técnica, capacitando essas pessoas, como também a comunidade. Aí a gente foi interagindo, participando mais, buscando os espaços que tínhamos direitos, mas não despertava o interesse de participar: como de conselho, de fórum, de debate, de evento, nunca tinha interesse de participar, mas a partir do Dom Helder fortaleceu isso aí. (informação verbal, S3).

O trabalho de educação não escolar desenvolvido pelo projeto possibilitou um diagnóstico da inexistência ou precarização da escola existente nas comunidades rurais e assentamentos. Isso levou o projeto a constituir uma parceria com o Serviço de Tecnologia Alternativa (Serta), uma organização não governamental do estado de Pernambuco, que já desenvolvia um trabalho de formação continuada de professores/as do campo, em diferentes municípios do estado.

> O Serta surgiu desta história dos movimentos de base junto com os movimentos sindicais, os movimentos populares, principalmente na zona da mata de Pernambuco, quando os trabalhadores do campo começaram a lutar e reivindicar pelos seus direitos, pelo acesso ao trabalho, a luta pela terra, principalmente ao trabalho nos engenhos nas áreas da cana-de-açúcar, na zona da mata. (informação verbal, E3).

Em outras palavras, trata-se de uma ONG que tem origem no processo de organização popular e de organização da classe trabalhadora, e que passou a realizar a formação continuada de professores\as em vários municípios do Cariri, a partir da perspectiva da contextualização da educação como unidade fundamental para articular o projeto popular de desenvolvimento idealizado para o Cariri. Dessa forma, integra os processos de formação não escolar com a proposta de formação continuada de educadores/as das escolas do campo.

Mediante a articulação dessas duas ações, o PDHC passou a suscitar no território um processo de informação, socialização e reflexão crítica acerca dos direitos dos sujeitos, da cidadania e da necessidade da organização social com vistas à ação coletiva. É importante destacar o avanço nessa concepção de assistência técnica articulada com o processo de mobilização social que possibilitou um processo formativo na comunidade. Esse, por sua vez, estava ligado ao processo de construção da consciência política dos sujeitos que passaram a identificar os conselhos, as associações comunitárias e as câmaras temáticas constituídas pelo Fórum Territorial, dentre outros espaços, como possibilidades de intervenção nas políticas públicas e na realidade do território.

c) As organizações camponesas

Esse debate vai encontrar ressonância em organizações sociais do campo que já atuavam no território do Cariri Paraibano, como: Sindicato de Trabalhadores/as Rurais (STTR), Comissão Pastoral da Terra (CPT), Associações de Moradores e produtores familiares rurais, Movimento dos Trabalhadores Sem Terra (MST), os quais buscavam se contrapor ao modelo de desenvolvimento hegemônico a partir do latifúndio, do coronelismo e do combate à seca.

No bojo das ações lideradas pelo movimento sindical no Cariri, constam ações de organização social, pela criação de instituições e pela resistência à ditadura civil/militar. Destaca-se a criação do Centro de Educação e Cultura do Trabalhador Rural (Centru), por meio do qual o movimento sindical no Cariri passou a fomentar a necessidade de dialogar acerca da organização social. É por meio da organização sindical que surgem outras organizações sociais, sobretudo ligadas à ala da igreja católica progressista. No caso do Cariri, há a atuação da Comissão da Pastoral da Terra (CPT), a qual visa à criação de instituições que representem o trabalhador camponês, com ênfase na estratégia sindical e do partido político.

Por meio desse processo de expansão da luta sindical e de inserção de novas organizações, a organização popular é direcionada para duas lutas distintas: a primeira, ao longo dos anos, materializa-se como um paradigma que dá sustentação ao território camponês no Cariri, que é a convivência com o semiárido. Conforme o líder sindical, por meio dessa aproximação do movimento sindical com parte da igreja católica, surge as ações de construção de cisternas e de poços ainda nos anos de 1980. Experiência expandida e difundida na região semiárida a partir do governo Lula com o Programa 1 Milhão de Cisternas (P1MC), vista como tecnologia de captação e armazenamento de águas da chuva para o consumo e para o uso produtivo no período de estiagem, coordenada pela Articulação do Semiárido (ASA).

> [...] com o CENTRU, nós apoiamos várias organizações. Aqui com as entidades era a AMAS, a AMAS que era ligada à Igreja

Menonitas, nos anos 80 a gente fez poços cisternas junto com essas organizações antes da ASA, né? Distribuição de sementes. Fizemos isso aqui também. (informação verbal, S1).

Além das ações de convivência com o semiárido, que ao longo do processo se transformaram em políticas públicas, as ações do Sindicato dos Trabalhadores Rurais de São Sebastião do Umbuzeiro, também atuou junto às comunidades posseira da Fazenda Santa Catarina, no primeiro projeto de Reforma Agrária do Cariri, hoje denominado Assentamento Santa Catarina, como também na Fazenda Estrela D'alva, destacando, nessa atuação, o trabalho da Comissão Pastoral da Terra. Assim é descrito no relato a seguir:

> Olha a CPT já esteve aqui antes, que foi muito apoiado por padre Frederico e o bispo Dom Luiz Gonzaga que veio do Espírito Santo pra Campina Grande. E aqui na região tinha Jorge Pereira que era da Pastoral da Terra, e tinha Dorinha de São João do Tigre, Jorge Pereira de Camalaú. E esse bloco a gente trabalhava sempre articulado área da formação ajudando capacitar os trabalhadores. (informação verbal, P2).

As organizações dos trabalhadores na formação de estratégias de representação política, de produção de conhecimento e de produção e difusão de tecnologias vão somando-se às lutas que, a partir de 1990, dão origem aos assentamentos de Reforma Agrária no Cariri. Isso vai suscitar um clima organizacional de resistência e luta pela terra e uma maior diversidade na composição do campesinato no território, com a emergência de um novo sujeito social: o assentado/a da Reforma Agrária.

Decorre desse processo a tentativa de construir uma unidade social da classe trabalhadora, com o foco nos assentados e assentadas, que se materializa na constituição do Fórum dos Assentados da Reforma Agrária do Cariri Paraibano.

> Nós conseguimos fundar dentro do território o Fórum dos Assentados da Reforma Agrária. Com esse Fórum nós tivemos muitas conquistas com o Projeto Dom Hélder Câmara que também chegou o acesso a muitas políticas. Nós fomos um dos fundadores. E nós trabalhamos juntos na área de mobilização e o Braz de Coxixola. O projeto Dom Hélder Câmara, a CUT e nós conseguimos, rapaz, mais de dois milhões de reais para os assentamentos. Porque nós trabalhamos diferente. O que nós fazia? Nós visitamos todos os Assentamentos pegava a demanda de cada Assentamento, juntava essa demanda conjunta para todos os Assentamentos, dava entrada no INCRA e negociava com INCRA um prazo para o INCRA

vir e juntar o povo no grande Fórum e o INCRA mostrar as demandas que eles poderiam atender seja nos valores, seja para habitação, construção de casa e eles ia depois de aprovado lá e executava mesmo. Então foi um momento muito importante que nós tivermos muita conquista no Fórum dos Assentados naquela época, tudo dentro desse trabalho do Fórum, da Universidade de Camponesa junto com o Projeto Dom Hélder Câmara que contribuiu muito para isso também. (informação verbal, S1).

Isso resulta em um processo de organização coletiva com a finalidade de articular a luta pela terra com a disputa pelas políticas do Estado, visando ao acesso às políticas públicas e o desenvolvimento de ações conjuntas com outras práticas sociais que também estavam em construção no território. Como exemplo disso, temos a Universidade Camponesa, que exercia um papel importante na formação das lideranças comunitárias, dentre as quais, as lideranças dos assentamentos da região, trazendo a reflexão sobre o semiárido, a luta pela terra e a efetivação de tecnologias sociais de convivência com o semiárido.

d) O Fórum Territorial: espaço de disputa e concertação das políticas

A política territorial se materializa no âmbito do Fórum Territorial de Desenvolvimento Sustentável do Cariri Paraibano. A institucionalização da gestão das políticas públicas no território se constituiu como um desafio, conforme identificamos nas falas dos entrevistados. Vejamos:

Isso era um desafio muito complexo, porque era algo novo, porque estava quebrando paradigmas, porque tinham relações de interesses bastante divergentes entre governo e sociedade civil. No cariri a gente tinha, diferentemente da Borborema — para fazer um paralelo — a gente tinha uma base de governo forte por conta do CODECAP[73] que vinha sendo trabalhado pelo SEBRAE. Então tinha governo unido e sociedade desarticulada. Então a gente tinha dois pesos e duas medidas, pois um chegava bem forte e articulado e o outro seguimento desarticulado. Então a gente tinha um histórico de um sindicalismo dos trabalhadores rurais frágil - Eu estou falando de 2002- com algumas terras recém ocupadas, com a chegada do MST a região, mas não tínhamos ainda uma capilaridade, uma organicidade[...] a gente tinha um Fórum dos Assentados iniciado, a Universidade Camponesa surgindo

---

[73] Consórcio de Desenvolvimento do Cariri Paraibano, criado a partir do Pacto Novo Cariri.

> com o apoio do CIRAD... o debate da Educação do campo já vinha sendo construída pelo Dom Helder, junto com o Serta, então surgia muita coisa nova... (informação verbal, E4).

Então, tratava-se de um processo contraditório que tinha a finalidade de construir uma institucionalidade referenciada na *concertação social*[74] entre poder público e sociedade civil, para gestão social das políticas públicas; e sempre foi um processo permeado pelo tensionamento de interesses. Essa fala também evidencia uma maior articulação entre os gestores públicos a partir da experiência do Pacto Novo Cariri.

> O Pacto Novo Cariri diz respeito à experiência desencadeada na região do Cariri paraibano, com vistas a absorver e a introduzir os princípios da gestão compartilhada. Na perspectiva dos seus idealizadores, o Pacto era uma alternativa para superar as condições socioeconômicas e políticas presentes na realidade caririzeira, pois se constituía num instrumento capaz de criar um novo cenário organizativo das práticas gerenciais e produtivas a partir da implementação de ações e dispositivos para valorizar as potencialidades locais. (OLIVEIRA, 2014, p. 5-6)

Consequentemente, existia uma articulação anterior dos gestores públicos do território, o que não ocorria com a sociedade civil que, apesar de vivenciar um contexto de surgimento de movimentos sociais e de práticas educativas voltadas à formação do campesinato, não tinha ainda uma articulação e uma pauta comum entre estas várias organizações.

Portanto, refere-se a um espaço de participação desigual. Ao mesmo tempo que se instituiu um processo de articulação e de efetivação de diferentes práticas construídas no âmbito da sociedade civil, com o fortalecimento da organização e identidade camponesa, os interesses eram muito diversos.

Nesse contexto, embora a política territorial seja operacionalizada pelo Estado capitalista, cujo interesse se faz na regulação social e de reprodução da formação social capitalista, da desigualdade, a operacionalidade da política por meio da estratégia de conciliação, de construção de uma realidade objetiva e homogênea, mostra-se, de outro modo, uma diversidade de relações divergentes. Tudo isso ocorre conforme a posição social

---

[74] Termo recente do dicionário contemporâneo que significa: combinar, ajustar, conciliar. Dálogo ou discussão entre o governo, as organizações sindicais e as organizações empresariais sobre assuntos sociais e laborais, com o objetivo de estabelecer acordos ou consensos. Informação situada no *Dicionário Priberam da Língua Portuguesa*, 2008. Consultado em: 1 maio 2019. Será utilizado no texto sempre que se referir aos documentos da política territorial, visto ser o conceito adotado por essa política pública.

dos sujeitos e os interesses de classe, que, apesar de ocuparem o mesmo espaço, estão divergindo segundo a intencionalidade inerente à classe social da qual fazem parte.

Desse modo, a discussão sobre a Educação do Campo chegou ao território no mesmo contexto da construção da política territorial. Além de ter o PDHC e a UniCampo as principais práticas educativas que ampliavam a reivindicação e prática desenvolvida pelos movimentos sociais e sindicais emergentes no território, a organização da Câmara Temática de Educação do Campo e a inserção dessa política no Plano territorial de Desenvolvimento Rural Sustentável, em 2005, foram fundamentais para sua ampliação

No Fórum Territorial duas temáticas passam a centralizar a discussão sobre a Educação do Campo a partir desse momento: a primeira, mais ampla, que conseguiu aglutinar uma grande participação popular, diz respeito à luta pela conquista do ensino superior, com a criação do Centro de Desenvolvimento Sustentável do Semiárido- Campus Sumé; e a segunda se refere à luta contra o fechamento de escolas que se inicia o debate no período de 2007, ou 2008[75,] quando as comunidades passam a se organizar contra o fechamento de escolas, afirmando que a Educação do Campo é direito. Sobre essa luta das escolas, como observado no relato a seguir:

> A gente começou a pautar as escolas [...]. A gente ia, a gente precisa de escolas do campo, tá sendo fechadas escolas do campo [...]. Mas ninguém nunca ligava para o debate era meia dúzia de pessoas para o monte de gente. (informação verbal, S2).

Nesse cenário, a partir de uma articulação maior entre a política territorial, coordenada pelo Ministério do Desenvolvimento Agrário, e a política da Educação do Campo, que passava a ser assumida pelo Ministério da Educação, em 2005, foram realizados vários seminários para diagnóstico da educação e discussão do marco normativo da Educação do Campo, definido pelas diretrizes operacionais para Educação Básica do Campo. Essa estratégia gerou uma maior discussão dessa política no território do Cariri Paraibano, e uma maior inserção nele da Unicampo e de outras entidades que atuavam no território no debate nacional. Conforme podemos ver no trecho abaixo:

---

[75] Parte dos entrevistados faz referência ao debate sobre a resistência de escolas do campo em 2007, parte faz referência à 2008. Existe ainda o ano de 2006 que marca o debate sobre o acesso ao ensino superior, por meio da pauta da universidade.

> A participação no Encontro Nacional da Educação do Campo teve como objetivo propiciar a socialização de informação sobre a realidade educacional do campo na região contribuindo para que os agentes de desenvolvimento atuem de maneira crítica e propositiva nas políticas educacionais; aprofundar a concepção de educação do campo e das diretrizes operacionais para educação básica do campo aprovadas pelo conselho nacional de educação; sugerir estratégias e instrumentos de suporte a inserção da educação do campo nos processos de desenvolvimento dos territórios rurais e, planejar as Oficinas Territoriais sobre a temática para a inserção e/ou ampliação do eixo aglutinador educação do campo nos Planos Territoriais de Desenvolvimento Rural Sustentável (PTDRS) e nos projetos territoriais. (PROJETO UNICAMPO, 2005c, s/p).

A Educação do Campo passa a ser inserida como um eixo estratégico no Plano Territorial do Cariri Paraibano, e isso suscitou uma articulação entre as práticas educativas existentes no território, um fortalecimento das organizações da sociedade civil, principalmente com a constituição da Associação dos Agentes de Desenvolvimento da Universidade Camponesa (Aauc) e do Fórum dos Assentados/as do Cariri, que passam a assumir um maior protagonismo no debate e defesa das políticas de Educação do Campo no território.

A Aauc surge como uma proposta de articulação e mobilização dos egressos da formação do Projeto UniCampo. Todavia, gradativamente, vai incorporando o trabalho formativo dos seus membros, como também uma perspectiva de multiplicação formativa nas comunidades rurais. A título de exemplo, há o intercâmbio entre o projeto de desenvolvimento sustentável para o semiárido, com tecnologias de convivência com o semiárido e de ações educativas que reflitam os princípios do projeto de desenvolvimento idealizado pela UniCampo.

O foco de sua ação materializa-se nos espaços de educação não escolar, sobretudo na formação de agricultores e de lideranças sociais. Os sujeitos de suas ações são definidos no seu objetivo, que é:

> Contribuir para o desenvolvimento dos agricultores e agricultoras do Cariri paraibano com tecnologias alternativas, troca de saberes locais com enfoque na educação, preservação e desenvolvimento local baseado na nova Política Nacional de Assistência Técnica e Extensão Rural. (informação verbal, S1).

Por conseguinte, o Fórum Territorial se materializou como espaço de efetivação do debate e de conquistas de políticas públicas para o campo, bem como de participação da sociedade civil. Isso possibilitou a luta por direitos, de articulação dos movimentos sociais para resistência à política de fechamento de escolas do campo. Além disso, constituiu-se como uma arena de conflitualidade e disputa das demandas e interesses dos grupos sociais, do poder público e da sociedade civil — portanto, evidenciava claramente em diferentes ações a disputa das classes sociais na apropriação e uso das políticas públicas.

A disputa para constituição da política de ensino superior no território: a criação do CDSA

De acordo com a Articuladora Territorial, o Fórum Territorial conseguiu articular três grandes ações voltadas à Educação do Campo. Uma das primeiras ações foi à construção de um Núcleo de Formação para a Agricultura Familiar, "pela ausência de um espaço para organizar os processos formativos... porque no Cariri não existia um espaço que pudesse ser usado nas formações de agricultores..." (informação verbal, E4). A construção desse espaço em Sumé, no âmbito da política territorial, possibilitaria a efetivação de práticas educativas do campesinato que estavam ocorrendo no território, como as formações coordenadas pelo PDHC e pela UniCampo.

A segunda foi o processo de organização para a conquista do CDSA. Segundo a entrevistada, mesmo que o acesso à educação superior fosse uma prioridade na visão de futuro construída nas oficinas cuja temática era Educação do Campo, ela não acreditava que essa demanda pudesse se concretizar em um curto espaço de tempo. Haja vista que o debate passa a ser sistematizado no fim de 2004, entra como plano estratégico de expansão das ações da UniCampo, no PTDRS, em 2005 e em 2006, e efetiva-se em um amplo processo de mobilização. Com isso, envolve uma ampla participação de diferentes setores da sociedade no Grito do Cariri, manifestação popular em defesa da UFCG no Grito do Cariri: "Nunca vi o Cariri mobilizado daquela forma" (informação verbal, P4).

Diante do cenário, há a construção de estratégias e de mobilização com diferentes forças políticas do território em defesa da instalação do campus da UFCG no Cariri. Desse modo, transpõe-se a "fronteira" entre poder público e sociedade civil, construindo um amplo movimento em torno da demanda por acesso ao ensino superior.

De acordo com o relato de um dos representantes do poder público, a ideia no âmbito institucional não era ponto consensual. É evidente que o grupo de professores que estava coordenando o projeto de extensão tem uma força política no sentido de pressionar a instituição para a efetivação do projeto de expansão universitária. Entretanto, a instalação da UFCG em Sumé não é apenas um movimento endógeno. Há um processo de organização, somando forças políticas na construção da pauta.

> Então nós mobilizamos, começamos a movimentar a sociedade civil porque na verdade, dentro a Universidade todo mundo era contra, é importante que se diga, era contra. As pessoas da oposição achavam que aquilo era uma marola do governo Lula, que esse negócio não ia dar certo, outros achavam que deveriam aplicar os recursos na consolidação da universidade e não na expansão. (informação verbal, P3).

Desse processo de mobilização, surge um movimento popular que defende a universidade em Sumé, denominado Grito do Cariri. Segundo o coordenador da Aauc, o fórum territorial teve um papel fundamental na organização da manifestação. Ambos afirmam que "não existe um pai ou uma mãe" do CDSA, que ele foi uma construção coletiva com a participação de diferentes e divergentes setores da sociedade que atuavam no Fórum Territorial. Nesse contexto de organização, o fórum Territorial teve um papel fundamental na demanda pela universidade "[...] inclusive deliberou em uma reunião que o Fórum defendia a instalação do Campus" (informação verbal, P3).

É importante destacar, por parte do poder público, a articulação da Amcap e da sociedade civil, os sujeitos da UniCampo, representados pela Aauc, e os movimentos sociais representados por esses sujeitos. Conforme relato da líder social: "A gente fez o Grito do Cariri. O Grito do Cariri foi totalmente organizado por a gente, a gente foi para Brasília, Marcos foi para Brasília com professor Márcio, pra trazer a Universidade" (informação verbal, E3).

Portanto, essa articulação refere-se a uma pauta que unificou os interesses dos diversos setores da sociedade, para além do poder público e da sociedade civil que constituía o fórum territorial. Entretanto, todos os sujeitos que têm sua prática política no âmbito da sociedade civil ponderam que a narrativa predominante pós-conquista é de que essa é tratada como uma ação do poder público.

O gestor municipal, em entrevista, refuta esse posicionamento, afirmando que a conquista foi "uma luta de todos". Ao mesmo tempo, afirma que a própria instituição tem um papel político importante, haja vista o trabalho já construído pela UniCampo em Sumé. E é necessário também valorizar a própria ação dos estudantes da UniCampo na organização da sociedade em torno da demanda aglutinando várias forças políticas. Ao analisar esse processo, afirma que "[...] tanto pessoas nos movimentos sociais, como políticos, gestores, todos eles deram a sua contribuição para que chegasse, né? Isso foi uma política de expansão do governo Lula, né?" (informação verbal, P1). Assim, define que tudo foi um processo de organização amplo construído pela estratégia de disputar as políticas públicas para o campo e, mais especificamente, para a educação.

Conforme o coordenador da Aauc, o Fórum Territorial tem um papel importante nesse processo de negociação. Acerca da organização do movimento, uma das fontes que representam a sociedade civil afirma que:

> Passou tanto pela Universidade de camponesa quanto todas as instâncias da sociedade civil que a gente podia trabalhar: passou por o MST pelo Fórum Territorial pelo Dom Helder, por tudo. Foi muita discussão para a gente chegar onde a gente chegou. Tudo, tudo conseguiu juntar tudo. Porque como o grito foi amplo, as pessoas tudo organizado as pessoas que não apoiava se afastava. (informação verbal, S3).

Essa amplitude também é destacada na página oficial da UniCampo. O movimento foi organizado em março de 2006, meses depois do término do terceiro ciclo da UniCampo.

> Uma manifestação envolvendo um grande número de pessoas aconteceu na última sexta-feira (10), no município de Sumé, localizado na região do Cariri paraibano. O movimento denominado de "Grito do Cariri" reuniu estudantes, representantes da sociedade civil, membros de autarquias, ong's, associações, senadores, deputados, prefeitos e vereadores de municípios da região, em prol da instalação de um campus da UFCG naquela cidade. (BARRETO, 2006, s/p).

Esse movimento suscitou a ida à Brasília em uma reunião com o então ministro da educação Fernando Haddad. Nessa reunião, a Aauc representou o "Grito do Cariri" "[...] para mostrar que tem uma necessidade aqui por conta do projeto UniCampo. E aí o projeto UniCampo mostrou que era importante ter uma universidade aqui, um Campus aqui por conta da nossa formação" (informação verbal, S3).

A partir da definição da conquista do campus, de acordo com P3, é retomada a estratégia de dialogar com os sujeitos do território a elaboração do projeto acadêmico do CDSA.

> Mas aí o que nós decidimos — Socorro Silva inclusive participando dessa discussão — fazer um Campus dentro do espírito da Universidade camponesa e o espírito da Universidade camponesa é o quê? É você ter uma formação humanística e você tem uma formação técnica, diante das potencialidades, tanto dos recursos humanos, quanto dos recursos naturais e dos recursos técnicos dentro do território. Então nós construímos o projeto acadêmico da Universidade com base nisso. (informação verbal, P3).

Portanto, o campus é voltado a pensar a dimensão socioeconômica da região, na formação de intelectuais e na difusão de tecnologias. Desse modo, constrói a cultura do desenvolvimento sustentável para a convivência com o semiárido, com a dimensão econômica baseada na agricultura familiar, associada à dimensão cultural do resgate à identidade camponesa, que são tomados como referências para a construção do perfil do campus.

"Daí a gente fez o diagnóstico de onde deveria ter novos Campi e o primeiro foi o Cariri em função do acesso de jovens de 18 a 24 anos à universidade" (informação verbal, P3). Nesse sentido, em 2008, o direito à educação dos povos do campo do Cariri paraibano é ampliado por meio da consolidação do direito ao acesso à educação superior associado ao projeto social de desenvolvimento sustentável da agricultura familiar camponesa.

No âmbito das políticas educacionais, a formação docente específica para o campo é evidenciada por meio do curso de licenciatura em Educação do Campo. "Nesse momento havia no Brasil todo movimento com relação às licenciaturas em Educação do Campo. A SECADI lançou editais e era um programa, eram programas" (informação verbal, P3). Todavia, no território, a decisão foi de que a licenciatura em Educação do Campo deveria ser um curso regular da UFCG a ser implementado no campus a ser construído, como uma estratégia fundamental para formação de educadores/as do campo.

No contexto local, a demanda pela formação docente para as escolas do campo, somada ao debate da agroecologia e à necessidade de construir um novo paradigma de assistência técnica e extensão rural, faz emergir as reivindicações por esses cursos. "Eu acho que Socorro Silva já fazia parte da Secadi, havia essa discussão sobre Educação do Campo. Então teve o Grito Cariri e para resumir a história saiu, se eu não me engano, o campus de Sumé em 2008" (informação verbal, P3).

Associado à demanda nacional de ampliação do movimento em torno da licenciatura no Brasil, o papel da UFCG, notadamente do Centro de Humanidades, e especificamente PPGS em estudos voltados ao campesinato, bem como o papel da inserção da UniCampo, por meio do subprojeto de pesquisa-ação intitulado Educação para o Desenvolvimento, coordenado pela Professora Fernanda Leal, fazem emergir no território a demanda pela licenciatura em Educação do Campo.

Segundo análise do gestor municipal, com relação aos educadores do campo, trata-se de

> [...] um avanço que hoje há pessoas que pode discutir esse tema, já vindo, como eu disse antes, da Universidade Camponesa e depois da vinda do CDSA com profissionais que realmente tem autonomia, que tem condições técnica, para chegar e falar sobre o assunto. (informação verbal, P1).

Acreditamos que os avanços não são apenas os educadores formados pelo curso de licenciatura em Educação do Campo como também as formações continuadas com a rede municipal e estadual de ensino, por meio de parceria e convênios com o CDSA e a atuação dos professores. Além disso, as ações desenvolvidas pelos professores do curso no âmbito do ensino, da pesquisa e da extensão formam uma ampla rede de intelectuais discutindo a Educação do Campo como direito, como prática e, sobretudo, como uma pedagogia contra-hegemônica.

Diante disso, não podemos definir a instalação do curso de licenciatura em Educação do Campo apenas no âmbito institucional da UFCG, mas sim como parte da estratégia de pautar o campo na área das políticas públicas no território pesquisado. Tenciona, ao passo que é tencionado, ao redirecionamento da estratégia de pensar a educação não apenas no âmbito das políticas públicas, como também das políticas educacionais.

A pesquisa nos revela que, do ponto de vista das políticas educacionais para o campo, a formação docente se constitui como ação estratégica para construir a cultura para o desenvolvimento sustentável e para a convivência com o semiárido no território. O projeto popular e a organização social se constituem como elementos centrais para a consolidação da disputa dos projetos de sociedade. A busca por direitos e por políticas públicas para o campo são estratégias de questionamento do poder e de interferência popular na realidade com vistas à transformação social. O estudo revela, pois, as contradições da sociedade e como o campo popular tem se organizado como classe para disputar interesses outrora restritos à classe dominante.

Especificamente sobre a Educação do Campo, sua implementação, no contexto da pesquisa, por um lado, efetiva-se por meio da formação continuada, por outro, na formação inicial, pela política de expansão da universitária. Por estar inserida em uma pauta mais ampla, a defesa do campus universitário possibilita a implementação da Educação do Campo, que é fruto de um movimento político e pedagógico contra-hegemônico.

Esse processo de formação de educadores\as e lideranças contribuirá para uma outra mobilização social importante no território contra o fechamento de escolas do campo. Inicialmente, havia a câmara temática de Educação do Fórum Territorial como espaço de denúncia e sistematização de estratégias para o enfrentamento à política de fechamento de escolas ao mesmo tempo que se construía o debate de reformulação curricular das escolas do campo. "O debate sobre escolas tinha dois grandes eixos: o primeiro era a articulação contra o fechamento de escolas e o segundo era a discussão da necessidade de reformulação curricular dessas escolas" (informação verbal, P3).

Aqui, cabe destacar que o Movimento por uma Educação do Campo, no território do Cariri, possui outra característica que é a formação de professores, que comunga com outra luta: a participação do Fórum Territorial. Esse luta pelo acesso ao ensino superior para os povos do campo, pautando a formação docente específica para o campo com o curso de licenciatura em Educação do Campo no Centro de Desenvolvimento Sustentável do Semiárido (CDSA).

> O Fórum foi um processo importante, inclusive deliberou numa reunião que teve se eu não me engano em Assunção, se eu bem me lembro foi em Assunção, dizendo isso, né? Que o Fórum defendia a instalação do Campus, né? Então a minha participação era essa eu ia nas reuniões como representante da Universidade, mas eu nunca fui um membro oficial do Fórum. Eu ia para discutir questões específicas sobre o campus. (informação verbal, P3).

Nessa perspectiva, existia no território o amplo movimento envolvendo a institucionalização do espaço de debate das políticas públicas, mediante uma ação governamental e um movimento de base. Movimento e ação planejados por diferentes organizações, mas articulados por um projeto popular que traz o campesinato e sua produção da vida, os direitos e a organização social na formação do tripé capaz de articular a classe trabalhadora na ocupação do Fórum Territorial e, consequentemente, da política pública estatal, pautando os interesses de classe. Ou seja, a formação de base é o espaço material de articulação do projeto popular e de priorização das demandas a serem reivindicadas no espaço do Fórum, fazendo da sociedade civil um espaço de busca do rompimento da desigualdade política, cultural e educacional.

Considerações finais

O percurso histórico de construção de uma proposta educacional voltada ao ensino superior no Cariri tem sua origem na formação de camponeses, por meio da articulação das diferentes práticas educativas que vêm mobilizando a sociedade civil em pautar o campo no âmbito das políticas públicas.

Contudo, o CDSA, em primeiro lugar, decorre da experiência formativa desenvolvida pela UFCG no Cariri, por meio do curso de extensão que passou a ser denominado de Universidade Camponesa e das lutas e organizações camponesas que passaram a se articular no Fórum Territorial e no Fórum dos Assentados\as. Mediante esse processo, o Programa de Desenvolvimento Territorial Sustentável, desenvolvido pelo Governo Lula, e a estratégia de estruturação de um espaço de gestão e concertação das políticas públicas no Cariri Ocidental — Fórum Territorial — emergiram como algo novo na formulação e materialização das políticas educacionais.

Identificamos, pois, a diversidade de entidades que fizeram da Educação do Campo a articulação entre as práticas educativas e de organização, em conjunto com os camponeses do território. Além disso, identificamos a luta pela Educação do Campo nos espaços das políticas públicas e das políticas educacionais, entre as quais destacamos: entidades de governo, como é o caso das ações do PDHC no território, ao envolver a formação das lideranças, por meio da mobilização social, da assistência técnica, bem como da coordenação da política territorial; organizações sociais como a Associação dos Egressos do Projeto UniCampo; o sindicalismo cutista; o Fórum dos Assentados/as com as ações desenvolvidas no espaço escolar e na formação continuada de professores/as. Tudo isso suscitou esse debate no território.

Diante dos fatos, a pesquisa revelou que esses diferentes sujeitos e organizações sociais, ao longo do processo histórico, construíram uma articulação entre as diferentes práticas escolares e não escolares, o que fomentou as bases para pensarem uma nova perspectiva para as políticas educacionais e a escolarização básica e superior dos povos campesinos do Cariri.

Portanto, todo esse processo se refere a uma pauta que unificou os interesses dos diversos segmentos sociais que constituíam o Fórum Territorial. Entretanto, todos os sujeitos que têm sua prática política no âmbito da sociedade civil ponderam que o discurso predominante pós-conquista é de que se trata de uma ação do poder público[76].

Nessa perspectiva, a territorialização da Educação do Campo no Cariri está situada na disputa entre o paradigma do combate à seca e o paradigma da convivência com o semiárido; no debate sobre a produção agroecológica e sustentável; e na luta social camponesa. Esses pilares constroem diferentes práticas educativas nos âmbitos escolares e não escolares e institucionalizam-se tencionando o paradigma hegemônico de Campo e de Educação.

Referências

BARRETO, Rosenato. Integrantes do UniCampo participam de seminário sobre educação no campo. **UFCG**, [*S.l.*], 3 ago. 2005a. Disponível em: http://www.ufcg.edu.br/~unicampo/noticia050803.htm. Acesso em: 13 nov. 2018.

BARRETO, Rosenato. Projeto Unicampo da UFCG discute ações para 2005. **UFCG**, [*S.l.*], 23 fev. 2005b. Disponível em: http://www.ufcg.edu.br/~unicampo/noticia230205.htm. Acesso em: 13 nov. 2018.

BARRETO, Rosenato. Universidade Camponesa participa de encontro nacional de educação no campo. **UFCG**, [*S.l.*], 15 fev. 2006. Disponível em: http://www.ufcg.edu.br/~unicampo/noticia060215.htm. Acesso em: 13 nov. 2018.

---

[76] Isso é evidenciado nos períodos eleitorais por meio da disputa de narrativa entre grupos políticos que "conquistaram" a UFCG para o Cariri e os grupos políticos que "perderam" a sede dela. No último caso, o destaque é o município de Serra Branca, que nesse contexto era governada pelo Partido dos Trabalhadores. Pelo fato de o prefeito desse município ser do mesmo partido do presidente, essa seria a cidade ideal para sediar o campus, haja vista que as demais cidades-polos eram governadas por outros partidos. Esse discurso busca retirar a luta popular do cenário político caririzeiro, resumindo a política ao âmbito dos partidos políticos, e reflete uma relação patrimonialista e clientelista no imaginário social que desconsidera o próprio trabalho da instituição construído em Sumé. Esse discurso também está presente nas campanhas para deputados.

BATISTA, Geovânio Lima. **A política de Educação do Campo no Território do Cariri Ocidental Paraibano**: 2003 - 2013. Dissertação (Mestrado em Educação) – Programa de Pós-Graduação em Educação, Universidade Federal de Campina Grande, Campina Grande, 2019.

BRASIL. Ministério do Desenvolvimento Agrário. **Plano Territorial de Desenvolvimento Rural Sustentável do Cariri Paraibano**. Brasília: MEC, 2005. Disponível em: https://silo.tips/download/forum-de-desenvolvimento-sustentavel-do-territorio-do-cariri-plano-territorial-d. Acesso em: 25 set. 2018.

CALDART, Roseli Salete. Elementos para construção do projeto político e pedagógico da educação do campo. *In* MOLINA, Mônica Castagna; JESUS, Sônia Meire Santos Azevedo de (org.). **Contribuições para a construção de um projeto de educação do campo**. Brasília: Articulação Nacional por uma Educação do Campo, 2004, p. 10-31. (Coleção Por Uma Educação do Campo, nº 5).

FREIRE, Paulo. **Educação e mudança**. 2ª ed. São Paulo. Paz e Terra, 2011.

OLIVEIRA, Ariovaldo Umbelino de. A longa marcha do campesinato brasileiro: movimentos sociais, conflitos e reforma agrária. **Estudos Avançados**, São Paulo, v. 15, n. 43, p. 185-206, set./dez. 2001. Disponível em: https://www.scielo.br/j/ea/a/H7WMxZswgv6zR6MZJx5DHCm/?lang=pt&format=pdf. Acesso em: 25 set. 2018.

PROJETO UNICAMPO. **Integrantes do UniCampo participam de seminário sobre educação no campo**. Assessoria de Imprensa. 2005c. http://www.ufcg.edu.br/~unicampo/noticia050803.htm. Acesso em: 13 nov. 2018.

SILVA, Maria do Socorro. **Educação do Campo e Desenvolvimento**: uma relação construída ao longo da história. 2007. CONTAG. Brasília, 2007.

UNIVERSIDADE FEDERAL DE CAMPINA GRANDE. O projeto Unicampo. **UFCG**, [*S.l.*], [20--]. Disponível em: http://www.ufcg.edu.br/~unicampo/o_projeto.htm. Acesso em: 12 nov. 2018.

MOVIMENTOS SOCIAIS POPULARES DO CAMPO E A LUTA PELA EDUCAÇÃO: A LONGA MARCHA DO CAMPESINATO BRASILEIRO

Welliton José Cunha de Souza[77]
Dileno Dustan Lucas de Souza[78]
Guilherme Goretti Rodrigues[79]
Wanderley Ruan Gomes Debian[80]

Introdução

> *Tu és com os teus irmãos quase todo o Brasil. És tu quem matas a nossa fome. E morres de fome. És tu quem nos vestes. E vives de tanga. Dás o soldado para defenderes a Pátria. E a Pátria te esquece. Dás o capanga para o latifúndio. E o capanga te esmaga. Dás a esmola para a igreja. E a igreja te pede resignação em nome de Cristo. Mas o Cristo foi um rebelado. E por isso subiu à cruz.*
>
> *(Carta de alforria do camponês. JULIÃO, 1962, p. 69)*

A *Carta de alforria do camponês*, escrita em 1961 por Francisco Julião (presidente de honra das Ligas Camponesas de Pernambuco), descreve o lamento daqueles/as que, escravizados/as no campo, sacrificados/as, explorados/as, se rebelam contra as injustiças impostas pelo latifúndio. Escolhemos esse excerto como epígrafe, pois acreditamos na importância do modo de produção camponês, que produz vida, alimentos e esperança. O contraponto do modo de vida e produção do camponês é o latifúndio que, diferentemente dos homens, mulheres e crianças do campo, produz a morte dos ecossistemas, produz o lucro e a ganância.

As populações do campo[81] (povos tradicionais, camponeses/as, quilombolas, trabalhadores/as assalariados/as) marginalizadas, invisibi-

---

[77] Professor da rede estadual de educação de Minas Gerais. Mestre em Educação pela Universidade Federal de Juiz de Fora. Correio eletrônico: wellitongen@gmail.com.

[78] Professor da Universidade Federal de Juiz de Fora. Doutor em Educação. Correio eletrônico: dilenodustand@gmail.com.

[79] Mestre em Educação pela Universidade Federal de Juiz de Fora. Correio eletrônico: guilhermegoretti.geografia@gmail.com.

[80] Graduando em Pedagogia pela Universidade do Estado de Minas Gerais. Correio eletrônico: ruanfilosofia@gmail.com.

[81] A definição de populações do campo como aqueles que produzem as condições materiais da sua existência no campo, a partir do trabalho no meio rural, é especificada a partir da Resolução CNE/CEB n.º 2, de 28 de

lizadas, inferiorizadas e, sobretudo, subestimadas na luta por dignidade, fomentaram o ritmo dos conflitos no campo, na luta por terra, trabalho, cultura e educação. Essa história caminhou e confundiu-se com a história dos conflitos pela terra no campo e seus desdobramentos nos processos violentos de expropriação e ocupação, na exploração do trabalho, na escravidão, na Lei de Terras, no latifúndio, no contexto da expansão capitalista rural. Essa realidade conforma o território brasileiro a partir de práticas violentas, que

> [...] atualmente, se intensifica no processo de mundialização do capital. Os indígenas foram, com o processo de colonização, os primeiros a conhecerem a violência e, nessa procura por novos espaços e principalmente riquezas, [...]. Nesse contato violento, iniciado com a sociedade europeia, foram reduzidos a cerca de 896.917. Pressionados pela construção capitalista do território, no Brasil, os indígenas foram adentrando pelos interiores do país. Outro personagem dessa história de violência foi o negro escravizado. A luta contra a escravidão cresceu tanto que, dessa contradição do capitalismo, surgiram os quilombos, terra da liberdade, do trabalho coletivo, do trabalho contrário às regras do jogo do capitalismo colonial e que, por isso, eram alvos de destruição da elite. A prática da violência também esteve presente quando os(as) camponeses(as) de Canudos (BA), Contestado (SC), Teófilo Otoni (MG), Porecatu (PR), Trombas e Formoso (GO), do Sudoeste do Paraná (1957), Santa Fé do Sul (SP), das Ligas Camponesas, Fazenda Santa Elina em Corumbiara (1995), Eldorado dos Carajás (1996), dentre outras, se rebelaram pela defesa do direito à terra, ao trabalho e à vida. Assim, historicamente, indígenas, negros e camponeses sempre foram vítimas de ataque e destruição, por resistirem a uma ordem vigente e a favor da liberdade. As violências, em consequência da luta, ficaram registradas tanto na memória de uma parte da sociedade, como também da própria história dos sujeitos sociais, que procuram se (re)afirmar a partir

---

abril. O texto define, em seu artigo 1º, as populações rurais em suas mais variadas formas de produção da vida, citando os agricultores familiares, extrativistas, pescadores artesanais, ribeirinhos, assentados e acampados da reforma agrária, quilombolas, caiçaras, indígenas e outros. Essa definição é ampliada, por exemplo, na Resolução SEE n.º 2820, de 11 de dezembro de 2015, que institui as diretrizes para a educação básica nas escolas do campo de Minas Gerais. Em seu artigo 2º, diz que entende por populações do campo: os agricultores familiares, os extrativistas, os ribeirinhos, os assentados e acampados da reforma agrária, os trabalhadores assalariados rurais, os quilombolas, geraizeiros, vazanteiros, caatingueiros, veredeiros, pescadores artesanais, integrantes do movimento dos atingidos por barragens, apanhadores de sempre viva, faiscadores e outros que produzam suas condições materiais de existência a partir do trabalho no meio rural.

> desses episódios para darem continuidade a própria luta e existência na possibilidade da (re)criação enquanto sujeito e classe social. (RAMOS FILHO; MITIDIERO JUNIOR; SANTOS; 2016, p. 82-83).

Assim, definir o campo como um espaço de luta, de resistência e conquista requer situarmos os povos do campo como aqueles/as que contribuíram e estão contribuindo na construção da história social, política e econômica do Brasil, denunciando e combatendo a face predatória do sistema capitalista. Mais do que isso, é importante apresentar a incapacidade de autossustentação do capitalismo, haja vista sua crise atual que, embora pareça conjuntural, é sistêmica ou estrutural. Assim, toda conformação do campo brasileiro

> [...] são frutos de uma estrutura agrária concentradora, rentista e patrimonialista no Brasil. Essas práticas violentas são indícios de um Brasil cada vez mais contraditório, arcaico e moderno, de um território em disputa, de uma luta de classes que expropria, mata, ameaça milhares de sujeitos sociais que, em seu cotidiano, questionam, intencionalmente ou não, um único modelo do viver, mas que também contraditoriamente, possibilita seu (re) viver. (RAMOS FILHO; MITIDIERO JUNIOR; SANTOS, 2016, p. 99).

Ou seja, o avanço capitalista no campo e a lógica da terra como mercadoria têm condenado e violentado homens, mulheres, crianças, povos do campo, das florestas, das águas, quilombolas, indígenas e a biodiversidade, revelando as facetas do caráter destrutivo capitalista. Porém, ainda que a questão dos conflitos no campo tenha se dado de forma muita mais ampliada do que trata este artigo, envolvendo todos os povos do campo — que aqui são definidos como aqueles que produzem as condições materiais e subjetivas da sua existência no campo a partir do trabalho no meio rural —, não trataremos das questões ampliadas desses conflitos. O que nos interessa aqui é a organização camponesa como classe trabalhadora, na qual homens, mulheres e crianças do campo têm suas relações mediatizadas pelo trabalho no meio rural como processo educativo.

Os Movimentos Sociais Populares do Campo (MSPC) começaram a se organizar a partir da década de 1950. No entanto, o contexto histórico anterior a esse período é fundamental para as bases da organização dos MSPC. Caracterizados pelos vários conflitos relacionados à terra e ao trabalho no meio rural, os movimentos que aconteceram de 1888 até perto de 1955 refletem a insatisfação das populações do campo. O ritmo desses conflitos se deu pela luta, principalmente, de camponeses/as, por melhorias nas suas condições de trabalho e acesso à terra, uma vez que

> [...] o exercício do poder do capital se estende para todo o tecido social, impactando, portanto, não somente as relações específicas à atividade laborativa, mas todas as esferas do ser que trabalha, ultrapassando o momento da produção, ganhando a dimensão da reprodução da vida, a subjetividade da classe trabalhadora, as formas de organização política. (THOMAZ JÚNIOR, 2004, p. 10).

Apesar de o capital estender para todo o tecido social a sua lógica de acumulação e destruição, encontra resistências da classe trabalhadora ao longo do processo histórico, que trazem como marcas suas experiências políticas, educativas e outras formas de organização do trabalho e da vida. Nesse sentido, embora a questão se volte para os Movimentos Sociais Populares do Campo (MSPC) organizados, é preciso frisar que esses são herdeiros da força de outras lutas: umas de caráter messiânico, que acontecem entre os anos de 1888 a 1930, por estarem ligadas às figuras de líderes religiosos que se colocavam como interlocutores de Deus; e outras de caráter espontâneo e localizado, que acontecem de 1930 até o final da década de 1950. Ambas têm o trabalho e a terra como motivadores das lutas.

Rachelle (2003), em um documento produzido pela Federação dos Trabalhadores na Agricultura (Fetag) no Rio Grande do Sul para sistematizar sua trajetória, descreve a participação de trabalhadores/as rurais em Movimentos Sociais Populares:

> Embora tenha sido a partir da década de 1950 que os trabalhadores rurais passaram a se organizar mais solidamente em sindicatos, existiram inúmeras manifestações anteriores que contaram com a participação ativa dos Trabalhadores Rurais, como: A Cabanagem, no Pará; a Balaiada, no Maranhão (1838-1841); o bloco Operário e Camponês, no Rio de Janeiro (1926); o sindicato dos trabalhadores rurais de Campos, Rio de Janeiro (1938); o de Ilhéus e Itabuna, na Bahia (1952); o de Barreiras, em Pernambuco (1954); e o de Bragança Paulista (1957). (RACHELLE, 2003, p. 18).

Entre os anos de 1954 e 1964, surgem as lutas organizadas de caráter ideológico, classista e com alcance e repercussão nacional. Segundo Medeiros (1989), insurgiam duas formas de organização: os sindicatos e as associações civis (associações, ligas, uniões etc.). A primeira era a organização daqueles trabalhadores que, de certa forma, poderiam ser identificados como assalariados.

Assim, a sindicalização era a maneira mais eficaz de lutar por direitos, principalmente, trabalhistas. Já as associações civis organizavam os indivíduos que tinham algum tipo de acesso à terra, como é o caso dos posseiros, meeiros, entre outros. É a partir das lutas organizadas que os/as camponeses/as se afirmam enquanto classe e, além da luta imediata, reflexo da exploração do latifúndio e do Estado, as lutas organizadas são de fundamental importância para a compreensão do ressurgimento da luta pela terra e pela Reforma Agrária nos últimos anos da década de 1970, final da ditadura empresarial-militar no Brasil.

"Vão reunir-se em São Paulo trabalhadores agrícolas de todos os estados do Brasil". Essa foi a manchete do número 44 do jornal *Terra Livre*[82], correspondente à segunda quinzena de junho e à primeira quinzena de julho de 1954, anunciando a convocação da II Conferência Nacional de Trabalhadores Agrícolas, que aconteceu entre os dias 17, 18 e 19 de setembro daquele ano, acontecimento fundamental na organização dos Movimentos Sociais Populares do Campo (MSPC). O período de organização desses movimentos fez com que os/as camponeses/as se enxergassem de outra forma, agora se afirmando como classe trabalhadora rural unida em princípios gerais comuns — ou seja, é o período da organização dos/as trabalhadores/as do Campo e Reforma Agrária.

No Rio Grande do Sul, surge, a partir da resistência de aproximadamente 300 famílias de posseiros, o Movimento dos Agricultores Sem Terra (Master). O Master atua de 1958 a 1964 sob influência do Partido Trabalhista Brasileira (PTB), por meio de suas lideranças, como Leonel Brizola. O movimento atuava na organização de agricultores/as sem-terra e pressionava o governo estadual para criar assentamentos, com uma nova forma de lutar — fazendo ocupação de terras, de latifúndios e montando aparatos de defesa. Segundo Stédile (1999, p. 17), a "[...] decadência do Master começou quando Leonel Brizola saiu do governo, em janeiro de 1963, e porque ele não conseguiu se constituir como um movimento social autônomo", por estar vinculado ao PTB.

Em 1954, o Partido Comunista Brasileiro (PCB) cria, em São Paulo, a União dos Lavradores e Trabalhadores Agrícolas do Brasil (Ultab). Liderada por camponeses/as, a Ultab coordenava as associações dos camponeses/as na tentativa de articular a aliança operário-camponesa (MORISSAWA,

---

[82] O jornal *Terra Livre* era o principal instrumento de comunicação dos movimentos camponeses. O veículo começou em 1954 e teve sua tiragem interrompida em 31 de março de 1964, com o golpe empresarial-militar.

2001), reivindicando o direito de as organizações de trabalhadores/as rurais se constituírem como associações e sindicatos. Ainda demandavam o apoio, a partir de políticas públicas, para as produções e para o direito de greve, à previdência social e, principalmente, à Reforma Agrária.

Outra questão importante da organização dos MSPC foi a sindicalização rural, em 1962, com as políticas do governo João Goulart que regulamentavam os sindicatos rurais até então clandestinos. Em dezembro de 1963, foi criada a Confederação dos Trabalhadores na Agricultura (Contag), fruto da aliança entre os sindicatos ligados à Igreja Católica e a Ultab.

As Ligas Camponesas, dentro das lutas organizadas no campo, merecem um destaque especial pela luta travada em prol da Reforma Agrária. O sistema de foros[83], bastante usado na região de Pernambuco na década de 1950, foi o início do surgimento das Ligas Camponesas, quando, em 1955, em Vitória de Santo Antão, os donos do Engenho da Galileia aumentaram o valor do foro e iniciaram um processo de expulsão dos foreiros. Esses começaram a se organizar tendo como uma de suas mais importantes lideranças João Pedro Teixeira, que, antes de se firmar como agricultor, havia trabalhado em outras frentes e participado de organizações operárias. João Pedro se torna um dos grandes articuladores dos camponeses. Assim, a atuação

> [...] inicialmente contra o pagamento do foro aos donos de Engenho, e posteriormente, se tornando um movimento de luta pela Reforma Agrária que se espalhou por vários Estados do Nordeste. A partir das Ligas os camponeses organizados faziam um trabalho de denúncia, agitação, resistência na terra e mobilizações. As ligas utilizavam diferentes estratégias para organizar e formar os trabalhadores: conversas na feira, na missa, nos locais de trabalho, boletins, cordéis, etc., e dentre as reivindicações das Ligas a escola já aparecia como um direito importante para os trabalhadores (as) do campo. (MOLINA, 2006, p. 73).

A partir da organização dos/as camponeses/as, Francisco Julião, advogado e deputado pelo Partido Socialista Brasileiro (PSB), passa a defender e a ser um dos elos das Ligas Camponesas com a cidade. Em um de seus

---

[83] O sistema de foros ao qual nos referimos trata especificamente da relação de ocupação de terras públicas por camponeses. Os foros ou aforamento são a modalidade de arrendamento de terra em que a União cede os direitos de domínio útil do imóvel a terceiros mediante um contrato. A União cede o imóvel, mas continua sendo a proprietária. O arrendador ou foreiro deve pagar um valor anual, o foro.

discursos, Julião, ao falar da importância da Reforma Agrária, acaba criando o lema das Ligas: "Reforma Agrária na lei ou na marra".

A respeito do Master, da Ultab e das Ligas Camponesas como movimentos que unificam a luta no campo, Molina (2006, p. 73) completa:

> Essas três organizações durante sua existência assumiram algumas lutas de forma unificada a greve no setor canavieiro em Pernambuco, em 1963, que obteve conquistas significativas para a categoria ou a participação em congressos como, o I congresso Nacional dos Lavradores e Trabalhadores Agrícolas, realizado em 1961, que embora explicitasse as divergências, marcou o reconhecimento social e político da categoria camponesa e o reconhecimento do seu potencial organizativo dentro da sociedade brasileira.

Os MSPC protagonizaram a luta pela Reforma Agrária que, no governo Goulart (1961/1964), período anterior à ditadura empresarial-militar no Brasil, foi considerada uma das soluções, não só para a economia, mas também para resolver os principais conflitos no campo brasileiro. No entanto, isso desagradava a classe dominante que, com o medo de perder privilégios, acreditava que a Reforma Agrária era o início de uma revolução socialista. Dessa forma, é perceptível a ligação da classe empresarial e rural brasileira com o golpe de 1964.

Os MSPC organizados contribuíram não só para a luta no campo, mas para a criação de uma identidade camponesa. No entanto, as conquistas dos MSPC para a classe trabalhadora do campo se perderam junto ao sufocamento desses movimentos pelo golpe de 1964, instaurando uma violenta ditadura que reprimiu e violentou os movimentos de luta pela terra, pelo trabalho e pela Reforma Agrária. A esse respeito, Morissawa (2001, p. 95) comenta a ação dos generais e o combate aos MSPC:

> Muitas vezes eles foram explícitos: era preciso combater o comunismo no campo e nas cidades. As principais lideranças camponesas foram presas e exiladas, quando não assassinadas. Embora haja poucos registros a respeito, logo após o golpe, também os camponeses pertencentes a sindicatos, às Ligas ou ao Master foram duramente perseguidos e/ou mortos a mando dos latifundiários, que agiam sob a proteção dos militares. Todas as organizações de trabalhadores rurais foram fechadas. Alguns sindicatos que sobraram mudaram completamente seus métodos, passando a ter caráter assistencialista. Isso ficou bem caracterizado em 1971, quando

o presidente-general Médici criou o Funrural, órgão de previdência voltado para o campo, e deu aos sindicatos a responsabilidade pelas suas atividades burocráticas.

Com a participação da igreja (sobretudo, por meio das Comunidades Eclesiais de Base, sustentadas na Teologia da Libertação) e de partidos de esquerda, no final da década de 1970, observa-se que os MSPC começam a se reorganizar em suas lutas. Posteriormente, com a Constituição da República Federativa do Brasil (BRASIL, 1988), fruto de disputas[84] e da luta classes, tem-se definido em seu art. 184 que compete à União fazer a desapropriação de terras com interesse social para a Reforma Agrária, ampliando o entendimento sobre a "função social da terra" no art. 186, intensificando-se o trabalho dos MSPC que, além de lutar pela terra, lutam também pela educação.

Os MSPC e a educação

> Eu quero uma escola do campo / Que tenha a ver com a vida com a gente / Querida e organizada / E conduzida coletivamente.
>
> Eu quero uma escola do campo / Que não enxerga apenas equações / Que tenha como chave mestra / O trabalho e os mutirões.
>
> Eu quero uma escola do campo / Que não tenha cercas que não tenha muros / Onde iremos aprender / A sermos construtores do futuro.
>
> Eu quero uma escola do campo / Onde o saber não seja limitado / Que a gente possa ver o todo / E possa compreender os lados.
>
> Eu quero uma escola do campo / Onde esteja o símbolo da nossa semeia / Que seja como a nossa casa / Que não seja como a casa alheia.

A letra da canção "Construtores do Futuro", de Gilvan dos Santos, expressa os anseios e as expectativas que a população do campo e os MSPC têm com relação à Escola/Educação. Nessa perspectiva, a escola almejada deve ser aquela que reflete a vida dos/as camponeses/as e sua organização

---

[84] Uma das disputas se deu a partir do *lobby* e influência exercida pela União Democrática Ruralista (UDR) durante o processo da Assembleia Nacional Constituinte, obstruindo reinvindicações da classe trabalhadora no campo. Ver em Mendonça (2010).

deve se estabelecer na construção e na gestão coletiva, dialógica, tendo o trabalho como princípio educativo.

No campo brasileiro, destacaram-se, em vários momentos históricos distintos, inúmeros MSPC relacionados à luta pela terra e pelo trabalho. Na história mais recente, esses movimentos foram responsáveis, dentre outras lutas, pela construção coletiva da Educação do Campo, como um conceito que diz respeito a uma práxis educativa na qual os/os camponeses/as são os sujeitos do processo de ensino-aprendizagem. Reivindicando do Estado uma educação de qualidade para as Populações do Campo e contrapondo-se ao modelo de educação rural[85], que estereotipou e inferiorizou os sujeitos do campo, os MSPC pensam em uma educação que forme crianças, jovens e adultos, pautada, sobretudo, nas especificidades da identidade e da diversidade sociocultural, de gênero e étnico-racial do campo.

Percebemos, ao longo da história, a negação do campo e dos povos do campo, especialmente com relação às políticas educacionais no meio rural, que foram definidas de acordo com o avanço e a demanda do capital, sempre pautado em uma visão que privilegia as cidades. Até a década de 1990, as poucas políticas educacionais para o campo tinham como objetivo, em primeiro lugar, manter as populações do campo no campo a fim de evitar que essas se deslocassem para as cidades, pois poderiam causar problemas socioeconômicos, com o inchamento das áreas urbanas. Em segundo lugar, os investimentos em educação no campo eram vistos como desnecessários, uma vez que se acreditava que o fim do rural estava próximo.

> A Educação Rural no Brasil, por motivos socioculturais, sempre foi relegada a planos inferiores, e teve por retaguarda ideológica o elitismo acentuado do processo educacional aqui instalado pelos jesuítas e a interpretação política ideológica da oligarquia agrária, conhecida popularmente na expressão: 'gente da roça não carece de estudos. Isto é coisa de gente da cidade'. (LEITE, 2002, p. 14).

Dessa forma, há que se relacionar o fracasso da educação no meio rural com as políticas e as formas pedagógicas adotadas, bem como o avanço do capital no campo, visto que a política de educação rural foi construída com

---

[85] Observamos que historicamente as primeiras tentativas de educação no meio rural ocorreram ainda no século XIX e, no século seguinte, o modelo de educação no meio rural se baseia na modernização do campo orientado pelo modo de vida urbana que desvalorizava os saberes e os valores do meio rural, incentivado e patrocinado por organismos norte-americanos. Esse modelo foi largamente difundido pelo sistema de assistência técnica e extensão rural. A esse respeito, ver Calazans (1993).

base na ideologia do colonialismo, o que reforçou a ideia do monocultivo e da agricultura para exportação. Assim, sobretudo a partir da década de 1970, a dinâmica do capitalismo

> [...] passa a ser a superprodução destrutiva, atrelada à expansão máxima e ao lucro correspondente e que engendrou sua autorreprodução alienante de forma ampliada. Ou seja, ocorrem alterações profundas, tanto no plano objetivo (econômico) da produção, como na reprodução das relações de classe, no plano da subjetividade. (NOVAES; MAZIN; SANTOS; 2015, p. 214).

Vale ressaltar que os debates sobre a educação no meio rural também sofreram influência do movimento escolanovista e dos debates internacionais (promovidos, principalmente, pela UNESCO), que pensavam em uma escola vinculada à realidade, à educação agrícola e à educação de adultos.

Mesmo assim, a discussão sobre educação rural, relacionada à vida e às experiências do meio rural, por exemplo, o trabalho agrícola, acontecia sem a participação dos agricultores. Dessa maneira, expunha-se que essa educação tinha a função de reforçar os interesses do capital, como podemos observar em Ribeiro (2013, p. 166-167), que discorre sobre a função retificadora da educação rural para as populações do campo:

> [...] visando preparar as populações rurais para adaptarem-se ao processo de subordinação ao modelo de produção capitalista, que assume contornos mais definidos, combinando a expulsão da terra com a formação de mão de obra para as indústrias nascentes. Nesse processo, os agentes educativos, sejam professores sejam técnicos agrícolas, desempenham um papel essencial "para uma melhor adaptação das populações rurais ao sistema produtivo" [...]. A ação educativa que incide sobre essa população está embasada em uma concepção evolucionista, [...] que considera atrasado o modo como vivem e trabalham as populações rurais, como se estas estivessem em uma etapa de produção pré-capitalista. Com isso, a educação desempenha o papel de levar o conhecimento científico de modo que essas populações possam estar habilitadas para enfrentar os desafios da introdução de tecnologias e inovações a produção agrícola.

Especificamente na luta pela Educação do Campo, os MSPC formam "[...] o campo material de resistência às práticas políticas conservadoras que não identificam a realidade social e cultural desse espaço" (SILVA *et al.*, 2016, p. 26), além de se constituírem como agentes educativos no processo de luta política pela Educação do Campo.

Os MSPC, ao proporem a Educação do Campo em contraposição à Educação Rural, não fazem a simples mudança de nomenclatura, mas propõem construir uma nova base epistemológica e conceitual sobre a educação no meio rural.

> Trata-se da busca de superação do paradigma dominante, que, antes de tudo, projeta o campo como a faceta atrasada da sociedade. Com efeito, da visão dicotômica, que tem a cidade como o ideal de desenvolvimento a ser por todos alcançado, e o rural como a permanência do atraso, no Brasil, mormente tem se produzido políticas públicas voltadas ao desenvolvimento econômico e social em franco privilégio ao espaço humano citadino ou, mais que isso, em detrimento da vida no meio rural. As políticas voltadas ao meio rural são traçadas no sentido de extrair do campo o máximo de benefício em favor da vida na cidade, ou então, no sentido de urbanizar o espaço rural. (MOLINA, 2006, p. 73).

Na perspectiva de luta dos MSPC, percebemos, em suas experiências por meio de sujeitos individuais e coletivos, que os caminhos pretendidos por esses movimentos marcam a tentativa de transformação das relações de exclusão a que se submete o campo. Assim, percebe-se a acuidade do envolvimento desses movimentos com a luta pela Educação do Campo em "[...] suas diversas formas de manifestação, quer sejam nos processos de escolarização, quer sejam na busca por direitos por parte das populações que ali vivem e trabalham" (SOUZA; BELTRAME, 2010, p. 84).

Os MSPC se configuram como espaço que nos permitem pensar sobre a necessidade de uma pedagogia voltada à Educação do Campo em movimento. Evidenciam práticas dos sujeitos que educam e são educados coletivamente no cotidiano, mediatizados pelas relações da conjuntura política, social e econômica. Para Molina (2010, p. 40), os trabalhadores do campo estão "[...] subsumidos pela lógica do capital (ribeirinhos, quilombolas, sem-terra, indígenas)", isto é, confrontam a lógica capitalista e a ideia terra como negócio, que avança de forma destrutiva, explorando, expropriando e causando significativos impactos socioambientais, tais como aqueles engendrados pelo agronegócio e pela mineração. Por isso, ao reivindicarem a terra como trabalho, como produção e reprodução da vida material humana, esses sujeitos, individuais e coletivos, colocam-se "[...] organizados na perspectiva da luta de classes" (MOLINA, 2010, p. 40).

Defendemos que o campo é um espaço potente de produção de conhecimento, em que os saberes produzidos e pensados a partir das práticas sociais dos sujeitos que habitam esse espaço somam-se aos processos e ações educativas propostas pelos MSPC. Nesse sentido, concordamos com Freire (2020) quanto à necessidade de uma educação dialógica, não imposta mecanicamente sob uma ótica bancária, mas que tome como referência a práxis, os sujeitos em sua dimensão integral e histórica, isto é, que homens e mulheres atuem dialeticamente para a transformação da realidade.

Nesse sentido, o campo, como esse espaço "vivo", leva-nos a perceber a variedade de sentidos da Educação do Campo, que é também local de escolarização de homens, mulheres e crianças, mas sobretudo um espaço de emancipação, de transformação das relações sociais estabelecidas pelo capitalismo, de luta social por justiça e, principalmente, espaço de resistência contra o sistema e seus processos excludentes que marginalizam os sujeitos do campo.

Segundo Souza e Beltrame (2010, p. 86), com a atuação dos MSPC, os caminhos da Educação do Campo apontam "[...] na direção de um processo de emancipação da classe trabalhadora, buscando a formação de sujeitos críticos da sociedade", acrescentando que é

> [...] possível afirmar que avançamos na direção da construção de um percurso teórico que nos leve a compreender o que estamos chamando de Educação do Campo, mas ainda temos que continuar trilhando esse caminho de construção, solidificando esse conceito, referendados nas práticas dos Movimentos Sociais do Campo. (SOUZA; BELTRAME, 2010, p. 84).

Apesar dos vários sentidos construídos em torno da concepção de Educação do Campo e dos MSPC que a implementam, seja no âmbito político, da produção de conhecimento ou das lutas sociais, há, de certa forma, um consenso com relação ao alinhamento da Educação do Campo a uma perspectiva de emancipação e enfrentamento do sistema capitalista. A Educação do Campo tem por objetivo a compreensão da intricada luta em direção à emancipação da classe trabalhadora e o câmbio das relações sociais produzidas pelo sistema capitalista na formação de sujeitos críticos. Como instrumento na luta de classes, a Educação do Campo é estratégia de luta dos MSPC.

Assim, a Educação do Campo nasce tendo como referência várias experiências, sobretudo dos MSPC. E apresenta uma possibilidade que vai além do capital, tornando-se um movimento histórico que é universal. Por isso, como adverte Freire (2020, p. 139), há necessidade de uma educação e pedagogia que deixe de "[...] perder-se nos esquemas estreitos das visões parciais da realidade, das visões 'focalistas' da realidade, se fixe na compreensão da totalidade". Junto à luta pela Reforma Agrária, os MSPC avançam em outras lutas, principalmente pela educação pública. Não somente luta pela garantia da educação como uma política pública do Estado, uma vez que esse representa e prioriza o capital, mas por uma educação que se construa à forma desses movimentos, tendo como referência seus princípios filosóficos, políticos e educativos.

Conclusão

Os MSPC, compostos por uma diversidade de sujeitos que abarcam a massa do campesinato brasileiro, revelam as dimensões de suas lutas, práticas e experiências diante das mais diversas conjunturas políticas, econômicas e sociais. Períodos como o atual tempo histórico, de ofensiva neoliberal e da extrema direita no Brasil, colocam-nos cada vez mais o desafio de defender os MSPC, a Educação do Campo e seus princípios fundamentais, ou seja, posicionarmo-nos ao lado dos/as trabalhadores/as.

Ao lutarem por terra e educação, os MSPC mobilizam e radicalizam outro projeto de sociedade, pautado na coletividade, na solidariedade, na partilha, fruto coletivo do trabalho, na agroecologia que garanta a soberania alimentar, na formação de homens e mulheres integrais; valores éticos, filosóficos e humanos que confrontam a lógica capitalista, cada vez mais destrutiva, insustentável, que acentua o pauperismo das massas populares.

Por isso, consideramos importante dar visibilidade ao que vem sendo construído pelos MSPC e considerá-los como verdadeiros sujeitos pedagógicos (CALDART, 2000), portadores da ação política e educativa. Projetamos a superação do capitalismo como possibilidade histórico-concreta, para construção de outra sociedade, e isso passa sem dúvida pela elevação das experiências gestadas e conduzidas pelos trabalhadores/as do campo, afinal, como nos ensina Freire (2020, p. 46) "[...] a liberdade, que é uma conquista, e não uma doação, exige uma permanente busca [...]" — e essa busca tem de ser a da vontade e do querer coletivo como ato revolucionário.

Referências

BRASIL. [Constituição (1988)]. **Constituição da República Federativa do Brasil de 1988**. Brasília: Presidência da República, [1998]. Disponível em: https://www.planalto.gov.br/ccivil_03/constituicao/constituicao.htm. Acesso em: 28 jan. 2022.

CALAZANS, Maria Julieta Costa. Para compreender a educação do Estado no meio rural – traços de uma trajetória. *In*: THERRIEN, Jacques; DAMASCENO, Maria Nobre (coord.). **Educação e escola no campo**. Campinas: Papirus, 1993. p. 172-184.

CALDART, Roseli Salete. **Pedagogia do Movimento Sem Terra**: escola é mais do que escola. Petrópolis-RJ: Vozes, 2000.

FREIRE, Paulo. **Pedagogia do oprimido**. 74. ed. Rio de Janeiro: Paz e Terra, 2020.

JULIÃO, Francisco. **Que são as ligas camponesas**. Rio de Janeiro: Civilização Brasileira, 1962.

LEITE, Sergio Celani. **Escola rural**: urbanização e políticas educacionais. 2. ed. São Paulo: Cortez, 2002.

MEDEIROS, Leonilde Sérvolo de. **História dos movimentos sociais no campo**. Rio de Janeiro: FASE, 1989.

MENDONÇA, Sônia Regina; STÉDILE, João Pedro (org.). **A questão agrária no Brasil**: a classe dominante agrária – natureza e comportamento 1964-1990. 2. ed. São Paulo: Expressão Popular, 2010.

MOLINA, Mônica Castagna. **Educação do campo e pesquisa**: questões para reflexão. Brasília: MDA/MEC, 2006.

MOLINA, Mônica Castagna. **Educação do campo e pesquisa II**: questões para reflexão. Brasília: MDA/MEC, 2010.

MORISSAWA, Mitsue. **A história da luta pela terra e o MST**. São Paulo: Expressão Popular, 2001.

NOVAES, Henrique; MAZIN, Angelo Diogo; SANTOS, Laís. **Questão agrária, cooperação e agroecologia**. São Paulo: Outras Expressões, 2015.

RACHELLE, Izabel. **A força da mobilização consolidada no tempo**. Porto Alegre: FETAG-RS, 2003.

RAMOS FILHO, Eraldo da Silva; MITIDIERO JUNIOR, Marco Antonio; SANTOS, Lalany Rose Souza (org.). **Questão agrária e conflitos territoriais**. São Paulo: Outras Expressões, 2016.

RIBEIRO, Marlene. **Movimento camponês, trabalho, educação** – liberdade, autonomia, emancipação como princípios/fins da formação humana. São Paulo: Expressão Popular, 2013.

SILVA, Cícero da *et al.* (org.). **Educação do campo, artes e formação docente**. Palmas/TO: EDUFT, 2016.

SOUZA, Maria Antônia; BELTRAME, Sonia Aparecida Branco. Educação do campo, movimentos sociais e políticas públicas. *In*: MOLINA, Mônica Castagna. **Educação do campo e pesquisa II**: questões para reflexão. Brasília: MDA/MEC, 2010. p. 84-93.

SOUZA, Welliton José Cunha de. **MST a luta e a conquista da terra**: a experiência educativa do Assentamento Denis Gonçalves. Dissertação (Mestrado Acadêmico em Educação) – Universidade Federal de Juiz de Fora, Juiz de Fora, 2019.

STÉDILE, João Pedro; FERNANDES, Bernardo Mançano. **Brava gente** – a trajetória do MST e a luta pela terra no Brasil. São Paulo: Fund. Perseu Abramo, 1999.

THOMAZ JUNIOR, Antonio. Reestruturação produtiva do capital no campo, no século XXI e os desafios para o trabalho. **Pegada**, São Paulo, v. 5, n. 1, p. 9-30, nov. 2004 . Disponível em: https://revista.fct.unesp.br/index.php/pegada/article/view/1276. Acesso em: 28 jan. 2022.

INTERFERÊNCIAS DO MATOPIBA NOS ASSENTAMENTOS EM BURITICUPU-MA: REFLEXÕES SOBRE A (DES)CONSTRUÇÃO DA REFORMA AGRÁRIA E SUAS IMPLICAÇÕES PARA A EDUCAÇÃO

Flávio Pereira de Oliveira[86]
Márcia Alves da Silva[87]
Saulo Barros da Costa[88]

Debates iniciais sobre a questão agrária brasileira

O debate sobre a questão agrária no Brasil expressa a demarcação territorial de projetos em disputa, os quais foram implementados pela sociedade ao longo de processos históricos. Refletir acerca dessa categoria é, ao mesmo tempo, repensar o espaço agrário, suas expressões político-sociais, os sujeitos que o construíram e, também, o projeto de Brasil que temos e o que queremos construir.

À luz do exposto e considerando os limites deste trabalho, esta escrita materializa nosso olhar sobre a temática em tela, a qual tem como campo empírico de análise os assentamentos de Reforma Agrária em Buriticupu (MA), que demarca o território camponês como espaço geopolítico que abriga, em seu interior, dois campos: o campo camponês e o campo de agronegócio.

Para compreendermos a dinâmica da questão social camponesa, abordaremos, por um lado, as formas de produção da existência do camponês por meio da agricultura familiar e, por outro, a produção de mercadorias destinadas ao desenvolvimento econômico do agronegócio.

---

[86] Educador popular. Doutorando do Programa de Pós-Graduação em Educação da Universidade Federal de Pelotas (UFPel). Mestre em Educação do Campo e graduado em Pedagogia da Terra. Bolsista Capes, Brasil. Pesquisador do D'Generus: Núcleo de Pesquisas Feministas e de Gênero (CNPq). Docente do curso de Educação do Campo do Instituto Federal de Educação Ciência e Tecnologia do Pará. Correio eletrônico: flavio.oliveira@ifpa.edu.br.

[87] Doutora e mestre em Educação e socióloga. Líder do D'Generus: Núcleo de Pesquisas Feministas e de Gênero (CNPq). Docente do curso de Pedagogia e do Programa de Pós-Graduação em Educação da Universidade Federal de Pelotas (UFPel). Correio eletrônico: profa.marciaalves@gmail.com.

[88] Doutor e mestre em Geografia. Geógrafo. Líder do Grupo de pesquisa sobre Geografia, Territórios e Sociedades (CNPq). Assessor da Comissão Pastoral da Terra e da Teia de Povos e Comunidades Tradicionais do Maranhão. Docente da Universidade Federal do Maranhão, Bacabal-MA. Correio eletrônico: sauloungido@gmail.com.

Esta escrita descreve a realidade das comunidades assentadas em face às políticas públicas de reforma agrária, das quais se constituem os camponeses como sujeitos de direitos, bem como as formas, estratégias de organização e resistência dos camponeses diante das investidas do capital, tendo em vista a demarcação de seus territórios e sua soberania como povo constituído.

Nosso estudo investiga a influência do Matopiba em áreas de assentamento, em Buriticupu, bem como analisa as políticas públicas de fortalecimento da agricultura camponesa. Segundo dados da Empresa Brasileira de Pesquisa Agropecuária (Embrapa)[89], o acrônimo Matopiba é o resultado da junção das primeiras sílabas das iniciais dos estados do Maranhão, Tocantins, Piauí e Bahia. Designa uma área geográfica formada pela expansão de uma nova fronteira agrícola no Brasil. Trata- se de um projeto de desenvolvimento que tem por objetivo a modernização empresarial da agricultura, com incentivo da agroindústria, por meio dos empreendimentos de monoculturas, uso das tecnologias de ponta, geração de energia e implantação de infraestruturas necessárias à execução do projeto. Visa a potencializar a capacidade produtiva desses estados a fim de atender às exigências, demandas e necessidades do mercado.

Tomamos neste estudo a questão agrária como categoria que sustenta um conjunto de fatores e elementos conjunturais do campo, que abriga em sua espacialidade uma correlação de forças antagônicas de dois projetos de sociedade em disputa, quais sejam: o projeto da agricultura camponesa familiar e o projeto da agricultura de mercado.

O Plano de Desenvolvimento Agrário (PDA) do Matopiba adota uma concepção de território vinculada a uma questão meramente geográfica e econômica, reduzindo e esvaziando a dimensão política contida na terminologia. Para os sujeitos da agricultura camponesa, o sentido e a concepção de território se estendem para além de uma dimensão de espacialidade. Nesse sentido, dialogamos com as reflexões de Fernandes que, ao discorrer sobre o território, afirma:

> O *território camponês* é o *espaço de vida do camponês*. É o lugar ou os lugares onde uma enorme diversidade de culturas camponesas constrói sua *existência*. O *território camponês* é uma unidade de produção familiar e local de residência da família, que muitas vezes pode ser constituída de mais de uma família. Esse território é predominantemente agropecuário,

---

[89] Ver portal da Embrapa disponível em: https://www.embrapa.br/tema-matopiba/sobre-o-tema. Acesso em: 2 maio 2023.

e contribui com a maior parte da produção de alimentos saudáveis, consumidos principalmente pelas populações urbanas. (FERNANDES, 2012, p. 744).

Ainda, nessa mesma linha de análise, o autor ratifica que:

> Pode-se dizer, então, que o *território camponês* é uma unidade espacial, mas também é o desdobramento dessa unidade, caracterizada pelo modo de uso desse *espaço* que chamamos de *território*, por causa de uma questão essencial que é a razão de sua existência. A *unidade espacial* se transforma em *território camponês* quando compreendemos que a *relação social* que constrói esse *espaço* é o trabalho familiar, associativo, comunitário, cooperativo, para o qual a *reprodução da família* e da *comunidade* é fundamental. A prática dessa relação social assegura a existência do território camponês, que, por sua vez, promove a reprodução dessa relação social. (FERNANDES, 2012, p. 744).

Desta feita, vislumbra-se identificar no território camponês de Buriticupu, a partir das reais condições de vida dos assentados, em específico, os do Projeto de Assentamento do Estado (PE) Trilha 410, qual projeto de sociedade está se territorializando, no interior desse, considerando que, no projeto da agricultura camponesa, o campo é concebido como espaço de produção de vida, cultura, moradia, da relação com a natureza, e, por outro lado, no projeto de agricultura de mercado, o campo é delimitado como espaço para a produção e exploração dos recursos naturais, da mão de obra.

Dessa forma, o campo, como território geográfico e político, constitui-se como um território em disputa a partir dos projetos em referência. Assim, a luta dos sujeitos coletivos organizados em movimentos sociais do campo não se restringe ao território físico-geográfico, mas está para além disso e se estende à luta pela conquista do território político no campo das ideias.

Esse território político é embasado por um ideário de sociedade e adota, para tanto, uma concepção de educação específica e genuína às expressões da questão social do campo, a qual se constitui como a matriz político-pedagógica e que é, portanto, a base para o processo de ensino e aprendizagem e, assim sendo, a escolarização adquire uma função social específica, tendo como elemento fundamental a dialogicidade e significação prática na vida dos sujeitos do campo. Essa proposta educacional é intitulada Educação do Campo e tem adotado uma concepção crítica e emancipatória de ser humano, mundo e sociedade.

O Matopiba e as faces do capital no campo

Os assentamentos, como espaço de luta pela terra, constituem-se como territórios geopolíticos de produção e reprodução da classe trabalhadora camponesa. Em que pese sua natureza, o cenário vivenciado pelos assentados, no contexto de Buriticupu-MA, demonstra uma realidade distanciada daquela "assegurada" pelas políticas de Reforma Agrária e põe em evidência o fato de que as condições materiais de sobrevivência dos assentados revelam que essas políticas ou não estão sendo ofertadas e acessadas ou ainda não têm dialogado com as reais demandas e necessidades dos camponeses.

Dessa forma, buscamos problematizar o projeto de sociedade que está sendo construído na espacialidade dos assentamentos. E, ainda, problematizamos as formas de organização e resistência dos assentados diante da presença do capital, incluindo suas demandas e reivindicações.

Compreende-se que esse processo de modernização da agricultura, sobretudo, no estado do Maranhão, atende a uma política macro de implantação do agronegócio a serviço da agricultura capitalista: "[...] observe-se que agronegócio na acepção brasileira do termo é uma associação do grande capital agroindustrial com a grande propriedade fundiária" (DELGADO, 2010, p. 113).

O município de Buriticupu que, em sua extensão territorial, abriga 17 assentamentos de reforma agraria, é reflexo desse modelo de desenvolvimento no campo quando apresenta um cenário socioeconômico que revela ou denuncia quais políticas de governo estão sendo implantadas e, por meio dessas se delimita qual projeto está sendo territorializado na espacialidade do campo.

Observa-se que a ausência de políticas públicas de Estado, como educação, saúde, moradia, assistência técnica e financeira, entre outras, acabam por corroborar com o esvaziamento populacional do campo — êxodo rural — e fazem parte das estratégias de desterritorialização dos camponeses de suas terras, com anuência e atuação direta do Estado, com o objetivo de implantar o "progresso" e o "desenvolvimento", mas atrelado a um modelo de desenvolvimento que compreende o campo sem a presença da comunidade camponesa.

Para acelerar o desenvolvimento de mercado no campo maranhense, o Matopiba se constrói com a expressão de um conjunto de políticas *governamentais* para a modernização e desenvolvimento da agricultura nos limites dos estados do Maranhão, Tocantins, Piauí e Bahia. Trata-se de um megaprojeto que há décadas vem sendo implantado nesses estados com

A EDUCAÇÃO DO CAMPO COMO PROCESSO DE DISPUTA NO CONTEXTO DO CAPITAL

intencionalidades expressas de oxigenar o sistema capitalista por meio da agroindústria e da agricultura modernizada, vislumbrando à máxima produção para atender ao mercado externo, pois "[...] na verdade o Matopiba é o próprio agronegócio" (COSTA, 2015, p. 1).

Cumpre observar que o Matopiba, para além de sustentar um conjunto de interesses econômico e político da agricultura capitalista, constitui-se como uma terminologia que expressa uma realidade geográfica, caracterizada pelo avanço de uma fronteira agrícola baseada no uso de tecnologia de alta produtividade.

O projeto do Matopiba carrega em si o modelo de desenvolvimento pensado para o campo numa perspectiva linear de produtividade para o mercado. A espacialidade do Matopiba está localizada dentro de territórios geográficos e políticos constituídos e que abrigam vários povos de culturas e identidades distintas, dentre eles destacamos os quilombolas, indígenas, assentados, acampados ribeirinhos, constituindo grupos que adotam concepção de desenvolvimento em uma perspectiva contrária àquela adotada por esse empreendimento.

O desenvolvimento apregoado pelo Matopiba não está formatado em uma perspectiva de valorização das culturas existentes na espacialidade dos vários territórios, tampouco no sentido do fortalecimento do desenvolvimento rural sustentável, mas está calcado no entendimento de que o desenvolvimento está submetido ao mercado e, com isso, ao sistema capitalista de produção, já que na região predomina a existência de uma agricultura cuja produtividade é relativamente baixa e de rentabilidade econômica ínfima, segundo apontamentos da nota técnica de número 1 da Embrapa.

Segundo à referida nota:

> A caracterização territorial do Matopiba buscou incluir num território geograficamente coerente a dinâmica de expansão da agricultura moderna nessa região e do crescimento econômico decorrente, observados nas últimas décadas. (EMBRAPA, 2014. p. 9)[90].

Esse entendimento nos parece incoerente. Não se sustenta o objetivo central do Matopiba impresso no plano de Desenvolvimento Agropecuário do projeto, quando afirma que esse tem por finalidade: "[...] promover e coordenar políticas públicas voltadas ao desenvolvimento econômico sustentável fundado nas atividades agrícolas e pecuárias que resultem na melhoria da qualidade de vida da população" (BRASIL, 2015a, p. 1).

---

[90] Proposta de delimitação do MATOPIBA/Nota Técnica. Disponível em: https://www.embrapa.br/busca-de-publicacoes/-/publicacao/1037313/proposta-de-delimitacao-territorial-do-matopiba. Acesso em: 29 jun. 2021.

Pensamos que, se assim fosse, a demanda de sua delimitação territorial não teria surgido tão somente por iniciativa de órgãos do governo, mas sim em conjunto com segmentos da sociedade e, sobretudo, com os sujeitos coletivos existentes nos vários territórios camponeses que constituem a região da Matopiba. No Maranhão, segundo dados das notas técnicas da Embrapa, o Matopiba envolve 15 microrregiões englobando um quantitativo de 135 municípios diretamente e ocupando uma extensão territorial total de 23.982.346 ha.

No que tange às terras indígenas, constituem um total de 3 microrregiões, a do Alto Mearim e Grajaú somando uma área de 1.005.749 há, a região de Imperatriz, englobando um total de 561.199 há, e a do médio Mearim ainda em fase de estudo.

Em relação aos assentamentos de reforma agrária, o Matopiba envolve um total de 3.706.699 ha de terras. No Maranhão, o quadro se apresenta de forma expressiva e lidera o ranking do estado com maior número de assentamentos impactados por microrregião, sendo elas: Alto Mearim e Grajaú 620.509 há; em Caxias totalizando 148.674 há; já em Codó o número é de 133.429 há; Médio Mearim é de 106.235 há; Chapada das Mangabeiras 64.615 há; Chapadas do Alto Itapecuru soma 53.879 há; Chapadinha chega a 45.942 há; Chapadinha chega a 45.942 há; Porto Franco é de 30.837 há; Baixo Parnaíba maranhense 27.739 há; Presidente Dutra está na casa de 20.359 há; e Gerais de Balsas com 19.133 ha.

A leitura analítica que se depreende desse quadro aponta para uma preocupação central: em que medida os empreendimentos desse projeto impactarão, direta e indiretamente, as comunidades camponesas e até quando elas resistirão às investidas contra suas existências?

O município de Buriticupu, embora não esteja geograficamente dentro da delimitação territorial do Matopiba, apresenta uma conjuntura nas áreas de assentamento da reforma agrária que carece de uma análise mais aprofundada sobre os tipos de empreendimentos implantados nos últimos anos — se esses não teriam algum tipo de ligação com as finalidades do projeto implementado pelo Matopiba. Pois, curiosamente, existem áreas de assentamentos que anteriormente estavam sob o domínio dos trabalhadores rurais e a paisagem, que antes era configurada por plantios e moradias tem sido alterada, pois atualmente se visualizam grandes extensões de terras com plantio de soja, além da pecuária extensiva. A Figura 1, apresentada a seguir, confirma essa situação.

Figura 1 – Plantio de soja no Assentamento PE Buriti, Buriticupu-MA

Fonte: arquivo pessoal

Nos limites desta leitura, evidencia-se uma outra situação, que também precisa de uma atenção dispensada, a de que o avanço da agricultura de mercado está se dando em territórios genuínos à reforma agrária e, ainda, sendo assistida e sustentada pelo próprio Estado. Assim, questiona-se: qual o projeto de desenvolvimento para o campo que tem sido sustentado e para qual campo? O campo camponês ou o do agronegócio?

Dessa forma, percebemos o campo como um espaço de poder, ou seja, como um território que abriga uma disputa política que envolve dois projetos de sociedade no interior desse, ou seja, estamos nos referindo a um projeto de sociedade da agricultura camponesa e a um projeto de desenvolvimento econômico da agricultura de mercado.

A importância do movimento social camponês e da educação do campo

Quanto ao capitalismo no campo, Coutinho (2009) considera:

> Casa-se, assim, o capitalismo com a propriedade da terra. Com esse laço de união a terra é transformada em uma mercadoria para quem tem dinheiro e poder. É como se essa lei pudesse ser chamada da primeira cerca de arame farpado ou a primeira semente concreta para a constituição do campe-

sinato sem-terra e sem acesso às políticas públicas, entre as quais a política educacional. (COUTINHO, 2009, p. 397).

A autora propõe uma reflexão acerca de como a terra tem sido cada vez mais relegada a uma mera mercadoria, e quem tem dinheiro e poder acaba por determinar a função social que essa deverá sustentar e, ao passo que o latifúndio agrário se territorializa por meio da expropriação de terras genuínas à reforma agrária, e tenta destruir os territórios da agricultura camponesa, uma de suas investidas se relaciona com o fechamento de escolas no campo. A Figura 2 mostra essa realidade.

Figura 2 – Fechamento de escolas no Campo

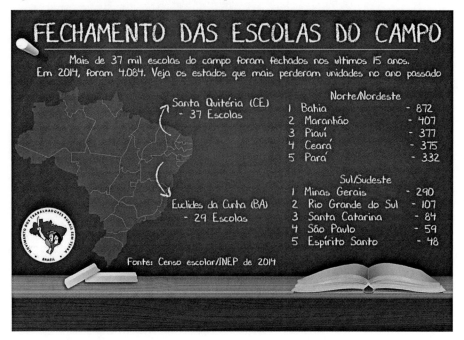

Fonte: Censo Escolar INEP (2014)

Observa-se no campo uma disputa entre dois projetos, o da agricultura camponesa — voltado para o desenvolvimento social do território em uma relação ecológica com o meio ambiente — e o do agronegócio — vinculado a um desenvolvimento econômico voltado ao metabolismo sistêmico do capital: "[...] estamos afirmando que o campesinato e o agronegócio produzem territórios distintos, de modo que temos dois campos: o campo camponês e o campo do agronegócio" (FERNANDES, 2008, p. 40); e o que se movimenta ao destruir o outro que, no caso específico do fechamento de escolas, opera na e para o desmonte do campo popular, para que se implemente o avanço extremado da propriedade privada da terra e dos territórios.

Esse contexto pode ser visualizado por meio das condições precarizadas das famílias camponesas; pelo êxodo rural — que se configura como uma política de higienização e "limpeza" demográfica; pela ausência do Estado na garantia das políticas públicas de reforma agrária — e esse toma posicionamento na medida em que adota uma concepção estatal de campo como um espaço geográfico que tende "naturalmente" ao desaparecimento e, por conta disso, não precisa de grandes investimentos em políticas estruturantes, bastando para tanto e por pouco tempo de políticas de natureza compensatórias de governo, dentre elas, uma educação de feição ruralizada.

Por outro lado, e como consequência desse contexto, ocorrem resistências por parte dos camponeses que vão forjar estratégias de lutas pela demarcação política de seus territórios e, para tanto, criam suas próprias organizações políticas — os Movimentos Sociais. Ou seja, saem de uma postura isolada e assumem uma identidade coletiva que busca construir o protagonismo com consciência política de classe em defesa de seu projeto de sociedade.

No contraponto do projeto de campo como mercadoria, os camponeses compreendem a lógica do campo como espaço de produção e reprodução da vida dos sujeitos que o constituem. Dessa forma, os povos que dão vida ao campo alimentam uma concepção de desenvolvimento que dialoga com a produção das condições de suas existências sem, com isso, destruir a natureza e sua biodiversidade.

Os empreendimentos do Matopiba, com a chamada modernização da agricultura, agroindústria e tecnologias de infraestrutura, bem como geração de energia que envolverá, de forma direta, territórios de vários povos e comunidades, certamente apresentam uma ameaça às formas de vida de famílias que ocupam esses territórios há várias gerações.

O PDA (Plano de Desenvolvimento Agropecuário) do Matopiba, instituído via Decreto presidencial número 8447 de 2015, que legaliza o processo de destruição da biodiversidade do Cerrado brasileiro, incluindo povos e comunidades tradicionais em prol de um desenvolvimento econômico atrelado ao capital, ao referir-se sobre as categorias existentes — indígenas, quilombolas, assentados e outros —, o faz em uma tônica de esvaziamento desses grupos, pois em nenhum momento se percebe preocupação quanto ao desenvolvimento social e à qualidade de vida dos grupos genuínos dos territórios impactados. Esse empreendimento não tem dialogado com as demandas dos povos e comunidades tradicionais que serão atingidos mais violentamente, o que torna oportuno o seguinte questionamento: a realidade agrária que constitui o cenário da espacialidade de Matopiba contribuirá para consolidar qual projeto de campo brasileiro?

A resposta dos movimentos sociais do campo

Mesmo com essa forte investida, intencional e institucional por parte dos governos — por intermédio das políticas de desenvolvimento para o campo — contra a existência dos camponeses, esses, na luta por demarcar seus territórios, têm buscado construir estratégias de resistências e de enfrentamento a esse modelo predador de pensar o campo, inserido na lógica da produção de mercadorias. Uma das formas que se pode evidenciar acentua-se na aglutinação das forças dos movimentos sociais do campo, bem como entidades e organizações que têm se debruçado em torno de reflexões e debates desse projeto. Esses movimentos têm se constituído em vários espaços de naturezas diversas, com a execução de simpósios, seminários, encontros regionais, entre outros momentos, com o intuito de aprofundar o debate acerca do projeto de sociedade em disputa no campo e, nesse movimento, os camponeses estão na busca de firmar sua soberania política diante dos seus territórios.

O desenvolvimento do Matopiba, no entendimento dos camponeses e dos educadores populares do campo, opera na geração e intensificação de um quadro de extrema violência que pode ser visualizado na expropriação de terras, na precarização do trabalho, na exploração dos recursos naturais e da biodiversidade e, sobretudo, nas péssimas condições de vida das comunidades e povos desses territórios.

À luz disso, em novembro de 2015 foi realizado o Primeiro Encontro Regional de Povos e Comunidades do Cerrado, com intuito de refletir sobre o Matopiba e as consequências desse projeto para o bioma amazônico e o Cerrado e sua diversidade de povos e culturas. Na ocasião, os estados discutiram problemáticas específicas que esse projeto fabrica às comunidades e aos territórios. O Piauí abordou como o Matopiba está relacionado com a questão da grilagem de terras; já o estado da Bahia propôs para o debate as monoculturas e seus impactos; o Estado do Tocantins apresentou como tais monoculturas têm sido uma constante na alteração da paisagem do território camponês e refletiu sobre os impactos causados pela instalação dos projetos de infraestrutura; o Maranhão, por sua vez, considerou como esses têm impactos junto às comunidades e povos. "O PDA Matopiba não representa desenvolvimento, pois atinge os modos de vida das comunidades do Cerrado" (CPT, 2015, p. 1).

Essas políticas têm contribuído para intensificar a precarização da vida no campo e, sobretudo, para a desmobilização e despolitização dos assentados, o que facilita a agricultura de mercado, uma vez que políticas, quando ofertadas, são políticas contra a reforma agrária.

Esse recorte perverso e intencionalmente produzido nos faz recordar as análises de Oliveira (2001), que, ao discorrer sobre a concentração de terras, afirma:

> A lógica contraditória é uma só: o desenvolvimento capitalista que concentra a terra, concomitantemente, empurra uma parcela cada vez maior da população para as áreas urbanas, gerando nas mesmas uma massa cada vez maior de pobres e miseráveis. Certamente, a maioria dos filhos dos camponeses, cuja propriedade tenham superfície inferior a 10 hectares, jamais terão condições de se tornar camponês nas terras dos pais. A eles caberá apenas um caminho: a estrada. A estrada que os levará à cidade, ou a estrada que os levará à luta pela reconquista da terra. (OLIVEIRA, 2001, p. 185-186).

A realidade que se apresenta no interior dos assentamentos em Buriticupu- Maranhão, ratifica as reflexões de Oliveira (2001) e denuncia o estado de abandono dos assentamentos por parte do Estado, que possui a responsabilidade institucional de prover e garantir as condições estruturais, por meio de políticas públicas de Reforma Agrária, para que, dessa forma, os camponeses possam produzir suas existências material e imaterial. Entende-se que, quando o Estado se faz ausente dessas responsabilidades, está, na verdade, operando na direção do projeto de campo da agricultura de mercado.

As políticas adotadas para o campo, sobretudo nos últimos anos, delimitam o tipo de desenvolvimento pensado para esse espaço e a quem se destina, e põem em questão o projeto de Reforma Agrária adotada pelo governo, que, na maioria das vezes, se limita na distribuição de terras. "O agronegócio é um novo tipo de latifúndio e ainda mais amplo, agora não concentra e domina apenas a terra, mas também a tecnologia de produção e as políticas de desenvolvimento" (FERNANDES, 2004, p. 1).

Considerações finais

O retrato político e social dos assentamentos permite considerar, à luz das reflexões realizadas, a relevância do debate acerca da questão agrária no Brasil que figura ser urgente e atual, pois o espaço agrário e as políticas públicas de fomento ao "desenvolvimento" do campo — e não no campo — têm sido, de maneira expressiva, as de consolidação do agronegócio. O Matopiba representa esse elemento novo (velho) da questão agrária e de ameaça aos direitos dos camponeses, povos e comunidades tradicionais nesses quatro estados e ainda diretamente aos assentamentos do município de Buritutupu-MA, com incidências operante na descampesinização, em ameaças à sua autonomia e soberania, e ainda no desmantelamento dos processos políticos de luta pela terra e reforma agrária. No interior disso, estão os desmontes de direitos, dentre eles a negação da escola aos camponeses e a flexibilização de leis e marcos regulatórios para abrir passagem à estrutura fundiária em favor do agronegócio.

Essa consideração aponta para o projeto de campo da agricultura de mercado como a possibilidade única de pensar o campo do ponto de vista, tão somente, do desenvolvimento econômico ao passo que o projeto de campo, no entendimento de seus sujeitos, ancora, no desenvolvimento social da vida e na soberania de todos os povos do campo e da cidade, pois sabemos que a agricultura familiar camponesa tem demonstrado que é a responsável maior pela produção de alimentos para o consumo humano.

Pensar um outro projeto de sociedade para o Brasil perpassa por repensar e redesenhar a estrutura fundiária desse país e, a partir de agora, abrimos o debate para apontar as contradições e os desafios trazidos pela pandemia da Covid-19, entendida como uma crise, cujo embrião nascedouro, se ancora dentro da crise sistêmica do capitalismo expatriado e sem fronteiras que condiciona uma grande parcela da "humanidade" — ao redor do mundo — a experimentar alguns de seus produtos: fome, miséria, violência e morte. Concordamos com Virgínia Fontes (YOUTUBE), quando afirma que não vivemos apenas a crise do coronavírus, mas a crise do capitalismo. Continuemos, pois, o debate transgressor, decolonial, não patriarcal e anti--capitalista para pensar nossa existência para além do capital.

Entendemos que essa proposta de educação contra-hegemônica movimenta o campo na medida da dimensão de práxis político-pedagógica das lutas dos movimentos sociais camponeses e que esses, ao fazerem os enfrentamentos políticos contra o agronegócio em defesa do campo como um território de vida, fazem-no em uma relação que articula a educação com o projeto de sociedade — tendo como embrião nascedouro suas práticas de vida de onde os conhecimentos são advindos de saberes e práticas. Essa proposta inscreve-se como conteúdo e forma para processos de escolarização que venham a constituir significação prática aos modos de existir e ser no mundo. Logo, estamos nos referindo a uma educação que não se separa da vida, mas emerge do seu interior.

Referências

BRASIL. **Decreto nº 8.447 de 6 de maio de 2015**. Plano de Desenvolvimento Agropecuário do MATOPIBA e a criação de seu Comitê Gestor, 2015. Disponível em: www.planalto.gov.br/ccivil_03/_Ato2015-2018/2015/Decreto/D8447.htm. Acesso em: 29 de jun. 2023.

CANUTO, Antônio; LUZ, Cássia Regina da Silva; LAZZARIN, Flávio (org.). **Conflitos no campo** – Brasil 2012. Goiânia: CPT Nacional, 2013.

COUTINHO, Adelaide Ferreira; NASCIMENTO, Rita de Cássia Gomes Nascimento; RODRIGUES, Sávio José Dias. Os movimentos sociais e a educação do campo: as conquistas da luta ante a ofensiva do agronegócio. *In*: SAMPAIO, José Levi Furtado *et al*. (org.). **Espaços, natureza e resistências camponesas no Nordeste**. Fortaleza: Edições UFC, p. 201-221, 2014.

CPT *et al*. Carta aberta à Sociedade Brasileira e à Presidência da República e ao Congresso Nacional sobre a destruição do Cerrado pelo MATOPIBA. **CPT Nacional**, Araguaína, 25 nov. 2015. Disponível em: https://www.cptnacional. org.br/index.php/publicacoes/noticias/articulacao-cpt-s-do-cerrado/3001-carta-aberta-a-sociedade-brasileira-e-a-presidencia-da-republica-e-ao-congresso-nacional-sobre-a-destruicao-do-cerrado-pelo-matopiba. Acesso em: 9 jun. 2021.

COSTA, Saulo Barros da. A (não) reforma agrária desenvolvimentista do Matopiba no Maranhão. **CPT Nacional**, [*S.l.*], 05 nov. 2015. Disponível em: https://www. cptnacional.org.br/publicacoes/noticias/articulacao-cpt-s-do-cerrado/2954-a-nao-reforma-agraria-desenvolvimentista-do-matopiba-no-maranhao. Acesso em: 26 jan. 2022.

COUTINHO, Adelaide Ferreira. As políticas educacionais do estado brasileiro ou de como negaram a educação escolar ao homem e a mulher do campo – um percurso histórico. **Eccos**, São Paulo, v. 11, n. 2, p. 393-412, jul./dez. 2009.

CRISE DO coronavírus ou crise do capitalismo. [*S.l.: s. n.*], 2020. 1 vídeo (20 min). Publicado pelo canal TV Boitempo. Disponível em: https://www.youtube.com/watch?v=YvwS9oAyhUU. Acesso em: 3 mar. 2021.

DELGADO, Guilherme Costa. Especialização primária como limite ao desenvolvimento. **Desenvolvimento em debate**, v. 1, n. 2, p. 111-125, 2010.

DELGADO, Guilherme. A questão agrária no Brasil, 1950 –2003. *In*: RAMOS FILHO, Luiz Octávio; ALY JÚNIOR, Osvaldo (org.). **Questão agrária no Brasil**: perspectiva histórica e configuração atual. São Paulo: INCRA, 2005.

EMBRAPA. **Nota Técnica 1**: proposta de delimitação do Matopiba. Campinas, São Paulo, 2014.

FERNANDES, Bernardo Mançano. Território camponês (verbete). *In*: CALDART, Roseli Salete *et al*. **Dicionário da educação do campo**. São Paulo: Expressão Popular, 2012.

FERNANDES, Bernardo Mançano. Educação do campo e território camponês no Brasil. *In*: FERNANDES, Bernardo Mançano, SANTOS, Clarice Aparecida dos. **Educação do campo**: campo, políticas públicas e educação. Brasília: Incra; MDA, 2008.

GONÇALVES, Paulo Rogério. Os quilombolas do Tocantins e as pressões dos agronegócios. **Território, Cultura**, p. 114, 2019.

MST. **Fechamento de escolas no campo**. Disponível em: https://mst.org.br/2019/11/28/80-mil-escolas-fechadas-no-campo-brasileiro-em-21-anos/#:~:text=No%20ano%20de%202011%2C%20o,campo%2C%20entre%202002%20e%202010. Acesso em: 8 set. 2019.

OLIVEIRA, Ariovaldo Umbelino de. A longa marcha do campesinato brasileiro: movimentos sociais, conflitos e Reforma Agrária. **Estudos avançados**, São Paulo, v. 15, p. 185-206, 2001.

DISPUTA POR UMA EDUCAÇÃO DO CAMPO: UMA ANÁLISE DA TRAJETÓRIA DO PROGRAMA NACIONAL DE EDUCAÇÃO NA REFORMA AGRÁRIA

Hete Teixeira Leal[91]
Tatyanne Gomes Marques[92]
Lisângela Silva Lima[93]
Ricardo Alexandre Castro[94]

Introdução

No decorrer deste estudo, analisamos o Pronera como uma política pública de educação do campo. O debate apresenta relevância pelo fato de que a educação deveria ser pensada como meio de emancipação para a classe trabalhadora, mas tem sido historicamente utilizada na perspectiva de perpetuação de diferenças sociais existentes numa sociedade marcada por interesses antagônicos, traço acentuado e característico de uma sociedade capitalista.

Para compreender o conceito de políticas públicas, trabalhamos com a ideia de Frigotto, (2009, p. 69): "[...] são políticas não universais e que atingem grupos específicos, vítimas das relações sociais de produção". Dessa maneira, as políticas públicas retratam as contradições de uma sociedade de classes, entretanto, mais que uma simples regulamentação de um serviço público, representa uma resposta às demandas específicas pautadas por determinados grupos.

Ao fazermos uma análise histórica da educação brasileira, seja qual for sua modalidade, é possível perceber que essa sempre esteve pautada em uma

---

[91] Membro do Grupo de Estudos e Pesquisas em Movimentos Sociais e Educação do Campo e da Cidade (GEPEMDECC/Uesb). Correio eletrônico: hete.leal@hotmail.com.

[92] Professora no Departamento de Educação (DEDC), campi XII, da Universidade do Estado da Bahia (Uneb) e no Programa de Pós-Graduação em Educação (PPGEd) da Uesb. Doutora em Educação pela FaE/UFMG; pesquisadora do Nepe (Uneb/Uesb). Correio eletrônico: tmarques@uneb.br.

[93] Professora efetiva da rede municipal de Itabuna-Bahia. Mestra em Educação pela Universidade Estadual de Santa Cruz (Uesc). Especialista em Educação de Jovens e Adultos pela Uesc. Especialista em Gestão Escolar pela Faculdade Vasco da Gama. Integrante do Grupo de Estudos e Pesquisas Movimentos Sociais, Diversidade e Educação do Campo e da Cidade (GEPEMDECC/Uesb). Correio eletrônico: lisangelalivre@hotmail.com.

[94] Membro do Grupo de Pesquisa Movimentos Sociais, Diversidade, Educação do Campo e da Cidade (GEPEM-DECC/Uesb). Correio eletrônico: ricardoacastro@me.com.

base de desigualdade, com prerrogativas direcionadas à classe dominante. Até as primeiras décadas do século XX, a escolarização ainda era um privilégio de poucos. Os próprios textos constitucionais eram omissos quanto ao assunto, já que, somente na Constituição da Segunda República, em 1934, pela primeira vez, por exemplo, é feita menção à educação rural, idealizada a partir do modelo de dominação latifundiária. Essa realidade reflete o modelo de uma sociedade construída com bases ideológicas do sistema capitalista.

Quando esse cenário é observado pela ótica do povo do campo, nota-se, em um primeiro momento, o desinteresse por parte do Estado de escolarizar essa população específica, com a justificativa da não necessidade em razão da realização de um trabalho essencialmente manual, com foco no agronegócio exportador (CALAZANS, 1993; LEITE, 1999; ANTUNES-ROCHA, 2012).

Com a busca de modernização do campo, surge a pauta da educação rural estruturalmente pensada para o fortalecimento dos grandes latifúndios, com a formação de mão de obra para trabalhar com maquinário e tecnologia voltados para o aumento da produção[95]. Essa educação ainda é marcada por uma metodologia tradicional pensada por colonizadores europeus, com o objetivo de "fixar o homem no campo", gerando um processo de migração do povo do campo para as cidades (SANTOS, 2012).

Segundo Santos (2012), foi o setor de Educação do MST, em conjunto com outros movimentos sociais, que deu início ao debate em nível nacional sobre a Educação do Campo, pensada como uma modalidade de educação voltada para os povos do campo. Uma educação, portanto, que levasse em consideração sua cultura, costumes e valores.

Para Caldart (2002), quando se fala em educação do campo, essa reflete uma prática pedagógica construída a partir das inúmeras ações desenvolvidas por sujeitos que vivem no campo. Trata-se de considerar o campo como espaço produtor de pedagogias, de construir um projeto amplo de educação que a vincule a outras lutas sociais, conscientizando a população camponesa da sua inserção no contexto econômico social do qual faz parte. Destaca-se nesse projeto a educação com seu papel na transformação da realidade, já que é inviável educar o indivíduo sem alterar as condições estruturais que o desumanizam.

---

[95] O progresso do capitalismo no campo brasileiro esteve baseado em três pilares fundamentais que o sustentam, a saber: o primeiro é estar pautado em um desenvolvimento desigual, tanto no que se refere aos produtos agrícolas quanto nas diferentes regiões; o segundo é o processo constante de expulsão dos camponeses para as cidades; e, por fim, um modelo de agricultura que perpassa pela reprodução das relações sociais de produção que estruturalmente estão subordinadas à perspectiva do capital.

Ao dialogarmos com as falas de Santos (2012) e Caldart (2002), vale registrar que os movimentos sociais, ao reivindicarem uma educação do campo, engajam-se em uma luta muito mais ampla, que vem a ser a busca pela representatividade, pelo lugar de fala do camponês na idealização, no planejamento e na execução de suas políticas. Essa perspectiva vai de encontro aos históricos programas impostos de maneira verticalizada, construídos em gabinetes, por indivíduos que desconhecem a realidade campesina.

O Pronera, então, é fruto desta reivindicação dos movimentos sociais e sindicais do campo para o fortalecimento das áreas de Reforma Agrária, com o objetivo de promover a justiça social no campo por meio da democratização do acesso à educação em todas as suas modalidades, fazendo o contraponto ao projeto de educação do sistema capitalista, que é percebida como uma prática destinada exclusivamente para o trabalho. Nesse sentido, educar tem se restringido a fornecer conhecimentos técnicos essenciais para a capacitação de mão de obra apenas para manuseio de maquinário e reprodução do sistema e de interesses das classes dominantes. Dessa maneira, o operariado figura na sociedade de classes como uma mera peça no processo de acumulação do capital.

Nessa linha, Ball (2014, p. 222) discute:

> [...] na interface entre a política educacional e o neoliberalismo, o dinheiro está em toda a parte. Como indiquei, a própria política é agora comprada e vendida, é mercadoria e oportunidade de lucro, há um mercado global crescente de ideias de políticas. O trabalho com políticas está também cada vez mais sendo terceirizado para organizações com fins lucrativos, que trazem suas habilidades, seus discursos e suas sensibilidades para o campo da política, por uma taxa honorária ou por um contrato com o Estado.

A educação na perspectiva capitalista é tratada como mercadoria e trabalha para que haja grandes cortes de orçamento público, baseada na lógica de que "tudo tem preço" e pode ser vendido/comprado. Consoante ao enfraquecimento e desmobilização do ensino público, percebemos o crescimento da educação privada aliada ao bombardeio midiático de incentivo ao consumo. É exatamente por esse motivo que é preciso pensar a educação do ponto de vista da luta pela emancipação, como questiona Mészáros (2004, p. 17):

> Para que serve o sistema educacional — mais ainda, quando público —, se não for para lutar contra a alienação? Para ajudar

> a decifrar os enigmas do mundo, sobretudo o do estranha-
> mento de um mundo produzido pelos próprios homens?

Nesse sentido, a educação precisa ser uma alternativa contra-hege-mônica à ordem posta, contribuir e fazer o contraponto com o processo de exploração, dominação e opressão para superar o capital, não somente no campo educacional, mas, sobretudo, na sociedade como um todo. Ou seja, educar para desalienar.

Percurso metodológico

A metodologia utilizada para realizar este estudo foi a pesquisa biblio-gráfica. Nesta pesquisa, investigamos a trajetória do Programa Nacional de Educação na Reforma Agrária (Pronera) como uma política pública de educação do campo desenvolvida no âmbito do Ministério do Desenvol-vimento Agrário (MDA).

A pesquisa bibliográfica é desenvolvida a partir do material já elabo-rado e, assim, possibilita tecer estudos sobre o tema. Para utilizar as fontes bibliográficas, é necessário buscar um método que vá além do papel ins-trumental, ou seja, um método que dê o caminho para o desenvolvimento concreto da investigação. Severino (2007, p. 122) nos diz que:

> A pesquisa bibliográfica é aquela que se realiza a partir do registro disponível, decorrente de pesquisas anteriores, em documento impressos, como livros, artigos, teses etc. Uti-liza-se de dados ou de categorias teóricas já trabalhados por outros pesquisadores e devidamente registrados. Os textos tornam-se fontes dos temas a serem pesquisados. O pesquisador trabalha a partir das contribuições dos autores dos estudos analíticos constantes dos textos.

Para este estudo, foram analisados um dossiê e alguns artigos publi-cados sobre o tema desta pesquisa que nos possibilitaram realizar a análise do contexto do Pronera, com vistas a identificar e investigar conceitos, con-cepções e características que revelam a importância das políticas públicas para a formação dos sujeitos da Educação do Campo.

Para o estudo das bases legais que fundamentam o Pronera, consul-tamos *websites* oficiais e leis que normatizam a referida política em questão. Realizamos ainda a análise dos documentos (resoluções, leis, pareceres, referenciais, diretrizes, entre outros) que demonstram a importância das políticas públicas para a Educação do Campo.

O Pronera: da sua implementação às tentativas de golpes e extinção do programa

Nas últimas décadas, no Brasil, percebemos cada vez mais crescente a presença dos sujeitos do campo na cena política e cultural do país. O Pronera nasce desse processo, com as organizações representativas dos povos do campo na busca de incidir sobre a educação a formação técnica, cultural e política para o reconhecimento dos projetos educacionais, que estão postos em uma sociedade marcada pelo embate de classes.

Segundo informações levantadas no site do Incra, o programa nasce em julho de 1997, em razão da realização do I Encontro Nacional das Educadoras e Educadores da Reforma Agrária (Enera), fruto de uma parceria entre o Grupo de Trabalho de Apoio à Reforma Agrária da Universidade de Brasília (GT-RA/UnB), o Movimento dos Trabalhadores Rurais Sem Terra (MST), o Fundo das Nações Unidas para a Infância (UNICEF) e a Conferência Nacional dos Bispos do Brasil (CNBB). Em outubro desse mesmo ano, a Universidade Estadual Paulista (Unesp), Universidade de Brasília (UnB), Universidade Federal do Rio Grande do Sul (UFRGS), Universidade do Vale do Rio dos Sinos (Unisinos), Universidade Federal de Sergipe (UFSE) e a Universidade do Sul de Santa Catarina (Unisul) reuniram-se com o objetivo de discutir a participação das Instituições de Ensino Superior no processo educativo nas áreas de Reforma Agrária. Identificou-se, naquele momento, a alfabetização de jovens e adultos como modalidade prioritária, haja vista o alto índice de analfabetismo entre o público-alvo.

No ano seguinte, em 1998, o então Ministro Extraordinário de Política Fundiária, Raul Jungmann, assina a Portaria n.º 10 de 16 de abril de 1998, que criou o Programa Nacional de Educação na Reforma Agrária (Pronera), com destaque para o objetivo de fortalecer a educação nas áreas de Reforma Agrária, utilizando metodologias específicas que contribuíssem para o desenvolvimento sustentável do campo.

A supracitada portaria ainda aprova o primeiro Manual de Operações do Pronera, documento responsável por compilar as orientações pedagógicas, fundamentação legal, princípios e objetivos do programa, delimitar os beneficiários, bem como definir as normas de elaboração, apresentação e operacionalização dos projetos. Em 2001, a direção executiva do Pronera é atrelada ao Incra. Segundo o Manual de Operações:

> O Programa Nacional de Educação na Reforma Agrária (Pronera) é uma política pública de Educação do Campo, desenvolvida nas áreas de reforma agrária e executada pelo Ministério do Desenvolvimento Agrário (MDA), por meio do Instituto Nacional de Colonização e Reforma Agrária - Incra. Seu objetivo é fortalecer o meio rural enquanto território de vida em todas as suas dimensões: econômicas, sociais, políticas, culturais e éticas. (BRASIL, 2016, p. 8).

O Pronera é fruto da luta dos movimentos sociais e sindicais do campo e percebe a educação como "[...] instrumento público para viabilizar a implementação de novos padrões de relações sociais no trabalho, na organização do território e nas relações com a natureza nas áreas de reforma agrária" (BRASIL, 2016, p. 7).

São objetivos do programa, segundo seu Manual de Operações:

> I. Oferecer educação formal aos jovens e adultos beneficiários do II Plano Nacional de Reforma Agrária (PNRA), nos níveis de ensino básico, superior e pós-graduação, Residência Agrária, e áreas do conhecimento ofertados em regime de alternância e nas modalidades de jovens e adultos e Educação do Campo;
>
> II. Assegurar as condições de acesso à educação pública aos integrantes do II PNRA; e
>
> III. Proporcionar melhorias no desenvolvimento dos assentamentos rurais por meio da formação educacional e qualificação do público do PNRA e dos profissionais que desenvolvem atividades educacionais e técnicas nos assentamentos. (BRASIL, 2016, p. 7).

Para seu pleno desenvolvimento, o Pronera se baseia na relação entre educação e desenvolvimento territorial sustentável. Destaca essa junção como condição essencial para construir uma educação pautada na busca pela qualidade do modo de vida do camponês. Nessa perspectiva, entre suas premissas estão: democratização do acesso à educação, inclusão, participação, interação, multiplicação e parceria.

Ao ter entre suas premissas a gestão democrática e o trabalho baseado na parceria entre poder público e sociedade civil, os princípios e pressupostos políticos pedagógicos envolvem categorias orientadoras para a garantia do bom desenvolvimento do trabalho coletivo e desenvolvimento das áreas de reforma agrária. Segundo o Manual de Operações do Pronera de 2016, são elas:

a) **Diálogo:** uma dinâmica de aprendizagem-ensino que assegure o respeito à cultura do grupo, a valorização dos diferentes saberes e a produção coletiva do conhecimento. **b) Práxis:** um processo educativo que tenha por base o movimento ação-reflexão-ação e a perspectiva de transformação da realidade; uma dinâmica de aprendizagem-ensino que ao mesmo tempo valorize e provoque o envolvimento dos educandos, educadores e técnicos em ações sociais concretas, e ajude na interpretação crítica e no aprofundamento teórico necessário a uma atuação transformadora. **c) Transdisciplinaridade:** um processo educativo que contribua para a articulação de todos os conteúdos e saberes locais, regionais e globais garantindo livre trânsito entre o campo de saber formal e dos saberes oriundos da prática social do campesinato. É importante que nas práticas educativas os sujeitos identifiquem as suas necessidades e potencialidades e busquem estabelecer relações que contemplem a diversidade do campo em todos os seus aspectos valorativos: sociais, culturais, políticos, econômicos, de gênero, geração e etnia e religioso. **d) Equidade:** o Pronera poderá estabelecer diretrizes próprias para a articulação das suas demandas com as demais políticas públicas federais, estaduais e municipais e de parceiros reconhecidamente responsáveis por políticas sociais, que façam o diálogo entre educação, inclusão social, desenvolvimento e redução regional das desigualdades e a garantia da 17 inserção de uma educação não sexista com a promoção da igualdade de gênero. (BRASIL, 2016, p. 16).

Ao longo dos seus mais de 20 anos de existência, o Pronera se solidificou como uma política pública fortalecida pelo protagonismo da população do campo. Até o momento da sua criação, não havia memória, na história do Brasil, de camponeses protagonizando uma política pública de educação do campo centrada na articulação de diversos sujeitos, tanto representantes do Estado quanto da sociedade civil organizada.

A articulação, baseada no tripé: movimentos sociais, instituições de ensino e Incra, fez com que o Pronera fosse pensado com um elemento que o tornasse diferente das outras políticas públicas, a saber: a articulação dos movimentos sociais e sindicais. Esse aspecto fortalece o protagonismo dos povos oriundos do campo na constituição dessa política. Nesse sentido, um dos grandes indicativos da descontinuidade do programa é exatamente a criminalização dos movimentos sociais e o esvaziamento dos espaços consultivos e deliberativos.

Conforme Molina (2018, p. 37) afirma:

> Não havia ainda na história deste país dos camponeses e camponesas protagonizando uma política pública de Educação. O Pronera nasce do sangue dos Trabalhadores e das Trabalhadoras rurais, do massacre de Eldorado dos Carajás, da sequência de lutas e do acumulo de forças que foi se constituindo a partir daquela correlação de forças, como as três marchas chegando à Brasília. Tudo isso vai forjando as características de uma política pública que também nunca havia sido vista antes em nosso país, com uma característica fundamental que esta articulação entre três sujeitos de territórios diferenciados, mas que materializam uma nova política pública, o Pronera, uma nova ação do Estado que articula na sua essência, os movimentos sociais, os movimentos sindicais, o corpo dos servidores do INCRA e as Universidades.

De acordo com dados do site do Movimento dos Trabalhadores Rurais Sem Terra, o Pronera foi responsável pela escolarização de 167 mil alunos na modalidade de Educação de Jovens e Adultos, 5.300 alunos em cursos superiores e outros 9 mil no ensino médio tradicional de camponeses e camponesas dentro dos 27 estados da Federação Brasileira.

Em 2008, o Pronera sofre uma primeira investida, quando o Tribunal de Contas da União (TCU), por meio do Acórdão 2.653\08, proíbe o programa de firmar novos convênios. Após muita articulação e um abaixo-assinado entregue ao TCU com mais de 100 assinaturas de docentes de universidades federais e estaduais, servidores públicos e diversas representações de movimentos sociais e sindicais, um novo Acórdão do TCU n.º 3.269\2010 autoriza o programa a realizar novos convênios, com a condicionante de elaboração e aprovação de um novo Manual de Operações.

Entre os anos de 2008 e 2010, um período de impossibilidade de celebrar novas parcerias representou para o Pronera uma série de prejuízos, entre eles os financeiros. Para melhor salientar, foi exatamente no ano de 2008 que, antes do Acórdão que impediu novos convênios, foi aprovado o maior orçamento até então já destinado ao programa, um montante de R$ 70.920,000,00. Dois anos depois, o recurso previsto para ser aplicado no Pronera sofre um grande corte e, no ano de 2010, o valor destinado foi de R$ 27.800.000,00. Como podem ser observados a seguir, os cortes orçamentários passaram a ser constantes.

Gráfico 1 – Orçamento do Pronera de 2008 a 2018

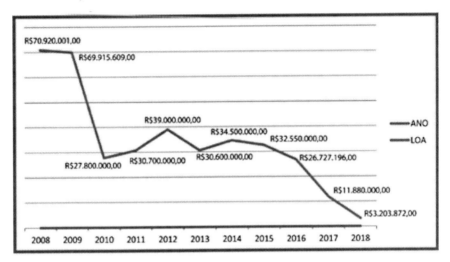

Fonte: elaborado por Melo, Conceição Coutinho, Waquil (2018)

Em 2016 quando, por meio de um golpe parlamentar midiático, Michel Temer assume o poder, já é possível perceber o início de um processo de desestruturação e desmobilização de importantes espaços do governo responsáveis por políticas sociais. Nesse mesmo ano, o Incra passa a deixar de reunir a Comissão Pedagógica Nacional, importante órgão deliberativo do programa.

Com a eleição do presidente Jair Bolsonaro, o cenário se agrava e aprova-se o Decreto n.º 9759, de 11 de abril de 2019. Esse decreto extingue todos os conselhos, comissões e outros mecanismos de participação social no governo. Nessa reorganização administrativa, é extinta a coordenação responsável pela Educação do Campo. Dessa forma, compromete-se a continuidade do Pronera.

Os movimentos sociais, ao denunciarem a extinção de uma política da envergadura do Pronera, por meio de documentos e atos políticos, trazem ao cenário o debate sobre o que há de mais perverso nesse processo: o direito à educação que vem sendo negado à população trabalhadora do campo. Nessa lógica, o que vem sendo demandado é um projeto de educação pautada na história de luta da resistência camponesa, indígena, negra no país, que tenha seus valores políticos, sociais e culturais considerados — realidade contrária ao projeto capitalista e à lógica patronal.

O projeto societário em vigência, a partir de 2019, é ainda mais excludente e focado nas relações mercantis e na lógica da gestão empresarial nas instituições públicas. Delineia-se um Estado a serviço dos interesses do capital e uma sociedade marcada pela ampliação da desigualdade social (SANTOS; NUNES, 2020).

Nesse sentido, todo esse projeto faz parte de um pacote com instrumentos de ataques do governo aos movimentos populares do campo. Ele se apresenta como um projeto político a serviço do capital, de extinção da população rural, com vistas à manutenção e concentração da propriedade privada e de terras para o agronegócio. Assim, a educação volta a ser um direito de poucos, pautada por um projeto pedagógico pensado pela elite, obstinada na dominação do espaço de conhecimento e consequentemente nos espaços de poder.

Sobre o processo de negação da educação do campo e a construção de políticas públicas, Santos e Nunes (2020, p. 13) salientam:

> O Estado, no processo de construção de políticas públicas, tem uma perspectiva de mediação conciliadora nas gestões de Lula e Dilma, porém, nas gestões de Temer e Bolsonaro, a presença da vertente empresarial está consolidada, com práticas voltadas para negação e invisibilização das críticas, demandas e proposições dos coletivos da classe trabalhadora para a educação. A Educação do Campo tem sido negada de modo expresso a partir de 2016, com extinção da Secretaria de Educação Continuada, Alfabetização, Diversidade e Inclusão (SECADI), da Coordenação de Educação do Campo e da interrupção de financiamentos para a formação de educadoras e educadores do campo.

Por fim, nota-se que a escalada da extrema direita passa por uma aliança a nível mundial com potências dominantes, em especial os Estados Unidos. Nessa conjuntura, tem como projeto o desmonte das políticas sociais, o fortalecimento da ideologia neoliberal com foco no capital multinacional e o controle social, por meio da disseminação do discurso de ódio que prega o anticomunismo e a demonização do esquerdismo, com vistas a desmobilizar e impossibilitar levantes populares. Para tanto, constrói alianças com os agentes repressivos do Estado, a exemplo da polícia e do exército, tentando doutriná-los ideologicamente para a prática de uma lógica violenta que toma grupos sociais como perigosos inimigos.

Considerações finais

É imprescindível destacar que o protagonismo no processo de fomento à ideia de Educação do Campo é dos movimentos sociais que lutam pela reforma agrária, em especial, do Movimento dos Trabalhadores Rurais Sem Terras (MST). Nesse processo de construção, a discussão que sempre foi levantada era de que não bastava ter escolas *no* campo — o projeto era/é muito maior. Construir escolas *do* campo é contemplar um projeto político pedagógico pensado nas experiências e vivências do povo camponês, é estudar no campo para continuar no campo e, assim, inverter a lógica de que se estuda para se migrar para a cidade. Além disso, trata-se de superar o modelo historicamente posto de educar com uma tradição ruralista de controle e dominação.

No cenário em que o Pronera completa mais de 20 anos de existência, a comemoração cede espaço à necessidade de pensar novas formas de articulações e resistência em razão das investidas contra a educação pública e a classe trabalhadora do campo e da cidade pelo projeto ultraconservador do capital.

A extrema direita ressurge nesse cenário com uma nova roupagem para neoliberalismo em um contexto de articulação mundial que busca redefinir o papel do Estado. Para isso, faz uso de um discurso político-ideológico de redes de cooperação para a socialização de informações e pautas conservadoras baseadas, sobretudo, na defesa da família tradicional, da igreja e de um Estado retrógrado e controlador das ações sociais.

Estamos vivendo um momento muito significativo no que diz respeito à desconstrução de direitos, insegurança socioeconômica associada à propagação do terror, desrespeito às instituições democráticas, desmonte da educação pública, perseguição a movimentos populares e, consequentemente, o fortalecimento de organizações antidemocráticas. Nesse sentido, é preciso continuar pautando uma proposta educacional específica, emancipadora, que represente a realidade e atenda às necessidades do povo campesino, aliada a um projeto de desenvolvimento nacional.

Por meio da atual situação dialogada neste estudo, foi possível detectar o quanto é urgente que o poder público responsável pela educação do Estado oferte o Programa Nacional de Educação na Reforma Agrária (Pronera) como uma política pública de nação para a educação do campo desenvolvida no âmbito do Ministério do Desenvolvimento

Agrário (MDA), no qual as atuais demandas da educação requerem novas reconfigurações que respondam às especificidades da Educação do/no Campo, destinadas ao sistema público de ensino, exigindo um redirecionamento de políticas e iniciativas de que reconheçam nesse público a sua identidade sociocultural.

Referências

ANTUNES-ROCHA, Maria Isabel. **Da cor da terra**: representações de professores sobre os alunos no contexto de luta pela terra. Belo Horizonte: UFMG, 2012.

ARROYO, Miguel Gonzalez; CALDART, Roseli Salete; MOLINA, Mônica Castagna (org.). **Por uma educação do campo**. Petrópolis: Vozes, 2004.

BALL, Stephen J. **Educação global S.A.**: novas redes de política e o imaginário neoliberal. Ponta Grossa: UEPG, 2014.

BRASIL. Ministério do Desenvolvimento Agrário. **Pronera**: manual de operações. Brasília: MDA, 2016.

CALAZANS, Maria Julieta Costa. Para compreender a educação do estado no meio rural - traços de uma trajetória. *In*: THERRIEN, Jacques; DAMASCENO, Maria Nobre (coord.) **Educação e escola no campo**. Campinas: Papirus, 1993. p. 172-184.

CERIOLI, Paulo Ricardo; CALDART, Roseli Salete (org.). **Educação do campo**: identidade e políticas públicas. Brasília: Articulação Nacional por uma Educação do Campo, 2002. (Coleção por uma Educação do Campo, n. 4).

DOSSIÊ Extrema-direita na América Latina: redes de sociabilidade e reinterpretações do Estado. **Interações Sociais**. Rio Grande: Editora da Furg, v. 4, n. 1, 2020. Disponível em: https://periodicos.furg.br/reis/issu e/view/783. Acesso em: 6 mar. 2021.

FREIRE, Paulo. **Pedagogia da autonomia**: saberes necessários à prática educativa. São Paulo: Paz e Terra,2004.

FRIGOTTO, Gaudêncio. Educação para a "inclusão" e a "empregabilidade": promessas que obscurecem a realidade. *In*: CANÁRIO, Rui; RUMMERT, Sonia Maria. **Mundos do trabalho e aprendizagem**. Lisboa: Educa, 2009. p. 61-77.

GENTILI, Pablo (org.). **Pedagogia da exclusão**: crítica ao neoliberalismo em educação. 3. ed. Petrópolis: Vozes, 2004.

GOHN, Maria da Glória Marcondes; BRINGEL, Breno M. (org.). **Movimentos sociais na era global**. 2. ed. Petrópolis: Vozes, 2014.

GUEDES, Camila Guimarães *et al.* (org.). **MEMÓRIA dos 20 anos da educação do campo e do Pronera**. Brasília: Universidade de Brasília; Cidade Gráfica, 2018.

LEITE, Sérgio Celani. A trajetória sócio histórica da escola rural. *In*: LEITE, Sérgio Celani. **Escola rural: urbanização e políticas educacionais**. São Paulo: Cortez, 1999. (Coleção Questões da Nossa Época).

MÉSZÁROS, Istvan. **Para além do capital**. São Paulo: Boitempo, 2004. Disponível em: https://nupese.fe.ufg.br/up/208/o/para-alem-do-capital.pdf?1350933922. Acesso em: 10 mar. 2021.

MST. CNDH critica extinção do Programa Nacional de Educação na Reforma Agrária. **MST**. Disponível em: https://mst.org.br/2020/03/18/cndh-critica-extincao-do-programa-nacional-de-educacao-na-reforma-agraria. Acesso em: 15 maio 2021.

SANTOS, Arlete Ramos dos. **Ocupar, resistir e produzir também na educação**. Belo Horizonte: UFMG/FaE, 2012.

SANTOS, Arlete Ramos dos; NUNES, Cláudio Pinto. **Reflexões sobre políticas públicas educacionais para o campo no contexto brasileiro**. Salvador: Editora Edufba, 2020.

SOUZA, José dos Santos. **Trabalho, educação e sindicalismo no Brasil**: anos 90. Campinas: Autores Associados, 2002. (Coleção Educação Contemporânea).